KB178484

지극히 사적인 프랑스

지극히 사적인 프랑스

...

오헬리엉 눈으로 '요즘 프랑스' 읽기

오헬리엉 루베르·윤여진 지음

틈새책방

차례

JTBC '비정상회담' 출연 제안을 받았을 때가 기억난다. 제작진이 방송에서 프랑스와 프랑스 사람들에 대해 이야기를 해달라고 했을 때, 내 성격이 그렇듯이 고민에 고민을 거듭했다. 제작진을 만나기 전에 단 한 번도 '비정상회담'을 시청한 적도 없었다. 하지만 제작진들과 인터뷰를 하면서, 그들이 프랑스에 대한 선입견을 깨고 싶어 한다는 걸 알고서는 조금씩 마음의 문이 열리기 시작했다. 내가 프랑스의 모든 것을 알려 줄 수는 없지만, 한국 사람들의 프랑스에 대한 선입견을 깨고 오해를 풀 수 있는 좋은 기회가 될 것 같았다. 그게 기분 좋은 편견이든, 듣기에 거북한 불쾌한 이야기가 됐든 말이다.

《지극히 사적인 프랑스》를 출간하자는 제안을 받았을 때는 망설이지 않았다. 더욱 깊이 있게 프랑스의 과거와 현재를 전달할 수 있을 것 같았다. 방송이라는 제약 때문에 말할 수 없던 이야기를 가감 없이 할 수 있겠다고 생각했다. 더욱이 분량 제한도 없다는 출판사의 이야기를 듣고는 쾌재를 불렀다!

책을 내는 일은 좋은 기회가 틀림없었지만, 용기를 내야 했다. 내가 프랑스 사람이기는 하지만, 프랑스와 프랑스 사람을 이야기하는 일은 참 어렵기 때문이다. 프랑스와 그 땅 위에서 살아가는 사람들은 머물러 있지 않고, 끊임없이 변화하고 있으니 말이다.

우리 아버지가 10대였을 때, 프랑스는 가정에 텔레비전이 거의 없었고, 공영 라디오 방송만 들을 수 있는 나라였다. 장을 보러 시장이나 동네 전문 가게에 가고, '앙시엥 프랑anciens francs, 구(舊) 프랑'을 사용했다. 정교분리가 있었지만, 라틴어로 미사를 듣는 사람들이 많았다. 여성은 투표권을 얻게 된 지 얼마 되지 않은 상태였다. 은행 계좌를 열거나 일을 하기 위해서는 남편의 허락이 필요했다. 남성은 18개월 동안 군 복무를 해야 했다. 프랑스는 여전히 많은 식민지를 거느리고 있었고, 그중 알제리는 우리에게서 독립을 하려고 전쟁을 벌였다.

내가 10대였을 때 프랑스는 텔레비전 채널이 6개나 있었고, 민영 라디오 방송을 들을 수 있는 나라였다. 장을 보러 동네 가게에 가기도 했지만, 토요일마다 외곽에 있는 대형 슈퍼마켓에 생필품을 사러 가는 게 유행이었다. 우리는 '누보 프랑nouveaux francs, 신(新) 프랑'을 사용했다. 여전히 세례도 영성체도 받았고, 프랑스어로 미사를 드릴 수도 있었지만, 참석하는 사람이 많지 않았다. 우리는 남녀 공학 학교에 다녔고, 피임약이 보편화되고 낙태가 이미 합법인 사회에 살았다. 징병제가 사라져 남성들은 군대에 가지 않아도 됐다. 그리고 프랑스는 유럽 연합에서 견인차 역할을 하려고 했다.

현재 내 조카들이 자라고 있는 프랑스는 250개의 방송 채널이 있지만, 상당수가 스트리밍으로 자신이 원하는 프로그램을 보는 것을 선호하는 나라다. 여전히 오프라인 매장에서 물건을 사지만 많은 사람들이 인터넷 쇼핑을 한다. 이제는 유로화를 사용한다. 전통적인 종교 옆에 다양하고 새로운 종교와 라이프스타일이 등장했다. 여성들은 미투metoo운동과 '발랑스 통 포흐balance ton porc, 의역하면 '돼지를 밀고하라'는 의미, '미투'같은 해시태그다.' 운동을 시작했다. 국제 무대에서 프랑스는 힘이 없고, 유럽 연합이라는 중병 환자 중 하나가 됐다. 고작 3세대가 지났을 뿐인데 마치 세 개의 나라 같지 않은가?

이 책에서는 프랑스의 변화를 이야기하면서, 있었다 없어진 것, 남아 있는 것, 그리고 최근에 생긴 것을 성실하게 보여 주고자 했다. 물론 내가 전하는 프랑스와 프랑스 사람들에 대한 이야기가 절대 객관적일 수는 없다. 1980년대 프랑스 북쪽에서 태어난 남자라는 필터를 거쳤다는 것을 잊지 않았으면 한다. 이 책의 제목이 《지극히 사적인 프랑스》인 이유이기도 하다.

이 책의 출간을 제안해 주신 틈새책방 이민선 대표님과, 두서없는 이야기들을 완벽하게 정리해 주신 윤여진 작가님께 진심으로 감사드린다. 어렸을 적 기억들을 함께 되새기며 프랑스의 변화를 전달해 준 가족과 친구들, 그리고 준희에게 고마움을 전하고 싶다.

오헬리엉 루베르

일러두기

- 프랑스어 고유명사의 표기는 기본적으로 원어에 가깝게 표기했다. 일부 관행처럼 굳어진 표현은 국립국어원의 외래어 맞춤법의 기준을 따랐다. 주요 인명과 지명에는 프랑스어를 병기했다.
- 단행본은 겹화살괄호《 》, 신문·방송·영화·드라마·만화·게임·음악·사진 등은 홑화살괄호〈 〉를 적용했다.

프랑스 남자, 프랑스 여자

로맨틱하다?
쿨하다?

크고 화려한 꽃다발을 건네며 정열적인 사랑의 말을 속삭이는 사람. 연인 없이는 하루도 못 살겠다며, 언제 어디서나 함께하는 사람. 인생에서 사랑을 가장 우선으로 여기는 사람. 그런 사람을 '로맨틱하다'고 한다면, 일반적인 프랑스 사람들은 그다지 로맨틱하지 않다. 하지만 이상하게도 외국에서는 프랑스 사람들이 그럴 것이라는 고정 관념이 있는 것 같다. 그런 고정 관념을 마주할 때마다 난 속으로 두아노를 떠올린다. 이게 다 두아노 때문이라고.

　로베르 두아노Robert Doisneau는 주로 파리를 무대로 활동한 사진작가다. 아름다운 도시와 그곳에 사는 사람들을 낭만적인 흑백 사진으로 남겼다. 특히 그의 대표작인 〈시청 앞 에서의 키스〉(1951)는 사진 작품에 별로 관심이 없는 사람들 도 한번쯤 보며 가슴이 설렜던 기억이 있을 것이다. 그의 사 진들을 보고 있으면 프랑스 사람들은 정말 로맨틱하고, 파 리는 낭만이 가득한 꿈속의 도시처럼 보인다. 그 덕분에 나 는 다른 나라 사람들을 만날 때마다 이런 오해를 푸는 수고 를 하고 있다.

'환상'이 깨진 후에도 여전히 프랑스 남자가 로맨틱하다고 말하는 사람들이 있다. 그 이유를 물으면, 대부분 프랑스 남 자들의 '사소한 행동'을 언급한다. 맛있는 요리를 상대방이 더 먹을 수 있게 덜어 준다거나, 카페에 갔을 때 더 편한 자리 에 앉을 수 있게 양보해 준다거나, 잠시라도 얼굴을 보려고 학교나 회사 앞에서 기다린다거나 하는 식이다. 내 여자 친 구는 빵 테두리를 별로 좋아하지 않는데, 한번은 내가 알아 서 빵 테두리를 잘라 준비해 두었더니 감동했다고 한다. 사 소하지만, 상대가 기뻐할 만한 배려를 해 주는 것. 아마 그게 다른 나라 사람들이 프랑스 남자가 로맨틱하다고 생각하는 이유인 것 같다.

그럼에도 불구하고 여전히 이런 행동들이 로맨틱한지는 잘 모르겠다. 아마 프랑스 사람들 대부분이 나와 비슷하게 생각

로베르 두아노의 〈시청 앞에서의 키스〉.

할 것이다. 그런 소소한 행동들은 자신이 로맨틱해 보이려고 하는 게 아니다. 대개 거의 의식하지 못한 채 자연스럽게 나오는 행동이다. 상대를 사랑하니까, 그러니 더 잘해 주고 싶어서 하는 행동이다. 그런 면을 다른 나라 사람들이 호감을 가지고 보지 않나 싶다.

반면에 프랑스 사람들이 쿨하거나, 심지어 냉정하다는 말을 들을 때도 있다. 막상 연애를 시작했더니 연락을 자주 하지 않는단다. 한국 사람들의 경우, 연인이라면 대체로 메시지를 자주 주고받는 것 같다. 메시지를 받으면 답장도 바로 해야 한다. 가령 카카오톡의 '1'이 사라졌는데도 답장을 빨리 하지 않으면, 그게 싸움거리가 된다. 프랑스에서는 흔치 않은 일이다. 사귀기 전에는 서로 관심을 보여야 하니까 자주 연락하지만, 연애를 시작하면 메시지를 주고받기보다는 만나서 얘기하려고 한다. 그게 더 낫지 않을까? 이런 태도 때문에 한국인 연인 입장에서는 연락이 좀 부족하다고 느낄 수 있다. 나아가 '잡은 물고기에게는 먹이를 주지 않는다'라는 말을 떠올릴지도 모르겠다.

프랑스 사람들이 상대에게 칭찬을 잘 하지 않는 건 사실이다. 듣기 좋은 말을 자주 하지도 않고, 칭찬을 하더라도 과장되게 표현하지 않는다. 프랑스에서는 "나쁘지 않다"고 말하면 거의 최고 수준의 칭찬이라고 보면 된다. 가족이나 친구, 직장 동료에게도 마찬가지다. 미국 사람들이 '칭찬-비판-칭찬' 순서로 말을 샌드위치처럼 끼워 말한다면, 프랑스 사람들은 '비판-칭찬-비판' 순서로 말한다는 얘기도 있다. 말의 레시피가 완전히 달라지기 때문에 맛보는 사람에게는 전혀 다른 '요리'가 된다.

그래서일까? 좋은 게 있으면 그대로 받아들이면 안 되고, 왠지 하나라도 비판해야 할 것 같은 생각이 든다. 프랑스인 친구 한 명은 외국에서 일하면서 칭찬 일색의 피드백을 받았다며, 정말 신세계였다는 얘기를 한 적이 있다. 그 정도로 일상생활에서 비판이 흔하다. 그런 탓에 다른 나라 사람들에게는 프랑스인이 생각 이상으로 더 냉정하다거나, 쿨하다고 느껴지는 모양이다.

프랑스,
어떻게 생각해?

프랑스를 떠난 기간이 긴 탓에 다양한 나라 사람들한테서 프랑스가 어떤 이미지인지 듣는 기회가 많았다. 재미있는 건 프랑스에서 먼 나라일수록 환상이 크다는 점이다. 실제로 프랑스 사람을 만날 일이 적어서 그런지도 모르겠다.

아시아 사람들은 프랑스를 생각할 때 명품을 제일 먼저 떠올리는 경향이 있다. 실제로 아시아 사람들이 프랑스를 방문했을 때 럭셔리 브랜드 쇼핑을 많이 한다. 유명 브랜드 중 프랑스산의 비중이 높아서 자연스럽게 그리 생각하는 모양이다. 러시아 사람들 역시 프랑스를 좋게 생각한다. 과거 프랑스의 귀족 문화가 유럽 각지로 전파될 때, 러시아에도 영향을 강하게 미쳤다. 그래서 '프랑스＝우아한 나라'라고 여기는 것 같다. 게다가 러시아가 소련일 때, 그러니까 냉전 시기에도 프랑스는 다른 나라에 비해 좀 더 중립적인 자세를 유지했다. 덕분에 프랑스 영화가 러시아로 많이 수출됐다. 그 탓에 러시아 사람들은 자연스레 프랑스 문화를 받아들이고 호감을 가졌다.

그런데 프랑스에 대한 환상은 실제로 프랑스에 여행을 왔을 때 확 깨진다고 한다. 우선 프랑스가 백인 중심의 나라라고 생각했던 사람들은 다양한 인종이 섞여 사는 풍경에 놀란다. 대도시로 갈수록 더욱 그렇다. 또 파리 시내에 구걸하는 사람이 많아서 놀란다고 한다. 아마 우아한 나라 프랑스, 로맨틱한 도시 파리의 이미지만 생각하다가 기대와 다른 모습

프랑스에 대한 환상은 프랑스에서 깨진다.

을 봐서 그런 것 같다. 당연한 이야기이지만, 파리도 사람이 사는 곳이다.

그럼 가까운 나라들은 프랑스를 어떻게 볼까? 이런 얘기를 할 때 영국을 빠뜨릴 수 없다. 영국과 프랑스는 이웃 나라이니 긴 역사 속에서 전쟁도 많이 하고, 동시에 교류도 활발했다. 예를 들어, 영국 사람들이 휴가로 프랑스에 워낙 많이 와서, 어떤 지역에는 영국인 마을이 생겼을 정도나. 반대로 내가 예전에 영국에 갔을 때, 역사적 기념물이나 장소가 상당수 프랑스와 연관되어 있어 놀랐던 기억이 있다. '아, 영국 사람들은 프랑스에 엄청 집착하나 봐'라는 생각이 들 정도였다.

두 나라가 서로를 달갑지 않게 보는 시선은 곳곳에 남아 있다. 프랑스의 유명한 정치인 조르주 클레망소Georges Clemenceau는 "영어는 잘못 발음한 프랑스어다", "영국은 잘못된 프랑스의 식민지다"라는 말을 남기며 비꼬기도 했다. 클레망소가 살았던 19세기에서 20세기 초 무렵에는 프랑스어의 위상이 영어보다 더 높았다. 또 프랑스인들은 영국의 식문화를 비판하면서 "영국에 가서 뭔가 차가운 게 있으면 스프고, 뜨거운 게 있으면 맥주다"라고 한다. 한마디로 제대로 된 음식이 없다는 것이다. 이런 표현은 정말 꼽자면 수도 없이 많다. 프랑스에는 '영국인처럼 달아나다filer à l'anglaise'라는 표현이 있는데, '몰래 달아나다'라는 뜻이다. '싸움만 하면 패배해서 몰래 달아나는 영국'이라는 이미지가 프랑스인들의 인식 속에 녹아 있는 것이다.

영국에도 비슷한 게 많다. 영국 사람들은 '프랑스식으로 떠나다take French leave'라는 말을 사용한다. '영국인처럼 달아나다'와 같은 의미다. '영국 사람들은 남들이 평범하고 자신이 우월하다고 생각하는데, 프랑스 사람들은 자기가 평범하고 남들이 열등하다고 생각한다'는 말도 있다. 다 큰 어른들끼리 유치하게 싸우는 것 같지만, 두 나라의 관계를 단적으로 보여 주는 표현들이다. 긴 세월 동안 다툰 역사 때문에 자연히 상대를 신경 쓰지 않을 수 없게 된 것 같다.

미국인들 사이에서는 프랑스에 대한 의견이 좀 갈리는 모양이다. 엘리트들 중에는 프랑스를 이상적으로 생각하는 사람들이 있다. 프랑스인들은 로맨틱하고 자유로운 연애를 즐긴다든가, 지적이고 예술을 사랑한다는 식이다. 파리가 세계에서 제일 멋진 도시라고 치켜세우기도 하는데, 이런 인식은 할리우드 영화에서도 종종 드러난다.

하지만 반대로 프랑스에 대해 아주 나쁜 이미지를 가진 사람들도 있다. 프랑스 사람들이 잘 씻지 않고 냄새가 난다거나, 도도하고 오만하다고 말하기도 한다. 아마 이런 부정적 이미지는 9.11 테러 이후 미국의 조지 W. 부시 전 대통령이 이라크에 파병을 할 때 프랑스가 참전하지 않았기 때문인 것 같다. 당시 프랑스는 "UN의 동의 없는 전쟁은 불법"이라며 강력하게 반대 의사를 밝히고 참전을 거부했다. 이 때문에 한동안 미국은 프랑스와 외교적으로 거리를 두는 '프렌치 패싱'을 했다. 그때부터 미국인들에게 '프랑스인들은 겁쟁이'라는 인식이 퍼졌다. 프랑스가 1, 2차 세계 대전 때는 미국의 도움을 받아서 이겼으면서 정작 미국이 필요할 때는 도움을 주지 않는다고 비난하거나, 전쟁만 하면 지기 때문에 전쟁을 피하는 것이라며 조롱하기도 했다. 역설적이게도 할리우드에서는 이 시기에 프랑스 배우들이 '잘나갔'다. 2000년대 초반 할리우드 영화에는 미국인들의 이런 정서를 반영한 프랑스인 악역이 많이 나왔다. 무관심보다는 미워하는 편이 배우들에겐 도움이 되었다고나 할까?

그럼 '진짜' 프랑스인은 과연 어떤 사람들일까? 나는 따뜻하고 자연스러운 관계를 추구하는 이들이라고 생각한다. 프랑스인들은 가족, 친구, 연인끼리 많은 대화를 나누고 깊은 이야기를 공유한다. 과장해서 칭찬하거나 열렬하게 사랑을 표현하기보다는 그저 자연스럽게 많은 시간을 함께 보내는 것을 중시한다. 겉으로 드러나는 것보다 자연스럽게 진심을 내보이고 표현하는 것. 그것이 프랑스 사람들이 관계를 맺는 방식이다.

프렌치한
우정

프랑스에서는 친구가 되는 데 나이가 문제되지 않는다. 실제로 나의 가장 친한 친구는 원래 작은형의 친구였다. 한국이라면 아무리 나와 친해졌다고 해도 형의 친구를 '내 친구'라고 부르기는 힘들 것 같다. 한국과는 다르게 프랑스에서는 유급이 흔한 일이어서, 중·고등학교에도 나이 차이가 있는 사람들이 같은 학년, 같은 반에 섞여 있다. 내가 고등학교에 다닐 때는 같은 학교에 스무 살인 친구도 있었다.

사실 나도 고등학교를 중퇴하고 몇 년 후 뒤늦게 대학에 입학했다. 그래서 같은 학년 친구들과는 나이 차이가 좀 있었지만, 친구를 사귀는 데는 아무런 문제가 없었다. 친한 친구들이 나에게 "하얀 파도la vague blanche"라며 놀렸던 기억이 난다. '하얀 파도'는 프랑스에서 은퇴 후 자아 실현을 위해 다시 대학에 입학한 사람들을 이르는 말이다. 그때 만난 친구들과는 아직도 자주 연락한다. 지금은 셋 다 프랑스에 살지 않는데, 2016년에는 베트남에 살고 있는 친구를 방문하기도 했다. 10대 때는 태권도를 배운 적이 있는데, 같은 도장에 다니는 나보다 훨씬 나이가 많은 사람들과 친구가 되기도 했다. 프랑스에서는 서로 이야기가 통하고 함께 공유하는 무언기기 있다면, 나이는 우정의 빙해물이 되지 않는다.

친구들끼리는 주로 뭘 할까? 한국 대학에서는 학과나 동아리 단위로 MT를 많이 가던데, 프랑스에서는 그런 단체 행사가 드물다. 대신 몇몇 친한 친구들끼리 여행을 가곤 한다. 예를 들어 친구의 부모님이 바닷가에 주말 주택을 가지고 있다면, 친구 몇 명이 그곳에서 며칠씩 머문다. 휴가를 같이 보내는 셈이다.

물론 이렇게 날을 잡고 놀러가는 것보다는 가볍게 한잔하는 일이 더 많다. 나는 취미로 펜싱을 배웠는데, 친구들과 훈련이 끝나면 한잔하러 가는 게 또 다른 즐거움이었다. 한국의 술자리는 보통 '회식' 형태가 많아 식사와 술을 함께하는 경우가 대부분인 것 같다. 그래서인지 취할 정도로 술을 마시는 경우를 자주 봤다. 하지만 프랑스에서는 정말 한두 잔정도만 가볍게 마신다.

친구들끼리 모일 때는 바에 가기도 하지만, 친구 집에 모여 놀 수도 있다. 하우스 파티는 매우 흔하다. 주로 친한 사람들끼리 모여서 파티를 하는데, 집주인에게 양해를 구하고 다른 친구를 데려가는 것도 가능하다. 혹은 집주인이 속한 두 그룹의 친구들이 함께 초대되어 섞일 수도 있다. 학교 친구와 동호회 친구들을 함께 초대하는 식이다. 그런 자리가 마련되면 새로운 친구를 사귈 수 있는 기회가 된다.

프랑스 말에 '미친 사람이 많을수록 더 웃을 것이다Plus on est de fous, plus on rit'라는 표현이 있다. 만약 내가 친구에게 "너희 집에서 하는 모임에 내 친구 데려가도 돼? 좋은 애야"라고 말한다면, 그 친구는 흔쾌히 "그럼! 데려와. 미친 사람이 많을수록 더 재미있잖아"라고 할 것이다. 학생들은 대개 장소의 규모를 가리지 않고 그렇게 여럿이 모여 노는 걸 즐긴다. 대학생 때 한번은 친구의 3평짜리 작은 기숙사 방에 8명이 모여서 놀았던 적도 있다. 좀 정신없긴 했지만 그 나름대로 재미있었다. 또 다른 친구는 자취를 하면서 좀 큰 방을 빌렸는데, 방이 커진 만큼 늘 친구들로 채워졌다. 우리는 거기서 자주 함께 놀았다. 이런 식으로 집에서 친구들이 모이면 비용이 적게 든다. 한국 학생들은 주로 외부에서 사람을 만나고 서로의 집에 자주 초대하지는 않는 것 같은데, 프랑스 학생들은 부모님과 함께 살아도 친구를 집에 초대해 시간을 보내는 데 거리낌이 없다.

다만 친구 집에 놀러 갈 때는 절대 빈손으로 가서는 안 된다. 거창한 선물을 사 가야 하는 건 아니다. 함께 먹고 즐길 만한 맥주, 와인이나 디저트거리를 꼭 사 가지고 참석하는 게 예의다. 그러고 보니 한국에 와서 다양한 국적의 친구들을 집에 초대한 적이 있다. 보드게임을 같이 하려고 몇 명을 초대했는데, 모두 빈손으로 와서 좀 놀랐다. 집주인이 장소도 제공하면서 동시에 음식과 음료까지 제공하면 너무 부담이 되지 않을까? 프랑스에서는, 적어도 학생 때는 대부분 각자 음식이나 음료를 가지고 놀러 간다.

프랑스의 하우스 파티는 거창한 식사를 하는 게 아니다. 간단한 음식을 먹고 음주를 하는 정도라 각자 조금씩 사서 모이면 된다. 그러다 배가 고프면 다 함께 파스타를 만들어 먹는다. 파스타는 싸고 간편하게 만들 수 있어 학생들의 대표적인 요리로 꼽힌다.

취직을 하고 나면 사정이 달라진다. 집에 소수의 친구를 초대할 경우, 집주인이 제대로 요리를 해서 대접하기도 한다. 하지만 이 경우도 손님의 선물이 빠지지 않는다. 주로 와인이나 케이크 같은 것을 가지고 오는데, 손님이 여럿인 경우에는 서로 미리 연락해서 선물이 겹치지 않도록 한다. 한국에서는 친구 집에 처음 놀러 갈 때 화장지 같은 실용적인 생활용품을 많이 가져가는데, 이것도 프랑스와는 달라서 흥미로웠다.

프랑스인들은 친구끼리 마음을 터놓고 많은 걸 상세히 공유하는 편이다. 워낙 얘기를 많이 나누기 때문에 서로를 잘 안다. 어려서부터 서로의 집에 자주 초대되어서 친구네 집안 사정도 자연스레 잘 안다. 만약 대학을 집에서 가까운 곳으로 가게 된다면 자취할 필요가 없어서 계속 부모님 집에 살게 된다. 그래서 오랜 친구가 많고, 집에 초대된 대학 친구들도 우리 부모님과 얘기를 나누며 친해진다. 부모도 자식의 친구들과 스스럼없이 어울린다.

한번은 잠시 프랑스에 돌아갔을 때, 우리 아버지가 내 친구 한 명을 보고 싶다고 말씀하셨다. 내가 프랑스를 떠난 지 워낙 오랜 시간이 지나 접점이 사라지면서 그 친구의 소식을 오랫동안 듣지 못했다. 아버지는 그게 아쉬웠던 것이다. 우리 아버지는 사교적이고 호기심이 많은 성격이라 유난히 더 그러셨을 수도 있다. 결국 그 친구가 집에 놀러 오면 잠깐이라도 얼굴을 보게 해달라고 하셔서, 실제로 만나게 해드렸다. 친구의 부모님과도 이런 관계를 맺으니 깊게 친해지지 않을 수가 없다.

프랑스에서는 친구들과 정말 모든 얘기를 할 수 있다. 나는 연애나 성생활 같은 깊은 사생활은 친구들에게 잘 얘기하지 않는 편이지만, 이것도 사람마다 다르다. 내 친구들은 대부분 나에게 연애 얘기를 많이 해서, 친구들의 모든 연애사를 안다. 내 얘기는 잘 하지 않으면서 친구들 연애사만 아는 것이 조금 치사해 보일 수도 있지만, 친구들이 먼저 내게 이야기를 하니 어쩔 수 없다. 나도 꼭 내 얘기를 해야 한다는 부담은 없다. 상대가 내게 묻지 않으니 말이다.

정치에 대해서도 친구들과 자유롭게 토론하는 분위기다. 애초에 또래끼리는 사고방식이 비슷하고, 대학교도 학과에 따라 정치 성향이 비슷한 사람들끼리 모이는 경향이 있다. 그래서 정치에 대한 대화를 나눠도 그렇게까지 이견이 커지거나 격해지지 않는 것 같다. 혹시 견해가 다르더라도 별로 상관없다. 서로 다른 의견을 존중하기 때문이다. 어차피 정치 얘기를 하지 않더라도 공유하는 관심 분야가 있으니 친구로 지낼 수 있다.

기본적으로 프랑스인들은, 특히 학생들은 친구들끼리 외식을 잘 하지 않아서 친구를 만나는 데 그다지 돈이 많이 들지 않는다. 그래서 돈이 없다고 친구를 못 만나는 일은 없다.

없으면 없는 대로 공원에서 한가롭게 놀거나, 집에서 가볍게 한잔하는 등 큰돈 들지 않는 활동을 얼마든지 할 수 있다. 하지만 어디나 사정은 비슷해서, 친구들 사이에 경제적 격차가 생기면 거리감을 느끼고 소원해지기도 한다.

그렇다면 프랑스인과 친구가 되려면 어떻게 해야 할까? 아마 이건 레지옹région, 프랑스의 광역 자치 단체에 따라 좀 다를 것 같다. 오드프랑스Hauts-de-France, 프랑스 북부로 주도(主都)는 릴 지역은 날씨가 별로 좋지 않은 대신 사람들이 따뜻하다. 한국식으로 말하면 '인심 좋은' 동네로 통한다. 상대적으로 다른 지역에 비해 친구가 되기 쉽다. 주변에 '새로운 얼굴'이 보이면 이 사람들은 바로 친근하게 대화를 걸고, 믿음을 배신하기 전까지 친구로 대해 줄 것이다. 만난 지 얼마 안 된 사이인데도 선뜻 오랜 친구 사이에나 가능한 긴밀한 도움을 주기도 한다. 아마 국경 지역이라 낯선 이들을 맞이하는 데 익숙하고, 그래서 서로 돕는 문화가 정착한 것 같다.

따뜻한 남부로 가면 사람들이 더욱 사교적이다. 관광객에게도 친근하게 말을 걸고, 쾌활한 사람들이라는 이미지를 준다. 하지만 이건 어디까지나 그냥 일상적으로 친해진 경우고, 마음 깊이 신뢰하는 '진짜 친구'가 되는 일은 오히려 북부보다 어려운 편이다. 누벨아키텐Nouvelle-Aquitaine, 프랑스 남서부로 주

France

오드프랑스
노르망디
일드프랑스
그랑테스트
브르타뉴
알자스
상트르발드루아르
페이드라루아르
브르고뉴프랑슈콩테
누벨아키텐
오베르뉴론알프
프로방스알프코트다쥐르
옥시타니
코르시카

———
프랑스의 레지옹.

도는 보르도에서는 일단 낯선 이를 의심하는 경향이 있다. 그
래서 진정한 친구가 되려면 자신이 믿을 만한 사람이라는 걸
먼저 증명해야 한다. 하지만 이때도 '장벽'을 넘는 일이 어려
울 뿐이다. 일단 먼저 자신을 증명하고, 그게 받아들여지면
당신을 신뢰할 것이다.

　프로방스알프코트다쥐르Provence-Alpes-Côte d'Azur, 프랑스 남
동부로 주도는 마르세유 지역에서는 신뢰 관계를 만들기가 더 어

럽다. 사실 이 지역은 이탈리아와 가까워, 그 영향을 많이 받아서 완전히 가족 중심주의 문화다. 그래서 외부인을 배척하는 경향이 강하다. 단순히 친해지려고 시도하는 것만으로는 진정한 친구가 될 수 없는데, 그렇다고 누벨아키텐처럼 자신을 증명할 기회도 좀처럼 주지 않는다. 이 경우는 상대가 신뢰하는 다른 사람의 소개와 보증이 있어야 한다. 보증인을 통해서만 마음속으로 받아들이는 경우가 많다고 한다.

브르타뉴Bretagne, 프랑스의 북서부로 주도는 렌 와 알자스Alsace, 프랑스 북동부로 주도는 스트라스부르. 2016년 레지옹 개편으로 그랑테스트(Grand Est)로 편입됐다 는 지역색이 강하다. 브르타뉴는 원래 독자적인 문화를 유지해 온 전통이 길고, 알자스는 한때 독일 영토였던 역사가 있다. 그래서 이 두 지역은 각기 다른 맥락이 있고, 지금도 독립하려는 움직임이 있다. 둘 다 지리적 조건상 다른 지역과 왕래가 잦은 곳이 아니기 때문에 처음에는 이 지역 사람들을 만나는 것 자체가 어려울 수도 있다. 특히 알자스 지역은 프랑스 영토로 돌아온 지 정말 얼마 되지 않았기 때문에 문화적으로도 차이가 있다. 예를 들어, 프랑스는 이미 정교분리가 이뤄진 상태에서 알자스를 합병했는데, 당시 알자스는 정교분리가 되지 않은 상태였다. 이렇듯 사회 문화적으로 너무 많은 차이가 있어서 일방적으로 엄격하게 동일한 법을 적용하기 어려운 상황이었다. 그래서 일부 제도는 차이를 인정하고 그대로 유지시켰다. 그것이 지금까지 이어져, 알자스 지역은 지방 자치 문화도 강하고, 건강 보험 같은 일부 제도도 좀 다르게 운용된다. 알자스 사람들과 친구가 되고 싶다면 이런 역사적 배경을 염두에 두는 게 좋을 것이다.

미안힌 이야기이지만, 프랑스 본토에서 멀리 떨어신 시역의 사람들에 대해서는 알지 못한다. 특히 '해외 프랑스Outre-mer'로 불리는 곳 말이다. 다만 코르시카Corse의 경우, 마르세유 사람들과 비슷한 면이 많다고 들었다. 외부인을 배척하는 경향이 있어 친해지기 어렵다는 이야기다. 섬 사람들의 특성이기도 하지만, 프랑스 땅이 된 지 얼마 되지 않은 탓도 있다.

그리고 마지막으로 파리. 다들 알다시피 파리는 수도이고, 대도시다. 파리지앵들은 외국인들이 왔다가 떠나는 일을 흔하게 겪는다. 새로운 친구를 사귀어도 금방 떠나곤 하기 때문에, 관계를 맺는 데 시간을 낭비하고 싶어 하지 않는다는 느낌이 있다. 그냥 자기 사이클대로 움직이며, 원래 친하던 주변 친구들한테만 잘해 주려 한다.

프랑스인들이 친해지기 어렵고, 냉정하다거나 쿨하다는 이미지는 언어 탓도 있다. 프랑스어 자체가 원래 톤이 그다지 높지 않고 차분한 편이다. 일부러 과장하는 말투도 꺼리는 편이다. 그런 특징을 냉정하다거나 쿨하다고 여기는 것 같다. 활발한 스타일을 좋아하는 사람은 냉정하다고 생각하고, 차분한 스타일을 좋아하는 사람은 쿨하다고 생각한다.

하지만 프랑스인 입장에선 워낙 그런 문화 안에서 살아서 사실 누군가 좀 차가운 말투로 말해도 전혀 눈치채지 못할 때도 있다. 예전에 한 보드게임 동호회에서 친해진 미국인 커플이 있었다. 나는 그 커플과 아주 마음이 잘 맞는 친구가 됐다. 함께 즐거운 시간을 여러 번 같이 보냈다. 그런데 그 커플은 차분하고 오버하지 않는 스타일이었기 때문에 다른 외국인들에게는 좀 냉정하게 비쳤던 것 같다. 누군가 그 커플을 "좀 차가운 사람들"이라고 평하는 걸 듣고 놀랐다. 프랑스인인 나에게는 그냥 '평범한 사람들'이었기 때문이다.

물론 사람에 따라 약간씩 다를 수는 있다. 'Meetup www.meetup.com'이라는 서비스를 운영하는 캐나다인 친구가 있는데, 이 친구는 성격이 아주 활달한 데다 프랑스어를 원어민처럼 잘해서 파리에서도 친구를 아주 많이 사귀었다고 한다. 하지만 그는 좀 예외적인 경우고, 외국인에게 쉽게 마음을 열기 어려운 건 누구나 마찬가지가 아닐까? 그러니 프랑스인과 친해지고 싶다면, 앞서 말한 대로 이 사람들이 결코 화가 나서 당신을 비판하거나 냉정한 말투로 얘기하는 게 아니라는 점을 염두에 두고 다가가면 될 것 같다. 서로 많은 얘기를 나누고 시간을 함께 보내다 보면, 어느새 그 사람도 당신을 친구로 여기고 있을 것이다.

전 애인과
친구로 지내도 괜찮아

'남자 사람 친구', '여자 사람 친구'와의 우정은 정말 가능할까? 어느 문화권에서든 심심찮게 논쟁이 벌어지는 주제다. 결론적으로 말하면 프랑스인들은 완전, 100퍼센트 가능하다고 생각한다. 이성 친구도 동성 친구와 전혀 다를 바가 없다. 만약 내 여자 친구가 전 남자 친구와 단 둘이 만나서 식사를 한다면 어떤 생각이 들까? 아마 그냥 우정이라고 생각할 거다. 남녀가 섞인 멤버로 여행을 하거나, 이성 친구 집에서 자고 가는 일이 생긴다면? 역시 전혀 거리낄 게 없다.

물론 가끔 이성 친구 사이에서 선을 넘을 때도 있다. 그런 일은 우정이 사랑으로 발전할 때 일어날 수도 있고, 어쩌면 그냥 하룻밤의 실수일 수도 있다. 하룻밤 실수일 경우, 그 뒤에 그냥 "아, 어제는 좀 그런 분위기였지. 그런데 그냥 다시 친구로 돌아가는 게 좋을 것 같아"라고 말하거나, 암묵적인 분위기로 그런 의사를 전달하면 된다. 서로 인정할 수 있다면, 다시 친구로 돌아간다. 그런 일이 이상하지 않기 때문에, 전 애인과 친구로 지내는 일도 자연스럽게 받아들인다. 아주 나쁘게 헤어진 경우만 아니라면 계속 연락을 유지할 수 있다. 모든 사람이 그렇다고 말하기는 어렵지만, 프랑스인에게는 꽤 일반적인 개념이다.

줄리 델피가 감독과 주연을 맡았던 〈뉴욕에서 온 남자, 파리에서 온 여자2 Days In Paris〉(2007)라는 영화가 있다. 이야기는 미국 남자 잭과 프랑스 여자 마리온 커플이 파리에 이틀간 머물게 되면서 시작된다. 잭은 파리 곳곳에서 마리온의 전 남자 친구들과 마주치며 괴로워한다. 마리온은 마리온대로, 과거에 집착해 질투하는 잭을 이해할 수 없어서 갈등이 생긴다. 프랑스 사람들의 독특한 인식을 잘 보여 주는 영화다.

나 역시 아직도 전 여자 친구들과 거의 대부분 연락하며 지낸다. 예전 연인에게 연락을 완전히 끊어 버리는 건 너무하다고 생각한다. 서로 사랑해서 많은 시간을 함께했는데, 헤어졌다고 해서 갑자기 상대를 인생에서 완전히 지워 버리는 건 너무 정이 없는 사고방식인 것 같다. 사람마다 다르기

프랑스인들의 이성 친구에 대한 생각을 잘 보여 주는 영화, 〈뉴욕에서 온 남자, 파리에서 온 여자〉.

는 하지만, 프랑스에서는 전 애인과 단 둘이 만났다고 해도 현재의 애인이 질투하거나 의심하는 경우는 많지 않다. 서로 믿음이 있고, 우리 커플이 튼튼하니까 다른 사람을 만나도 괜찮다고 생각한다. 그래서 당연히 한국에 온 이후에도 전 여자 친구들과 계속 연락을 유지하고 있었는데, 이 문제로 여자 친구와 싸우기도 했다. 여자 친구의 얘기를 들어 보니, 한국에서는 완전히 반대로 생각한다는 것이었다. 전 애인에게 연락하는 게 지금 애인에게 '너무한 일'이라고 했다. 한국에서는 질투가 '사랑'의 증거라고 생각하지만, 프랑스에서는 '불신'의 증거라고 생각하기 때문에 의견 차이가 생기는 것 같다. 지금은 여자 친구도 프랑스의 문화를 이해하고 나의 행동을 받아 주고 있지만, 처음엔 적응하기 쉽지 않았다.

가장 중요한 건
매력

매력, 매력, 매력.
프랑스에서는 잘생긴 것, 예쁜 것보다는 '매력'이 중요하다. 프랑스 사회 전체가 그렇게 생각한다고 해도 과언이 아니다. 남자는 뱅상 카셀, 여자는 샤를로트 갱스부르처럼 전형적인 미남 미녀가 아닌 배우들이 인기 있다. 정형화된 미의 기준, 예를 들면 '눈이 크고 코가 오뚝하다'는 식의 기준에 부합하지 않아도 인기가 있다는 이야기다. 이유가 있다. 뭔가 특별한 자기만의 분위기를 지니고 있어서다.

남자들한테는 특히 '결gueule'이라는 표현을 많이 쓰는데, 한국어로 딱 떨어지게 번역하기 어려운 단어다. 원래 '동물의 아가리'를 뜻하는 말이지만, 일상에서는 '매력'이라는 뜻으로 쓰인다. 단, 평소에는 주로 부정적인 뜻으로 쓰이는 단어여서 말할 때 주의해야 한다. 예를 들어, 'Ferme ta gueule 네 아가리 닥쳐'라고 사용될 때는 부정적인 의미다. 매력이라는 뜻으로 쓰일 때는 'Il a de la gueule 그 사람 매력 있어(멋있어)'라고 말한다. 뱅상 카셀은 프랑스 기준으로도 '꽃미남'은 아니다. 오히려 좀 특이한 타입이라고 할까? 하지만 그에게는 남들이 가지지 못한 '카리스마'가 있다. 그런 사람을 '결'이 있다고 하는데, 이렇게 말하면 잊어버릴 수 없는, 강한 인상이 있다는 의미다. 프랑스인들은 마냥 꽃미남보다는 그런 사람들을 더 좋아한다.

남자들은 자신만의 '매력'을 키우기 위해 어떤 노력을 기울일까? 트렌드에 따라 조금씩 다르지만, 머리는 일반적으로 길게 기르지 않는다. 그리고 유행을 잘 타지 않는 '3일 수염'을 기른다. '3일 수염'이란 사흘 동안 면도를 안 한 것 같은, 하지만 실제로는 그 정도 길이로 유지하기 위해 신경 써서 멋지게 다듬은 수염을 말한다. '3일 수염' 전용 면도기가 있을 정도다. 2019년 초 프랑스에 들렀을 때, 마침 면도기를 살까 하고 가게에 갔더니 판매원이 요즘 인기 있는 면도기라며 권했다. 말끔하게 밀어 주는 면도기도 가지고 있지만, 최근에는 거의 이것만 사용하고 있다. 한국 남자들은 깔

뱅상 카셀.
프랑스인들이 '매력 있는 남자'로 여기는 얼굴이다.

끔하게 면도하는 걸 선호하는 것 같다. 수염이 별로 없어 피부가 많이 드러나니 자연스레 피부 관리도 많이 하는 것으로 보인다. 하지만 프랑스 남자들은 따로 피부 관리를 하지 않고, 주름이 생기면 그것도 나름의 매력이라고 생각한다. 거기에 수염이 있으면 금상첨화다. 3일 수염은 약 15~20년 전부터 유행했지만, 조금 덥수룩한 듯 긴 수염을 기르는 사람도 있다. 긴 수염은 좀 더 힙스터 같은 매력을 준다. 살짝 '센' 이미지를 주는 건데, 그렇다고 지나치게 남성다움을 드러낼 필요는 없다. 그 중간 어디쯤에 자기 자리를 만들면 그 사람의 매력이 된다.

프랑스에서는 남자의 외모가 너무 깔끔하면 직업적으로 깔끔해야 하는 일에 종사한다고 생각한다. 은행원이나 세일즈맨, 증권사 직원이나 외환 트레이더 같은 사람들 말이다. 그렇지 않다면 적당히 수염을 기르는 게 더 매력적으로 인식되기 때문에 굳이 매일 깨끗하게 밀 필요가 없다. 이런 직업을 가진 사람들은 인생이 여유롭지 못하거나 즐겁지 않은 사람들이라는 인식이 있어서, 일반적으로 이미지가 밝지 못하다. 세일즈맨이라면 왠지 나에게 물건을 사라고 강요할 것 같다. 또 모험 같은 걸 전혀 하지 않는, '내성적인 마마보이'라는 편견도 있다. 어느 쪽이건 별로 매력적이지 않다. '3일

수염'은 거친 탐험가 이미지를 줄 수 있다. 남자답기는 하지만, 너무 빡빡하지 않고 편안하게 다가갈 수 있는 사람이란 느낌? 이런 식으로 남성성을 드러내는 것이 프랑스 남자들의 방식이다.

그럼 여자는 어떨까? 우선 한국 여성들에 비해 메이크업을 가볍게 한다는 게 눈에 띈다. 한국 여성들이 하는 '물광 화장' 같은 건 잘 하지 않는다. 너무 화장을 진하게 한 사람을 보면 '클럽에 가나?'라고 생각할 수도 있다. 그만큼 일상에서는 화려한 화장을 보기 어렵다. 그보다는 옷이나 액세서리를 통해 자신의 성격이 드러나도록 코디하는 걸 좋아한다.

또 화려한 색의 옷도 잘 입지 않는다. 이건 여자뿐만 아니라 남자도 마찬가지다. 실제로 프랑스에 가서 보면 화려한 옷차림을 한 사람이 별로 없다. 조금 과장하면 파랑, 검정, 회색 등 세 가지 컬러만 입는다고 할 수 있을 정도다. 화려한 패션을 자랑하다 보면 실수할 가능성이 크지만, 보수적인 옷차림을 하면 실수가 없다고 생각하기 때문인 것 같다. 물론 여자들이 남자들보다는 좀 더 화려하게 입긴 하지만, 이 원칙만은 크게 바뀌지 않는다.

한국과 다른 또 하나의 포인트는 '애교'다. 한국은 대체로 애교 많은 여자가 인기 있는 듯하다. 프랑스에도 애교라는 말은 있다. '미노데minauder, 애교 부리다'라고 하는데, 이 단어에는 좀 안 좋은 뉘앙스가 있다. 프랑스에서는 여자가 상대에게 무언가 얻어 내고자 할 때 애교를 부린다고 생각한다. 의도를 숨기고 접근한다는 이야기다. 그렇기 때문에 이런 행동 자체를 별로 좋아하지 않는다. 여자들도 다른 나라 여자들에 비해 상대적으로 애교가 없다.

매력을 칭찬하는 방식도 한국과 다르다. 프랑스에서는 서로 칭찬을 할 때 몸매나 외모에 대한 칭찬을 거의 하지 않는다. 아무 사심이 없는 관계인데도 그런 칭찬을 하면 연애 상대로서 관심이 있는 걸로 오해할 수 있다. 게다가 물건을 보듯 생긴 모습을 가지고 사람을 평가하는 건 너무하다고 여기는 편이다. 그래서 몸매나 얼굴보다는 주로 머리 스타일, 액세서리, 옷 코디네이션 등 상대의 '선택'을 칭찬한다. 스타일에는 사람의 성격이나 취향이 그대로 드러나기 때문이다. 그런 부분을 칭찬하면 관계에서도 안전하고, 상대도 기분 좋게 받아들일 수 있다.

실은 내가 프랑스를 떠난 지 여러 해가 흘러서 최근 패션이나 유행에 대해서는 둔감하다. 나 역시 관찰자가 된 것인데, 그래도 내가 프랑스에 살 때와 비교는 할 수 있을 것 같다. 얼마 전 프랑스를 방문했을 때 놀란 것 중 하나가, 문신한

프랑스인이 좋아하는 '매력적인 여성', 샤를로트 갱스부르.

사람이 아주 많아졌다는 것이었다. 남녀노소를 불문하고 많은 사람들이 문신을 하고, 이를 드러내는 데 거리낌이 없었다. 2000년대 후반만 해도 문신을 새긴 사람이 정말 드물었다. 어부처럼 육체노동을 많이 하는 사람들이나, 록 음악을 하는 사람들이 주로 하는 걸로 인식했다. 그런데 요즘은 정말 대중화된 것 같다. 심지어 문신을 한 경찰도 봤다. 아마 미국에서 온 유행이 아닌가 싶다. 너무 놀라서 아버지께 최근 프랑스 내 문신 문화에 대해 여쭤봤더니, 아버지 역시 이런 분위기에 놀랐다고 하셨다.

신발 신는 스타일도 달라졌다. 프랑스 사람들은 주로 편안한 신발을 신는 편이다. 남자라면 스니커즈나 구두, 여자는 하이힐보다는 굽이 낮은 신발을 주로 신는다. 화려한 신발은 잘 신지 않는다. 한국에 처음 와서 놀란 게 사람들의 신발이 매우 화려하다는 점이었다. 그리고 운동화를 많이 매칭해서 신는다는 점도 신기했다. 프랑스 기준으로는 전혀 어울릴 것 같지 않은 복장에도 운동화를 신는다. 예를 들면 조금 캐주얼한 치마에 운동화를 신는 패션 같은 것들이다. 프랑스인들은 정말 운동하러 가는 게 아니라면 운동화를 잘 신지 않는다. 내가 어렸을 때는 '교양 없어 보인다'고 생각하기까지 했다. 이런 분위기 때문에 아무래도 전복적인 성향을 드러내는 힙합 뮤지션들이 많이 신었고, 그 외에는 잘 신지 않았다. 그런데 지금은 '힙스터 문화' 때문인지 운동화도 자연스럽게 받아들여지고 있는 중이다.

외모가 아닌 내적 매력으로 접근해 보면, 프랑스인은 아무래도 지적이고 유머러스한 사람을 좋아하는 경향이 있다. 물론 어디서나 재밌고 똑똑한 사람이 인기가 있지만, 프랑스에서는 서로 얘기가 잘 통하고 재미있는 대화를 할 수 있는 상대를 무엇보다 중요하게 본다. 야망이 있는지, 경제적 조건이 좋은지 같은 요소들은 그리 중요하지 않다. 남자가 여자보다 경제적으로 어려운 상황이더라도 별로 문제가 되지 않는다. 내 주변의 여자 친구들도 경제적 여유보다 자신을 소중히 여기고 편안하게 대해 주는 사람을 더 선호한다. 뭐든지 나눌 수 있는 '베스트 프렌드' 같은 관계가 이상적이지만, 물론 그렇다고 해서 모든 취향을 공유할 필요는 없다. 자기만의 정원도 있고 함께 가꾸는 정원도 있는 것처럼, 생활과 취향의 일부를 공유하고 그게 즐거우면 족하다.

키스를 하면
연인 관계 시작

프랑스에는 '데이팅 문화'가 없다. 어떤 사람이 마음에 들면 그냥 밥을 같이 먹자거나 커피 한잔하자고 한다. 영화를 보러 가자거나, 공연이나 전시회에 함께 가자고도 할 수 있다. 사귀자는 말을 직접적으로 하지는 않는다. 반약 한국인과 프랑스인이 사귀게 되면 그런 차이 때문에 좀 답답하거나 오해가 생길 수도 있다. 한국인 입장에서는 자주 만나긴 하는데, 이 관계가 무슨 관계인지 몰라 답답하다. 반대로 프랑스인 입장에서는 이미 사귄다고 생각하는데, 상대방은 사귀자고 말 안 했으니까 아직 사귀는 게 아니라고 생각한다. 이런 낙차는 상황에 따라서는 꽤 큰 오해가 될 수도 있다. 실제로 내가 겪은 상황이기도 하다.

예전에 몇 주 정도 짧게 만난 한국인 여성이 있었다. 서로 상황이 맞지 않아 헤어진 후 친구로 지내고 있었는데, 어느 날 내가 여자 친구가 생겼다고 하니 그녀가 이제 연락을 하지 않겠다고 '선언'했다. 그래서 "괜찮아. 우린 전 여친과 연락하는 문제에 대해 얘기를 마쳤고, 이해해 주기로 했어"라고 했더니, 그녀가 "전 여친? 내가 왜 너의 전 여친이야? 나

전 여친 아니야"라고 하는 거다. 나에게는 정말 큰 충격이었다. 그럼 우리 사이는 뭐였지? 나는 짧은 기간이었지만 연인 사이였다고 생각했는데, 그녀에게는 아니었던 것이다. 나중에서야 문화 차이에서 온 오해일 수도 있겠다고 생각했다.

프랑스에서는 처음 시작하는 연인들이라면 보통 분위기를 좀 살펴야 한다. 그리고 '키스'를 한 시점 정도 되면 본격적으로 사귄다고 생각하면 된다. 그쯤이면 동시에 다른 사람을 만나지 않는다는 의미다. 프랑스 사람들이 '사랑꾼'이어서 동시에 여러 명을 만날 것이라는 편견도 있는데 그렇지 않다. 일반적으로는 한쪽 관계를 완전히 마무리 짓고 나서 다음 관계로 넘어가는 편이다. 서로 함께 지내는 시간이 길어지고 키스도 했다면, 프랑스 사람들은 사귀는 사이라고 생각하고 다른 이를 만나지 않을 것이다. 한국에서는 여지를 두면서 여러 사람을 만나는 걸 '어장 관리'라고 하던데, 프랑스에도 이런 표현이 있기는 하다. '여러 마리의 토끼를 쫓는다'라고 하는데, 그런 일이 흔하지는 않다.

이제 막 연애를 시작하는 단계에서는 단둘이 만나는 게 보통이다. 둘이 같이 아는 친구가 있으면 함께 만날 수도 있지만, 서로를 알아가고 싶어서 만나는 것이라 일대일 만남이 좀 더 일반적이다. 만약 이 무렵에 둘만 만나지 않고 여럿이 만난다면 둘 중 하나다. 접근하려고 마음먹은 사람이 수줍음이 많거나, 아직 관계가 확실치 않은 단계여서 친해질 기회를 마련한 것이다. 단번에 처음부터 둘이 만나자고 데이트를 신청하는 것보다는, 친구들과 함께 놀러 가자고 제안하면 상대방도 어느 쪽이든 대답하기 쉽고 덜 부담스럽다. 그럼 제인하는 사람 입장에서도 상대가 나에게 관심이 있는지 알아볼 수 있는 기회가 된다. 물론 사귀는 사이가 되고 나서도 친구들과 여럿이 만나 시간을 보내는 경우가 있다. 이런 모임은 상대가 다른 사람들과 함께 있을 때 어떻게 행동하는지, 그 사람의 다양한 측면을 볼 수 있는 기회다.

프랑스 남자가 로맨틱하고 열정적이라는 이미지가 많이 퍼져 있지만, 사실 유난스러운 걸 싫어하는 편이다. 만날 때마다 화려하고 커다란 꽃다발을 선물한다든가, 듣기만 해도 녹아내릴 것 같은 달콤한 말을 자주 하지는 않는다. (물론 애칭을 쓰며 달달한 관계를 유지하기도 한다.)

대체 이런 '열정적' 이미지는 어디에서 온 걸까 생각을 해봤는데, 그나마 영국이나 독일 남자들보다는 좀 더 적극적이어서 그런 게 아닐까 싶다. 프랑스인들은 연인 관계로 나아갈 때 남자가 적극적으로 첫걸음을 떼야 한다고 여긴다. 그

프랑스 남자는 과한 애정 표현을 잘 하지 않는다.

런 점은 이탈리아나 스페인 남자들과 비슷하다. 하지만 처음부터 너무 오글거리는 표현을 쓰거나 과한 애정 표현을 하지는 않는다.

이런 면에서는 오히려 한국 남자들이 더 적극적이다. 한국 사람들은 비교적 연애 초반부터 '사랑한다'는 말을 하고, 수많은 노래 가사에도 '사랑한다'는 말이 들어 있지 않나? 프랑스인들은 이 정도로 강하게 애정 표현을 하지 않고, 상대적으로 쿨하게 다가가는 편이다. 이 때문에 다른 나라 사람 입장에서는 '프랑스 사람은 로맨틱하다'는 이미지가 깨지기도 한다.

프랑스 남자인 내 입장에서는, 한국 사람들이 더 로맨틱하다. 마치 로맨스 드라마나 영화를 보는 것처럼 드라마틱해 보인다. 처음 서울에 왔을 때, 나는 정말 서울이 커플들의 천국이라고 생각했다. 어딜 가도 커플을 위한 장소가 많고, 즐길거리도 다양하다. 거리를 둘러보면 모든 기준이 커플에게 맞춰져 있다는 생각이 들 정도였다. 서로 꼭 껴안거나 팔짱을 끼는 등 가벼운 애정 표현을 하고 있는 사람들도 넘쳐났다. 프랑스에선 볼 수 없는 '커플티'를 입고 있는 사람들도 있고 말이다. 한국의 커플들은 함께하는 시간도 더 많은 것 같다.

여러 나라 사람들의 입장을 듣고 알게 된 건데, 프랑스인들은 상대적으로 연인보다 '사회적 입장'을 우선순위에 놓는 경우가 많다고 한다. 예를 들면, 여럿이 있는 자리에서 연인보다는 친구를 먼저 챙긴다든가, 연인보다 주변 사람들의 분위기를 더 살핀다든가 하는 행동들 말이다. 나는 개인적으로 둘만 있을 때는 연인에게 집중하고 잘해 주니까 상관없다고 생각하지만, 다른 나라 사람들 입장에서는 이해가 되지 않을 수 있다. 게다가 이성 간의 우정도 자연스럽게 받아들이는 편이니 질투도 좀 부족하다고 느끼는 것 같다.

　연애의 시작은 프랑스 사람들도 평범하다. 학교, 취미, 동아리, 직장, 친구의 파티 등에서 상대를 만나 조금씩 알아간다. 그런데 일정 나이가 되면 이런 방식에 제동이 걸린다. 프랑스에는 한국 같은 '소개팅 문화'가 없다. 20대까지는 자연스러운 환경에서 다양하게 사람들을 만날 수 있는데, 30대 이후에도 싱글일 경우 연애 상대를 만날 기회가 크게 줄어든다.

　그래서 최근에는 '틴더Tinder, 데이팅 앱' 같은 서비스의 인기가 높아졌다. 프랑스에서는 2010년 전후부터 이런 앱이 인기가 있었다. TV의 주요 광고로 등장할 정도다. 틴더는 다소 가벼운 만남을 원하는 사람들이 사용한다. 만약 조금 더 진지한 관계를 원한다면 '아덥트앙맥AdopteUnMec'이라는 데이팅 사이트를 많이 사용한다. '남자를 입양해'라는 의미다. 이 사이트 광고를 극장에서 봤는데, 남자의 프로필에 여러 여자들이 '이 남자는 믿을 만한 사람'이라고 인증하는 방식이었다. 일종의 '남자 리뷰 사이트' 같은 느낌이랄까? 새로운 사람을 만날 기회가 없는 사람들이 기술의 도움을 받을 수 있게 된 것이다.

　아덥트앙맥이나 틴더 때문에 프랑스의 연애 문화도 다소

바뀌는 듯하다. 틴더를 이용하는 사람들은 동시에 여러 명과 만나기도 하고, 가벼운 관계를 찾기 때문이다. 앞서 말했던 전통적인 연애 문화와는 많이 다른 셈이다. 물론 예전에도 가벼운 만남이 없었던 것은 아니다. 내가 펜싱을 배우던 무렵, 펜싱장에서 어떤 남녀가 만나 잠자리까지 했다고 한다. 남자는 가벼운 만남으로 여겼지만, 여자는 진지한 관계로 생각했던 것 같다. 그래서 한동안 펜싱장에 몹시 어색한 분위기가 흘렀던 때도 있었다. 그래서 틴더 때문에 가벼운 만남이 더 눈에 띄고 활성화되었을 뿐, 원래 있던 현상이라는 해석도 있다. 아직은 기존 연애 문화가 지배적이긴 하지만, 혹시 프랑스에서 이성을 만난다면 상대의 분위기를 잘 파악해야 한다. 물론 확실하게 하고 싶으면 물어봐도 된다. "지금 우리 관계가 어디쯤에 있냐"고 말이다.

첫 데이트를 할 때는 남자가 돈을 내는 게 흔하다. 한국 사람들은 '유럽' 하면 흔히 '더치페이'를 생각하는 것 같은데, 프랑스에서는 그렇지 않다. 페미니즘 경향이 한국보다 강한 나라인데도 그렇다. 모순이라고 생각할 수도 있지만 애초에 배경이 다르다. 한국의 소개팅은 서로가 원해서 자리를 만든 거니까 반반씩 비용을 부담할 수 있다. 프랑스에서는 남자가 데이트 신청을 하는 경우가 대부분이다. 그 자리를 원하고 만든 게 남자인 셈이다. 그러니 남자가 데이트 비용을 부담하는 게 당연하다고 생각할 수밖에 없다. 그러나 이건 첫 데이트인 경우에만 그렇다. 연애를 할 때는 경제 상황에 따라 더 여유로운 사람이 더 많이 부담한다.

프랑스에서는 연인의 집에 스스럼없이 놀러 간다. 한국처럼 모텔 같은 시설이 따로 없어서, 연인의 부모님 집에서 가족이 있어도 자연스럽게 연인 방에서 섹스를 한다. 그건 자녀의 사생활이니까 부모님이 크게 간섭하지도 않는다.

자취를 한다면 연인끼리 동거하는 경우도 많다. 프랑스 사람들에게는 동거 자체가 '빅 스텝'이 아니다. 딱히 심각한 고민을 하지 않고, 살림을 합칠 만한 이유가 있다면 쉽게 동거를 결정한다. 예를 들면 생활 반경이 비슷한데 한쪽이 너무 멀리 살거나, 같이 살면 생활비를 아낄 수 있다면 결정이 쉽다. 물론 자기만의 공간이 필요해서 동거를 원치 않는 사람도 있다. 하지만 어렸을 때부터 보통 '커플은 같이 산다'는 인식을 가지고 있기 때문에 대부분의 프랑스인들이 동거를 자연스럽게 생각한다.

동거를 쉽게 할 수 있는 사회적인 배경도 있다. 우선 '결혼이 먼저'라는 인식이 없다. 사랑하는 사이라면 꼭 결혼을 하지 않고도 함께 살거나 아이를 가지는 것을 자연스럽게 생각하는 분위기다. 그러다 보니 프랑스에서는 결혼하지 않은 커플 사이에서 태어난 아이가 2022년 기준으로 63퍼센트를 넘어서는 상황까지 왔다.

게다가 프랑스에는 팍스PACS, Pacte Civil de Solidarité, 시민연대계약라는 제도가 있다. 팍스는 이성, 혹은 동성 커플이 계약을 통해 결혼한 배우자와 거의 비슷한 지위를 법적으로 인정받을 수 있는 '대안적 가족 결합 제도'다. 이 제도를 만들었던 2000년도 당시 동성혼을 사회에서 받아들이기 어려울 거라는 생각에 대안적인 제도로 만든 것이었다. 그런데 동성 커플만을 대상으로 하면 다른 시민들에게 공평하지 않은 것 같다고 해서 결국 모든 시민들을 대상으로 넓혔다. 매년 결혼하는 커플과 팍스로 맺어진 커플 수가 엇비슷할 정도니 지금은 꽤 보편화되었다고 볼 수 있다.

68 혁명이 바꾼 가족

두 번의
결혼식

새로운 '가족'이 만들어지는 시점은 언제일까? 서로 사랑하는 사람들이 인생을 함께하기 위해 모이는 그 순간이 아닌가 싶다. 특히 프랑스에서는 동거나 '팍스PACS'를 통해 커플이 생활을 공유하는 경우도 흔하기 때문에, 가족이 되기 위해서 반드시 결혼할 필요는 없다. 그럼에도 불구하고 여전히 결혼은 한 가정의 시작이라는 상징적 의미가 있다.

프랑스에서는 결혼식을 두 번 한다. 한 번은 시청에서, 다른 한 번은 성당이나 교회에서 한다. 시청 결혼식은 시장 앞에서 커플이 선서를 하고 증인들과 함께 서류에 서명을 하는 간단한 행사다. 말하자면 '행정적 결혼식'이다. 프랑스에서 결혼을 한다고 하면 이 시청 결혼식부터 시작한다. 이 때문에 프랑스의 시청에서는 웨딩드레스와 턱시도를 차려입은 사람들을 쉽게 볼 수 있다. 한국 사람들 눈에는 '시청'이라는 장소와 전혀 어울리지 않는 풍경일지도 모른다. 시청 결혼식 이후에는 부부의 종교에 따라 성당이나 교회에서 결혼식을 진행한다. 프랑스는 가톨릭 전통이 오래 이어져 온 국가라 아직 이런 문화가 남아 있다. 성당에서는 신랑 신부가 퇴장할 때, 다산을 기원하는 의미로 쌀을 뿌려 준다. 이 두 번의 결혼식이 각기 다른 날에 따로 열리는 경우도 있지만, 번거로움을 피하기 위해 되도록이면 같은 날짜에 맞춘다. 최근에는 종교가 없는 사람들도 많기 때문에 성당 결혼식을 생략하고 시청 결혼식과 피로연만 진행하기도 한다.

결혼식이 끝나면, 막 결혼한 커플을 축하하기 위해 '뱅 도너흐Vin d'honneur'라는 약식 피로연을 진행한다. 뱅 도너흐는 식사 전에 다 같이 와인과 간단한 안주를 먹으며, 얘기를 나누고 결혼을 축하하는 자리다. 참석자들은 한 사람씩 신랑 신부에게 축하를 건네는데, 순서를 기다리느라 피로연 장소에서 줄을 길게 선다. 뱅 도너흐에는 가족과 친척, 친구, 부모님의 친구 등이 참석한다. 한국처럼 직장 동료를 부르는 경우는 흔치 않지만, 사적으로도 친한 친구가 있다면 초대할

프랑스의 교회 결혼식 모습.

수도 있다. 프랑스 사람들은 '내 결혼식에 꼭 와 줬으면 좋겠다' 싶은 사람을 부른다고 보면 된다. 나라면 아마 가까이 지내는 10명 내외의 친구 정도를 초대할 것이다.

뱅 도너흐 이후에 이어지는 식사 자리는 더 규모를 줄여서 가족과 친척 위주로 참석한다. 식사와 함께하는 파티는 아주 오랜 시간 이어지는데, 새벽이나 아침까지 이어지는 경우도 흔하다. 지방에 따라 다르지만, 브르다뉴 지역의 전통 결혼식은 며칠씩 파티가 이어지기도 한다. 가족과 친지가 모이는 이 파티는 밤새도록 춤추고, 술을 많이 마시는 등 떠들썩하고 즐거운 분위기다. 이때 신랑 신부를 위한 게임도 한다. 신랑 신부가 서로 등을 지고 앉고, 참석자들의 질문에 동시에 대답하며 궁합이 어떤지 확인한다. 커플을 잘 아는 사람들이 질문을 최대한 재미있게 만들기 위해 머리를 짜낸다.

그 외에 신부의 스타킹을 고정하는 밴드jarretière를 경매에 부치기도 한다. 손님들이 제각기 값을 불러 가장 높은 값을 제시한 사람이 사 간다. 이 밴드에 다른 효용이 있는 건 아니다. 신랑 신부의 신혼살림에 보탬이 되도록 돈을 기부하고, 파티를 더 재밌게 만드는 행사라고 보면 된다. 나도 1990년대 중반 쯤에 친척 결혼식에서 밴드 경매를 본 적이 있다.

결혼식 파티 장소는 주로 빌린다. 도시에 사는 사람들은 적당한 파티 장소를 마련하기 어렵기 때문에 결혼 준비를 시작하는 단계에서 미리 예약한다. 인기 있는 장소들은 이미 1년 전부터 예약이 꽉 차 있는 경우도 많다. 어떻게 보면 한국의 '예식장 예약'과 비슷하다. 지방이나 외곽 지역에 사는 사람들은 주로 집이 크고, 집 바깥쪽에 여유 공간도 넉넉하기 때문에, 자기 집에서 결혼식 파티를 한다. 이런 경우에는 집 바깥에 행사용 천막을 치고 파티 장소를 만든다. 생맥주 기계를 대여하고, 케이터링 서비스도 부른다. 우리 큰형의 결혼식이 바로 그랬다. 꼭 자기 집이 아니더라도, 가족이나 친척 중에 외곽에 집이 있다면 그 집을 빌려서 파티를 하기도 한다.

프랑스식
내리사랑

에티엔 샤틸리에즈 감독이 연출한 〈탕기Tanguy〉(2001)라는 영화가 있다. 줄거리는 이렇다. 주인공은 박사 과정을 밟고 있는 탕기라는 이름의 남자다. 그는 부모의 집에 얹혀사는 게 너무 편해서 떠나지 않으려 한다. 하지만 부모는 이 아들을

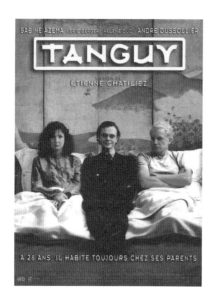

프랑스의 부모-자녀 관계를
잘 드러낸 영화 〈탕기〉.

어떻게 하면 쫓아낼까 궁리한다.

　프랑스에서는 자녀가 성년이 된 이후에도 부모님 집에 함
께 사는 경우가 많고, 또 딱히 허물이 되지도 않는다. 아이는
여유가 되는 한 부모가 책임져야 한다는 의식이 강하기 때문
이다. 그래서 부모가 자녀의 독립을 원해도 직접적으로 나가
라는 말을 하지 않는다. 정 독립시키고 싶으면 우회적인 방법
을 쓴다. 이 영화는 그런 상황을 아주 잘 그리고 있어서 프랑
스 사람들에게 크게 공감을 얻었다. 덕분에 프랑스에서는 '탕

기'라고 하면 누구나 다 알아듣는 일반적인 단어가 됐다. "아, 그 사람은 탕기야"라고 말하면 누구나 상황을 이해한다. '부모가 속이 좀 타겠군' 하고 말이다.

프랑스에서는 부모가 경제적으로 허락하는 한 자식을 많이 챙겨야 한다고 생각한다. 어릴 때뿐만 아니라 성년이 돼도 마찬가지다. 자식이 다른 지역으로 진학하거나 취직하는 등 특별한 사유가 없다면 부모 집에 함께 산다. 일찍 독립하는 편인 미국 문화와는 확연히 다르다. 오히려 한국 문화에 더 가깝다. 다만 한국과 다른 점은, 자식이 독립해서 경제적으로 자립해도 부모님에게 용돈을 드리는 경우가 없다는 것이다. 한국은 부모에게서 많은 것을 받는 대신, 나중에 자식이 성인이 되면 이를 되갚는 방식인 것 같다. 하지만 프랑스에서 자식은 평생 받기만 한다.

이런 현상은 크게 두 가지 이유 때문이다. 우선 우리 부모 세대는 자녀 세대에 비해 경제적으로 훨씬 여유롭다. 1970년대까지는 취업도 쉬운 편이었고, 소득 수준도 높았다. 국가 지원도 많이 받았고, 연금도 지금 세대보다 많이 받는다. 또 지금은 주거비가 비싼데, 부모 세대가 젊을 때는 집세가 비싼 편도 아니었다. 덕분에 자기 집을 소유한 사람의 비중도 높다. 모든 면에서 부모 세대가 자녀 세대에 비해 압도적으로 부유한 탓에 자연스럽게 이런 상황이 만들어졌다.

우리 아버지도 마찬가지다. 우리 삼형제는 모두 독립했지만, 여전히 경제적으로 조금씩 아버지의 도움을 받는다. 예를 들면, 작은형이 집을 장만했을 때는 마당에 창고를 지을 수 있도록 아버지께서 돈을 보태 주려고 하셨다. 작은형이 사양해서 실제로 돈을 주시지 못했지만 갑작스럽게 목돈이 들어갈 일이 있을 때 보조해 주시곤 한다. 처가에서 보조를 받는 경우도 있다. 내 친구 중 한 명은 공무원이고, 아내는 간호사다. 그런데 친구의 수입이 적고, 직장 사정상 물가가 비싼 파리에서 살아야 해서 경제적으로 꽤 어렵다. 이런 사정을 감안해 그의 처가에서는 주기적으로 생활비를 보조해 주고 있다.

프랑스식 내리사랑은 소위 '68혁명'을 기점으로 생겨난 인식의 변화 때문이기도 하다. 1968년에 모든 권위와 보수적 가치에 도전했던 프랑스 5월 혁명 말이다. 68혁명은 샤를 드골 정부의 실정과 사회에 만연한 총체적 모순에 저항하기 시작해 총파업으로 번지며 프랑스 사회 전체를 뒤흔들었다. '상상력에 권력을!'이라는 구호에 걸맞게 구세대의 가치와 질서에 대항하는 움직임이었다.

68혁명 당시 소르본대학교.

한 달이 넘는 저항에도 불구하고 결국 드골 정권이 더 강력해지는 결과를 낳는 등 실패했다는 시각도 있다. 하지만 68혁명으로 프랑스 사회는 돌이킬 수 없는 변화를 겪었다. 종교나 애국주의처럼 기존 사회를 규정하던 권위를 거부하고, 정교분리와 평등주의, 생활 속 민주주의를 얻어 냈다는 게 오늘날 대체적인 평가다.

이 시기를 관통한 우리 아버지 세대는 부모를 부양해야 한다는 부담감을 거부하기 시작했다. 아버지의 경우도 그랬다. 할아버지와 할머니를 요양원에 모셨다. 많은 비용이 필요했는데, 대부분 할아버지의 저축으로 해결했다. 프랑스 노인들이 가는 요양원은 시설이 그다지 좋지 않지만 꽤 비싸다. 보통은 사립으로 운영되고, 요양원에 가는 것은 개인의 선택이기 때문에 저소득층을 제외하고는 국가로부터 큰 지원을 받기 어렵다. 일정 수준의 지원금이 나오기는 하지만, 지원금도 소득으로 여겨지기 때문에 소득 수준이 높아져서 요양원 비용도 비싸진다. 할아버지는 아버지의 결정에 꽤 서운해 하셨다. 할아버지 세대에서는 자식이 부모를 마지막까지 모시는 게 일반적이었기 때문이다. 게다가 아버지에게 물려주려고 절약하며 모았던 돈을 요양원 비용으로 써 버리게 됐으니 더욱 아쉬웠던 모양이다.

아버지 세대부터 강해진 개인주의는 우리 세대에도 전해졌다. 우리는 기본적으로 부모가 자식에게 지는 의무가 더 크다고 생각한다. 자식의 탄생은 부모가 선택한 것이기 때문이다. 그래서 부모는 자식을 책임질 의무가 있고, 자식은 부모에게 의무를 느끼지 않아도 된다고 여긴다. 실제로 프랑스 대학생들은 특별한 일이 없는 한 부모의 울타리에서 벗어나지 않는다.

한국에도 잘 알려져 있다시피, 프랑스 대학의 학비는 비싸지 않다. 하지만 비즈니스 스쿨이나 그랑제콜 같은 엘리트 교육을 받으려면 돈이 상당히 많이 든다. 이 때문에 엘리트 교육을 받는 사람들은 모든 교육 과정을 마칠 때까지 부모의 신세를 지는 경우가 흔하다. 일반 대학에 진학하는 경우에도 크게 다르지 않다. 프랑스 대학은 기본적으로 모두 평준화되어 있기 때문에 굳이 다른 지역의 대학으로 진학할 필요가 없다. 그래서 독립하지 않고 부모님 집에 사는 경우가 많다. 만약 지역 대학에 없는 특별한 학과에 가고 싶어서 더 큰 도시의 대학으로 진학한다면, 그때는 독립할 수밖에 없다. 하지만 그렇지 않은 대부분의 학생들은 딱히 독립을 할 만한 유인도 계기도 없다. 일차적으로는 부모님의 도움을 받는 게 당연하다고 생각한다. 물론 부모의 지원을 받지 못하는 경우도 있다. 부모의 소득이 적거나, 밝힐 수 없는 이유로 사이가 틀어져 연락을 하지 않는다거나 해서 보조를 받지 못한다면, 그때는 국가에서 지원해 준다.

프랑스 학생들도 아르바이트를 하기는 한다. 하지만 한국과는 달리 아르바이트 자리를 찾기가 어렵다. 일을 하면 반드시 계약서를 써야 하고 최저 임금 이상을 맞춰 줘야 하는데, 그마저도 금액이 워낙 높아서 학생 아르바이트를 쓰는 일자리는 적다. 학생들은 주로 남들이 기피하거나 힘들어 하는 일을 한다. 새벽 시간 근무를 하거나 스트레스가 심한 콜센터, 재고 조사 등이 대표적인 학생용 아르바이트다. 상황이 이러니 대학을 다닐 때도 부모의 지원을 계속해서 받을 수밖에 없다.

물론 프랑스 자녀들도 부모님이 아프시면 간병을 하거나, 함께 살 때 수입이 있으면 생활비를 보탠다. 한국 사람들 입장에서는 프랑스 가족이 서로 독립적이라고 생각할 수는 있지만, 그래도 유대는 끈끈한 편이다.

명절은
가족과 함께

프랑스에서 가장 중요한 명절은 단연 크리스마스다. 너도 나도 조부모님 댁을 방문하고, 가족들이 모여 식사를 한다. 크리스마스이브부터 시작되는 연말을 가족과 함께 보내는 게 일반적이어서 유학생을 비롯한 외국인들은 매우 외롭다.

우리 가족의 경우, 크리스마스 아침에 일어나서 친할아버지와 친할머니를 뵈러 갔다. 거기서 선물을 받고 함께 식사를 한 후, 오후에 외가로 향하는 게 정해진 일정이었다. 한국의 설이나 추석에 볼 수 있는 동선이다. 우리 외가에 방문할 때는 거의 모든 친척들을 만날 수 있었는데, 이모나 외삼촌, 외사촌들까지 모두 한자리에 모였다.

가장 기대되는 것은 역시 크리스마스 만찬이다. 대표적인 게 뿔닭 La pintade 요리인데, 영국의 칠면조 요리와 비슷하다. 꼭 뿔닭이 아니더라도 닭이나 오리, 칠면조 같은 조류 요리 한 가지는 반드시 식탁에 올린다. 이외에도 마늘 소스를 곁들인 에스카르고나 랍스터도 크리스마스 전통 음식이다. 굴을 크리스마스 만찬에 포함시키는 가족도 있지만, 우리 집에서 굴은 크리스마스보다는 새해를 맞이하는 대표적인 음식이었다.

소소하게 챙기는 다른 명절들도 있다. 1월 6일은 주현절 l'Epiphanie이라고 해서 세 명의 동방 박사가 예수의 탄생을 축하하기 위해 베들레헴까지 찾아온 걸 기념하는 날이다. 주현절은 공휴일은 아니지만, 이날 가족과 함께 모여 갈레트 데 루아Galette des rois, 왕의 파이라는 뜻의 둥근 파이를 나누어 먹는다. 갈레드 데 루아는 사과 혹은 프랑지판frangipane, 설탕, 아몬드, 크림이 들어간 반죽 과자, 두 가지가 있다.

단순히 맛있는 파이를 나누어 먹는 게 전부가 아니다. 파이 안에는 페브Fève라고 부르는 작은 도자기 인형을 몰래 넣는다. 그리고 그 자리의 막내인 어린아이에게 테이블 밑에 들어가라고 해서 그 아이가 각각의 파이 조각을 누구에게 줄지를 정한다. 아이에게 "이 조각은 누구에게 줄까?"라고 물으면, 아이는 파이를 전혀 보지 못하는 상태에서 "음……, 큰이모 줘" 하는 식으로 무작위로 파이를 나눠 준다.

자기 몫의 파이에서 페브가 나오면 그날의 왕이 되고, 금빛 종이로 만든 왕관을 쓴다. 왕이 된다고 해서 별다른 특혜가 있는 건 아니다. 그냥 그날 하루 기분이 좋을 뿐이랄까? 그런데도 우리 아버지는 모두가 페브를 얻을 수 있게 애초에 여러 개를 넣으셨다. 우리는 무슨 대단한 게임을 하는 것도 아닌데 져도 상관없지 않느냐고 말했지만 소용없었다. 아버지는 모두가, 특히 함께 참가한 내 여자 친구가 꼭 페브가 들어간 파이를 받고 즐거운 추억이 되도록 하셨다. 마치 모두가 하나씩 상을 타는 게임처럼 말이다. 페브는 가게에서 쉽게 살 수 있고, 여러 종류의 페브를 수집하는 사람도 있다.

부활절 Pâques도 가족과 함께하는 명절 중 하나다. 내가 어릴 때는 부활절에 친할아버지와 친할머니를 뵈러 가서 초콜릿을 받았다. 부활절 초콜릿은 계란 모양이나 닭, 토끼, 종 모양을 하고 있는데, 세공이나 장식이 귀여워서 이 시기에 가게에 들르면 초콜릿을 구경하는 재미가 쏠쏠하다. 어린이가 있는 집에서는 정원 곳곳에 부활절 달걀을 숨겨 놓고 보물찾기와 비슷한 게임을 하기도 한다.

프랑스 가정이
평등하다는 편견

한국 사람들에게 물어보면, 프랑스 가정은 상대적으로 성차별 없이 평등하게 역할을 분담하리라 생각하는 것 같다. 어느 정도는 사실이다. 특히 젊은 세대에 이르러서는 성차별이 많이 개선됐다. 그렇지만 프랑스도 과거에는 성차별에서 자유롭지 못했다. 언제부터 문화가 바뀌었을까? 우선 두 번의 세계 대전 때 남자들이 전장으로 떠나고, 그 빈자리를 여성들이 자연스레 채우면서 커진 측면이 있다. 하지만 진짜 변화는 1968년 5월에 있었던 68혁명 이후에 찾아왔다. 제한됐던 여성의 권리 중 상당수를 보장 받을 수 있게 됐고, 그로 인해 많은 것이 바뀌었다.

프랑스 여성 인권은 다른 유럽 국가들에 비하면 상대적으로 늦게 향상된 편이다. 투표권은 제2차 세계 대전이 끝나고서야 생겼고, 1960년대까지 여자는 아버지나 남편의 동의를 얻어야만 은행 계좌를 만들 수 있었다. 경제적으로 독립할 수 없으니 독립적인 생활 자체가 불가능했다. 여성이 경제적 자립을 이루어 독립적으로 살 수 있다면 당당하게 이혼할 수도 있고, 스스로 원하는 것을 좀 더 자유롭게 추구할 수 있다. 68혁명 이후에야 프랑스 여성들은 이런 사회적 억압에서 벗어날 수 있었다. 이후 1970년대에서 1990년대 사이가 맞벌이 부부 탄생의 1세대라고 볼 수 있을 것 같다.

우리 부모님 세대만 해도 '남자는 돈을 벌고 여자는 집안

일을 한다'는 고정 관념이 거의 없다. 우리 어머니는 내가 10대 때 돌아가셨다. 어머니가 돌아가신 지 거의 20년이 되니, 아버지도 종종 여자 친구를 사귀셨다. 그중에 한 명은 리투아니아계 벨기에 분이었는데, 아버지와 동갑이었다. 그분은 따로 직업을 가지지 않고 아버지의 수입을 공유하면서, 본인과 집을 꾸미는 데 주력했다. 아마 문화적 배경이 달라서 그랬겠지만, 아버지는 당시 꽤 큰 문화적 충격을 받으셨다. 아버지와 동갑인데도 성 역할에 대해 그런 '고지식한' 고정 관념을 가지고 있다는 걸 받아들이기가 쉽지 않으셨던 듯하다.

요즘 프랑스에서는 가정주부가 정말로 흔치 않다. 결혼해도 각자 번 돈은 각자가 관리하는 편이다. 부유한 집안에서는 여성이 전업주부로 있는 경우도 드물지 않지만, 중산층 부부 대부분 맞벌이를 한다. 그런데 맞벌이 부부가 늘어나면서 새로운 이슈가 생겼다. 바로 집안일을 어떻게 분담할 것인가 하는 문제다. 우리 부모님 세대에서는 맞벌이를 하더라도 실질적으로는 주로 엄마가 가사를 병행하는 분위기였다. 여자들에게는 사회 진출의 기회가 생겼지만, 부담은 두 배가 돼 버린 셈이었다.

지금은 부모님 세대만큼 심하진 않지만, 여전히 이런 문제

프랑스 중산층 대부분이 맞벌이다. 하지만 가사 분담은 여전히 공평하지 않다.

가 남아 있다는 지적이 나온다. 2017년 프랑스에서는《다른 시선Un autre regard》이라는 만화책이 출간됐는데, 사회적으로 큰 반향을 일으켰다. 책은 '마음의 부담'에 관한 내용이었다. 남자들은 집안일을 주도적으로 하지 않고, 결국 같은 양의 일을 해도 여자가 남자를 시켜야 하기 때문에 여자가 더 많은 마음의 부담charge mentale을 진다는 내용이다. 여자는 끊임없이 집안일과 가정 상황에 신경 쓰고 관리자 역할을 하지만, 남자는 평소엔 아무런 관심이 없다가 일을 시키면 그제야 한다는 얘기였다. 많은 여성들이 이 만화의 문제의식에 공감했고, 체험담이 끊임없이 공유됐다.

남성들 쪽에서도 반론이 많이 나왔다. 우리 집에서는 오히려 남자인 자신이 집안일을 주도한다든가, 이 만화의 내용은 1980년대 얘기라든가 등의 주장이었다. 물론 젊은 사람들은 인식이 많이 변해서 비교적 평등하게 집안일을 하는 경우가 많다. 하지만 프랑스 인구 6,500만 명 중에 몇 명이나 될까? 나는 아직 여성이 더 많은 부담을 지는 경우가 다수라고 생각한다. 한국도 아마 비슷할 것이다.

프랑스 남자들 사이에도 이런 상황을 인정하고 개선하려는 움직임이 있다. '파파 포지티브Papa Positive'나 '이스퇴흐드 파파Histoires de Papas' 같은 웹 사이트들은 남자들끼리 육아, 가사 노동과 관련해서 유용한 정보를 공유하는 곳이다. 어떻게 어려움을 극복했는지, 어떻게 하면 남자들이 가사 부담을 적절하게 나눠 질 수 있는지에 관한 이야기도 나눈다. 한국의 '맘 카페' 역할을 하는, 남자들의 웹 공간이라고 생각하면 된다.

남자들의 출산 휴가를 법적으로 강제해 달라는 의견도 있었다. 그러면 남자들도 부담 없이 아이와 함께 시간을 보낼 수 있기 때문이다. 지금도 물론 남자들이 출산 휴가를 사용할 수 있지만, 기간도 짧고 의무도 아니어서 쓰려면 회사의

이스타흐 드 파파 홈페이지.

눈치를 봐야 한다. 아이가 태어나면서부터 함께하는 시간을 가진다면 이후에 아이가 성장하는 과정에도 아빠들이 더 주도적으로 육아에 참여할 수 있지 않을까? 프랑스는 완벽한 평등 사회가 아니라, 여전히 평등 사회를 위해 노력하는 나라다.

또 하나의 가족
반려동물

프랑스 사람들은 반려동물을 가족처럼 아끼고, 또 많이 키운다. 2020년 프랑스 여론 조사 기관인 IFOP 발표에 따르면, 프랑스 가정의 약 52퍼센트가 반려동물을 기른다. 제일 인기가 많은 동물은 고양이다. 약 33퍼센트가 고양이를, 약 25퍼센트가 개를 기른다. 고양이는 사실 프랑스에서 제일 인기 있는 반려동물은 아니었다. 약 2003년쯤부터 고양이를 키우는 사람이 늘어났다. 아마 혼자 사는 사람 입장에서는 키우기 수월한 동물이라서 인기가 많아진 것 같다. 개의 경우, 한국과는 달리 대형견들도 많이 키운다. 한국에서는 주거 형태가 대부분 아파트여서 아무래도 소형견 위주로 기르는 것 같다.

한국에서는 비둘기를 싫어하거나 무서워하는 사람이 많아 보인다. 남자든 여자든 비둘기를 보면 깜짝 놀라 몸을 피하는 것을 자주 봤다. 프랑스에서는 비둘기가 아주 친숙해서 피하는 사람을 찾아보기 힘들다. 오히려 먹이를 주다가 비둘기에 완전히 뒤덮인 꼴이 된 사람을 종종 볼 수 있다.

그런가 하면 한국 사람들은 길에서 다른 사람의 반려동물을 보았을 때 큰 관심을 보인다. 프랑스 사람들은 귀여운 동물을 보더라도 다가와서 귀엽다고 말을 걸거나 관심을 보이지 않는다. 그냥 무심하게 지나치는 편이라고 할까? 반려동물을 좋아한다면서 왜 무관심한지 의아할 수 있다. 한국과 프랑스의 '반려동물을 아낀다'는 개념에는 좀 차이가 있다. 예를 들면 우리 가족은 고양이를 키웠는데, 정원이 딸린 집에서 살았기 때문에 고양이는 주로 실외 생활을 했다. 실내로 들어오는 건 가족들이 잠시 들여보내 줄 때 정도였다. 한국에서 고양이를 키우는 사람들이 이 이야기를 듣는다면 위험하다며 놀라겠지만, 이웃과 정원이 계속 붙어서 이어지는 형태의 주택가여서 고양이가 바깥 활동을 하는 데 큰 문제는 없었다. 이후에 독립한 작은형은 정원이 없는 도심의 집에 살아 고양이를 실내에서 키웠으니, 주거 환경이 달라서 생긴 차이인 것 같다.

프랑스 배우인 브리지트 바르도Brigitte Bardot가 열렬히 식용견 반대 운동을 한 덕에 한국에서는 프랑스 사람들이 '동물권'에 굉장히 관심이 많을 것이라고 생각하는 것 같다. 하지만 원래 프랑스는 동물보호법이 잘 갖춰진 나라가 아니다. 반려동물 학대도 '다른 사람 앞에서는 하면 안 된다'는 법이 있었는데, 보이지 않는 곳에서 학대하는 것까지 법적으로 막

사진 속 안시Annecy 지역처럼 정원이 이어지는
동네라면 고양이를 풀어 키운다.

지는 않았다. 지금은 동물보호단체의 노력으로 법을 개선했지만, 그마저도 최근의 일이다. 독일은 수십 년 전부터 동물보호법이 발달한 나라지만, 프랑스는 한국과 사정이 크게 다르지 않다.

미식의 나라는 의외로 까다롭지 않다

프랑스의
대표 음식?

한국에 살면서 가장 많이 받은 질문 중 하나가 바로 '프랑스의 대표적인 음식이 뭐냐'였다. 솔직히 대답하기가 매우 곤란하다. 거꾸로 내가 한국 사람에게 한국의 대표적인 음식이 뭐냐고 묻는다면 어떨까? 김치찌개, 양념치킨, 불고기, 라면…. 꼭 집어 하나만 말하기는 어려울 것이다. 세계 어느 나라 사람에게 물어도 마찬가지 아닐까?

내가 대답하기 어려워하면, '그럼 밥이나 김치처럼 필수적이고, 매번 식탁에 올라오는 음식이 있느냐'고 질문을 바꾸는 사람도 있다. 이 정도면 좀 고민해 볼 만하다. 프랑스에서 자주 먹고, 외국에 사는 프랑스 사람들이 그리워할 만한 음

파리의 치즈 가게.

식이 있다. 빵과 치즈, 그리고 햄이다. 나 역시 한국에서 살면서 가장 아쉬운 게 이 세 가지다.

프랑스인들은 빵을 정말 많이 먹는다. 우리 아버지만 해도 식사 때 반드시 빵이 있어야 하는 사람이다. 한국인들의 '밥'만큼 필수적이진 않지만, 굳이 따지자면 '국' 정도는 된다. 한국에서도 '국이 없으면 밥을 못 먹는다'는 사람이 있지 않나? 한국에도 빵집이 많은데 빵을 그리워한다면 이상하게 들릴 수도 있다. 하지만 한국에서 흔히 볼 수 있는 프랜차이즈 제과점 빵들은 프랑스에서 먹던 빵들과 좀 다르다. 또 프랑스에는 정말로 다양한 빵집이 있고, 언제 어디서든 내 입맛에 맞는 빵을 찾아 고를 수 있다. 다행히 최근 들어서는 한국에도 다양하고 좋은 빵집들이 늘어나고 있다. 홍대 인근의 경우 원하는 빵을 어렵지 않게 찾을 수 있을 정도다. 나도 단골집을 몇 군데 정해 먹고 있다.

프호마즈fromage, 즉 치즈 역시 프랑스 식문화의 중요한 요소다. 샤를 드골 대통령은 "치즈 종류가 258가지나 있는 나라를 어떻게 통치하겠나?"라고 말한 적이 있다. 프랑스 사회의 다양성을 치즈에 빗대어 통치의 어려움을 말하고자 하는 것이었는데, 그만큼 프랑스에 다양한 치즈가 있다는 의미이기도 하다.

프로방스 전통 시장에서 판매하는 소시송.

지금은 그보다 더 많아져서 500종이 넘는 치즈가 생산된다. 하루에 한 종류씩 먹어도 1년 동안 다 맛볼 수 없다. 이렇게 다양한 종류의 치즈들이 전부 해외로 수출될 리는 없으니, 외국에 거주 중인 프랑스 사람들은 자신이 좋아하던 치즈를 그리워할 수밖에 없다. 간단한 간식으로도, 안주로도, 그리고 식사 메뉴로도, 치즈는 늘 프랑스 사람들 곁에 있다. 나도 밤에 배가 고프면 야식으로 치즈와 커니숑Cornichon이라는 작은 오이 피클을 먹곤 했다.

햄 역시 한국에서 쉽사리 구하기 어려운 음식이다. 일반적인 햄이나 소시지가 아닌 소시송 saucisson, 건조한 염장 소시지 같은 건 더더욱 그렇다. 어쩌다 구할 수 있는 곳을 발견해도 프랑스에 비해 가격이 좀 비싸다. 프랑스와 달리 찾는 사람이 훨씬 적다 보니 자연히 그렇게 된 것 같다.

나의 경우에는, 이 세 가지가 주 재료로 들어가는 메뉴, 즉 샌드위치를 원하는 대로 만들 수가 없어 아쉽다. 특히 '크헉므슈 Croque-monsieur'는 딱 빵, 치즈, 햄이 들어가는 메뉴이니 더욱 그렇다. 프랑스에서는 저녁에 메뉴를 생각하기도, 요리를 거창하게 하기도 귀찮으면 부담 없이 간단히 만들어 먹던 게 크헉므슈였는데, 한국에서는 마음먹고 만들어야 하는 음식이 됐다.

식사는
정해진 시간에만!

한국과 프랑스는 식사 문화가 상당히 다르다. 한국인들은 아침, 점심, 저녁을 챙겨 먹기는 하는데, 식사 시간이 딱 정해져 있다기보다는 배고플 때에 맞춰서 먹는 느낌이다. 특히 일정 조정이 자유로운 대학생들이나 프리랜서 같은 경우는 더더욱 그렇다. 식사 시간이 아니라도 배가 고프면 뭔가를 꺼내먹거나 사 먹는 것도 자유롭다.

반면 프랑스인들은 배가 고파도 정해진 식사 시간을 엄격하게 지키는 편이다. 학생들은 성장기라 금방 배가 고파지곤하니까 점심과 저녁 사이에 정해진 간식 시간이 있다. 하지만 이 시간을 제외하고는 군것질을 거의 하지 않는다. 한국인 입장에서는 프랑스인 친구를 두거나, 애인이 있으면 함께다닐 때 불편할 수 있다. 배고파 뭘 좀 먹자고 해도 식사 시간이 아니라며 거절하기 때문이다. 함께 여행을 하거나 일정을함께할 때는 싸울 수도 있는 문제다.

그럼 프랑스 사람들은 언제 먹을까? 일반적으로 '아침 le petit-déjeuner, 르 쁘띠 데저네', '점심 le déjeuner, 르 데저네', '저녁 le diner, 르 디네', 그리고 점심과 저녁 사이에 먹는 '간식 le goûter, 르 구떼'이 있다. 벨기에를 비롯해 퀘벡처럼 프랑스어를 쓰는다른 지역에서는 이 명칭이 조금 다른 것으로 알고 있다.

아침에는 주로 '달콤한 것'을 먹는다. 커피나 핫초코, 빵,시리얼, 우유, 주스 등이 식탁에 오른다. 나는 아침을 가볍게먹는 편이라, 핫초코, 혹은 아이스 초코를 한 잔 만들어 마셨다. 벨기에가 가까워서, 카카오 분말과 설탕, 우유 등을 섞어직접 만들어 마시는 핫초코는 맛이 각별했다. 빵을 먹는다면

우리 가족은 평일에는 바게트, 일요일에는 비예놔즈히를 먹었다.

보통은 바게트를 먹고, 크루아상 같은 비예놔즈히viennoiseries
는 조금 특별한 식사를 할 때 먹는다. 예를 들면, 우리 가족
은 비예놔즈히를 주로 일요일에 먹었다. 일반적으로 밀가
루, 이스트, 물, 소금만을 재료로 해서 간편하게 만드는 바
게트 종류의 빵을 부랑즈히boulangerie라고 하고, 계란, 버터,
우유, 설탕 등이 추가로 들어가는 종류의 빵을 비예놔즈히라
고 한다. 크루아상, 브리오슈, 빵오 쇼콜라 등이 여기에 포함
된다. 보통은 부랑즈히, 비예놔즈히, 파티스히pâtisserie, 케이크나
디저트류를 한 가게에서 판다.

점심은 보통 12시 30분 정도에 시작한다. 학창 시절 점
심 식사는 주로 학생 식당에서 해결하거나 간단히 샌드위치
를 먹었다. 프랑스인들은 특히 샌드위치를 좋아한다. 간편하
고, 다양한 재료로 질리지 않게 먹을 수 있기 때문이다. 직장
인들도 빠르고 간편하게 먹을 수 있는 샌드위치를 선호한다.
빵집에 가면 햄, 참치, 연어 등의 샌드위치를 여러 종류 만들
어 놓고 판다. 바게트를 기본으로 다양한 내용물을 더해 만
드는 샌드위치도 있고, 파니니 같은 핫샌드위치도 있다.

프랑스인들이 식사를 길게 한다는 건 널리 알려진 얘기인
데, 요즘은 점심시간이 많이 줄었다. 시간이 좀 넉넉하게 있
다면 주로 브하스히brasserie에 간다. 원래 브하스히는 직역

파리에 위치한 전형적인 브하스히.

하면 '맥주 양조장'이라는 뜻이다. 하지만 프랑스에서는 보통 캐주얼하게 갈 수 있는 식당을 말한다. 정통 전문 음식점은 아니지만, 커피나 맥주를 팔고, 요리도 하는 곳이다. 브하스히의 주 메뉴는 육회 steak tartare, 스테이크, 감자튀김, 샐러드 같은 것들이다. 어느 지방을 가더라도 대부분의 브하스히가 갖추어 놓는 메뉴다. 그 외에도 지방에 따라 특색이 있는 메뉴를 내놓는다. 릴에서는 웰쉬 welsch, 맥주에 적신 빵 위에 햄, 머스터드소스, 체다치즈를 가득 뿌린 요리나 카흐보나드 플라망드 carbonnade flammande, 소고기를 맥주, 구운 소금, 당근 등과 함께 끓인 벨기에식 스튜, **와테흐조이**waterzoï, 크림과 백포도주에 야채를 넣어 끓인 수프에 생선을 넣어 찐 요리 등을 판다. 요새는 수제 버거가 인기라서, 최근 프랑스에 들렀을 때 보니 브하스히마다 자기네 가게만의 시그니처 버거를 내놓고 있었다. 학생 식당에서는 주로 파스타와 감자튀김이 고정 메뉴로 나오고, 다른 메뉴는 그때그때 다양하게 나온다.

구떼는 주로 싱장기의 학생들이 챙겨 믹는다. 그래서 고등학교 때까지는 학교를 마치고 와서 오후 4시에서 6시 사이에 구떼를 먹는다. 메뉴는 보통 달콤한 것들인데, 핫초코, 빵, 잼, 과자 등이다. 최근 한국에서는 마카롱이 프랑스 대표 디저트처럼 알려져 있던데 마카롱은 사실 유행한 지 오래되지 않았다. 프랑스에서는 약 2010년쯤부터 유행했고, 내가 어렸을 때는 한 번도 먹어본 적이 없다. 나도 오히려 마카롱을 일본 사람들을 통해 알았을 정도다.

저녁은 7시 이후에 먹는다. 집에 어린아이가 있는 경우에는 아이들 먼저 먹이고 어른들은 나중에 식사를 하느라 시간이 조금 늦어지기도 한다. 이때의 메뉴는 정찬 코스에서 몇 가지 메뉴가 빠지는 정도인데, 매일 먹는 집밥을 한정식집처럼 차리지 않는 것과 마찬가지다. 우리 집에서는 주로 메인 요리와 샐러드, 후식 정도를 먹었다.

아페히티프로 마시는 파스티스.

　가족이 모두 모이는 주말 식사나 초대 받았을 때 나오는
정찬은 평일에 간단히 먹는 식사와는 식사 순서부터 다르
다. 우선은 식전주 '아페히티프apéritif, 줄여서 apéro'가 필수적이
다. 한국에는 이 개념이 없는데, 식사하기 전에 응접실이나
테라스 같은 곳에서 술과 안주를 먹는 것을 말한다. 파스티
스Pastis, 아니스 열매 향이 나는 도수가 높은 술로, 일반적으로 물에 희석
해서 마신다나 로제 등을 마시면서 편안하게 얘기를 나누는 자
리다.

　돌이켜 보면 어렸을 때는 식전주를 마시는 시간이 참 재

미없는 시간이었다. 어른들끼리 술을 마시는 자리를 즐거워할 아이가 있을까? 어른들이 얘기를 나누고 있으면, 아이들은 그저 땅콩을 집어먹고 주스를 마시면서 대체 언제 저녁을 먹냐고 투덜거리곤 했다. 하지만 어린아이들이 어른이 되면 입장이 바뀌는 것처럼, 나도 이제 식전주 자리를 꽤 즐기게 됐다.

식전주를 마신 다음에는 본격적인 식사를 하기 위해 테이블로 이동한다. 식사는 앙트헤entrée, 전식, 플라 드 헤지스탕스plat de résistance, 주 요리, 샐러드, 치즈, 디저트, 커피 순서로 나온다. 에피타이저에 해당하는 앙트헤는 보통 생야채crudités에 드레싱을 뿌린 것을 많이 먹는다. 프랑스에서는 샐러드와 별개로 구분하지만, 지금 생각해 보면 크게 다를 바 없는 메뉴인 것 같다.

디저트로는 요거트나 아이스크림, 과일, 과자 같은 단 음식이 주로 나온다. 후식과 커피가 꼭 같이 나오지는 않는데, 만약 후식이 과자 종류라면 커피를 좀 빨리 내서 함께 곁들인다. 벨기에와 가까운 프랑스 북부에서는 커피에 곁들이는 과자로 스페큘로스라는 계피맛 과자를 먹는다. 식사를 하고 난 후에는 꼭 단것을 먹어야 하는 습관이 있다 보니, 프랑스 가족이나 친구들이 한국에 놀러 왔을 때는 다 함께 편의점으로 가서 과자를 사 먹었다. 프랑스에서는 식당 메뉴판에 항상 커피와 후식이 함께 있는데, 한국 음식점은 그렇지 않아서였다.

마지막으로 디제스티프digestifs라는 식후주로 마무리를 한다. 소화를 돕기 위해 술을 마시는 것인데, 위스키나 코냑, 칼바도스 같은 독한 술을 마신다. 사실 디제스티프 문화는 우리가 식사를 할 때 오랜 시간 동안 많은 음식을 먹으니까, 중간에 소화를 돕기 위해 마시던 술에서 유래했다. 메인 요

디제스티프의 일종인
'노르망디의 구멍'.

리를 먹고 나서 디제스티프를 마신 후, 또 다른 메인 요리를 먹었던 것이다. '노르망디의 구멍 trou normand'이라고도 부르는, 센 술인 칼바도스를 마셔 음식으로 막힌 구멍을 뚫어 준다는 의미다. 시간이 지날수록 식사 코스가 어느 정도 간소화되어서 식사 중간에 마시던 이 술이 식후주로 변했다. 큰형이 한국에 놀러 와서 아쉬워했던 것도 바로 디제스티프가 없는 것이었나. 한국 음식에 반해서 매번 배가 부르게 먹는데도 소화를 도와줄 만한 술이 없으니 말이다.

까다롭지 않은
커피와 와인 선택

프랑스의 식문화를 얘기하자면 '무얼 마시는지'도 빼놓을 수 없다. 가장 많이 마시는 음료는 커피와 와인, 두 가지로 나눌 수 있다.

커피는 아침에도 마시고, 식후에도 마시고, 일상적으로 자주 마신다. 그런데 그렇게 즐겨 마셔도 커피 맛에는 별로 까다롭지 않다. 바리스타 문화도 없고, 어디 커피가 맛있으니 찾아가 보겠다는 생각도 없다. 그냥 습관처럼 어디서든 블랙

어느 봄날, 내 고향 릴의 카페.

커피를 마실 뿐이다. 내가 마시는 커피의 원두가 과테말라산 인지 케냐산인지, 이런 것까지 신경 쓰지 않는다. 자주 마시면 커피 맛에 예민할 것 같은데 전혀 그렇지 않은 점이 재미 있다. 오히려 일상에 너무 가까이 있기 때문에 맛을 따지기 보다는 물처럼 마시게 됐는지도 모르겠다.

프랑스 사람들이 커피를 마실 때 따지는 건 딱 하나다. 연하게 마시면 안 된다. 연하면 맛이 없다는 개념만큼은 또렷하게 가지고 있다. 어릴 때부터 그런 연한 커피는 '양말 주스jus de chaussette'라고 불렸다. 주변에서도 "미국 커피 아메리카노는 양말 주스다", "맥도날드에 가서 커피 마시면 안 된다"고 했다.

아메리카노를 마시지 않으면 어떤 걸 마시느냐고? 주로 쁘띠 누아흐petit noir라고 부르는 에스프레소를 마시고, 거기에 물을 조금 탄 카페 알롱제café allongé, 아니면 카페 크렘café crème, 카페오레을 마신다. 카페 알롱제도 에스프레소 한 잔 정도의 물만 더하기 때문에 아메리카노보다는 진하다. 프랑스에서는 원두도 아라비카보다는 로부스타를 주로 마신다. 로부스타는 사실 맛이나 향이 섬세한 편은 아니다. 주로 인스턴트 커피나 블렌딩용으로 많이 사용된다고 하니, 프랑스인들의 커피 취향을 알 만하지 않은가? 하지만 이렇게 커피

맛과 향에 둔감한 프랑스에도 요즘 바리스타 문화가 들어왔다. 그래서 이제는 도시에 가면 원두를 골라 마시거나, 그 가게만의 블렌딩을 맛볼 수 있는 장소가 늘어나고 있다.

프랑스 사람들은 언제든 싸고 간편하게 마실 수 있는 커피 머신 자판기도 애용한다. 학교나 직장 등에서도 사람들이 모이는 곳에는 항상 커피 머신이 있기 때문에, 커피 머신 자체가 문화적으로 특별한 공간이라고 할 수 있다. 프랑스에서는 5분 정도의 짧은 드라마가 많이 제작되는데, 가장 오래되고 사랑받는 드라마 중 하나의 무대가 커피 머신 앞일 정도다.

사실 프랑스에서 뭔가를 '마신다'라고 했을 때 가장 먼저 떠올리는 건 단연 '와인'이다. 그만큼 프랑스 하면 와인이라는 이미지가 굳어져 있고, 1인당 연간 와인 소비량도 항상 세계 최상위권을 차지하고 있다. 실제로 우리 아버지 세대까지는 식사 중에 와인을 마시는 게 당연했다. 그런데 이제는 이런 습관이 많이 없어지는 추세다. 식사 시간 자체도 예전에 비하면 많이 짧아졌고, 젊은 사람들 사이에서는 문화가 바뀌면서 이런 현상이 일어났다. 나는 맛없는 와인을 마시느니 차라리 안 마시는 게 낫다고 생각하는 편이라, 오히려 와인 소비가 적다.

프랑스 사람들이 와인을 매우 사랑하니 가족끼리 대대로

파리 소재 와인 가게. 프랑스인들도 이런 평범한 주류 전문점이나
동네 슈퍼마켓, 대형 마트에서 와인을 구매한다.

인연을 맺어 온 와이너리에 와인을 주문할 것이라 상상할지 모르겠다. 하지만 보통은 그냥 동네 슈퍼마켓에 가서 산다. 그곳에도 와인이 다양하게 구비되어 있어서, 원하는 종류의 와인을 고르는 데 전혀 문제가 없다. 그 외에도 주류 전문점이나 대형 마트에서 구입하기도 한다. 만약 시골에 산다면 지인을 통해 좋은 와인을 추천 받아 사기도 한다.

아버지의 여자 친구는 식사를 할 때마다 늘 와인을 곁들이는 애주가다. 우리 큰형도 상당히 술을 좋아해서 큰형 집에 놀러 가면 도저히 물을 따로 마실 기회가 없을 정도다. 형은 술에 정말 관심이 많다. 우리 외가 쪽이 대대로 술을 만드는 집안이었기 때문에 그런 내력이 있지 않나 싶다. 외가 쪽의 조상은 네덜란드 쪽에서 온 술 장인으로, 진프랑스어로는 genièvre 이라고 하는 노간주나무 열매로 향을 내는 술을 만들었다. 진토닉을 만들 때 넣어 섞는 그 진의 조상이다. 이 사람들이 프랑스 릴 지역으로 건너와서 장사를 하고 있었는데, 대를 이을 아들이 없어 약 200년 전에 우리 외가 쪽 조상과 정략 결혼을 했다. 1950년대 쯤 파산해서 지금은 운영하고 있지 않지만, 외가는 아직도 술 문화가 좀 강해서 식사할 때 항상 와인을 곁들인다. 그 외가의 피를 큰형이 이어받은 것 같다. 형은 보르도에서 잠시 산 적이 있는데, 관심 분야였던 술을 파고들어 이런 저런 지식도 많이 얻었다. 그래서 그런지 형이 주문한 와인은 늘 싸고 맛있다. 많이 마셔도 숙취가 없다. 덕분에 나도 형의 집을 방문할 때는 와인을 많이 마시게 된다. 프랑스에서도 형이 갖춰 놓는 와인처럼 좋은 와인은 찾기가 쉽지 않다.

와인 얘기를 실컷 했지만, 사실 나의 고향인 릴은 전통적으로 와인보다 맥주를 더 많이 만들고 마시는 지역이다. 벨기에와 국경을 마주하고 있기 때문에 문화적으로 영향을 받은 탓이다. 릴 지역에는 저장 맥주 bière de garde라는, 약 120년 전통의 특산품이 있다. 원래 맥주란 오래 저장을 해두고 마시는 술이 아닌데, 저장 맥주는 샴페인 병에 맥주를 담아서 코르크로 마감해 와인처럼 저장한다. 위스키나 와인만큼 오래 보관하진 않지만, 보관 기간에 따라 다른 맛을 볼 수 있다.

프랑스에서는 와인만 마실 것 같지만, 다양한 기후와 민족이 공존하는 곳이어서 지역마다 술의 종류가 다르다. 브루타뉴 쪽은 시드르라는 사과주를 주로 마시고, 알자스에서는 포도 중 피노 품종으로 만든 와인을 많이 마신다. 도수가 센 술도 지방에 따라 종류가 다른데, 노르망디는 주로 칼바도스를 마시고, 좀 더 남쪽으로 내려가면 코냑이 유명하다.

프랑스에서는 술을 마실 때 한국처럼 1차, 2차, 3차를 거듭하는 습관이 없다. 학생들의 경우, 바를 여러 군데 돌아다니며 마시기도 하지만 보통은 같은 장소에 오래 있다. 음식점에서도 커피나 디저트를 먹거나, 술을 마실 수 있으니까 그런 문화가 자리 잡은 듯하다. 물론 술만 파는 바도 있다. 가게 분위기도 제각각이다. 브하스히 같은 곳은 아침부터 밤까지 운영하고, 술만 파는 곳도 아니기 때문에 가볍게 마시러 오는 사람이 많다. 젊은 사람부터 나이 든 사람까지 다양한 연령대의 사람들이 늦게까지 테라스에 앉아 천천히 식사와 술을 즐긴다. 밤 문화가 활발한 거리에는 더 많은 종류의 술집이 있다. 릴 구도심에는 '갈증의 거리'라고 부르는, 특색이 넘치는 바가 여럿 있는 거리가 있다. 브하스히는 심야까지 운영하지 않지만, 바나 클럽은 자정을 넘겨 새벽까지 운영하는 곳이 많다. 프랑스 사람들은 자기 취향에 맞는 단골 바를 정해 두고 늘 익숙한 곳에 가는 편이다. 단골 바를 만들면 항상 친숙한 메뉴를 먹을 수 있고, 바 사장님이 서비스를 주기도 하는 등 좋은 점이 많다. 물론 바람을 피울 때조차 외도 상대를 단골 바에 데려갔다가 들통난 사례도 보기는 했지만 말이다.

맛집의 기준은
인테리어

프랑스 사람들은 외식을 잘 하지 않는다. 가격이 비싸기도 하고, 뭔가 특별한 이유가 있을 때만 외식을 한다는 개념이 있다. 그래서 주로 집에서 요리를 해 먹는다. 그런데 요즘 프랑스에서도 젊은 사람들이 자그마한 오너 레스토랑을 운영하는 경우가 늘어나면서 조금씩 분위기가 바뀌고 있다. 그렇다고 프랑스 사람들이 풀코스 프렌치 레스토랑에서 주로 외식을 하는 건 아니다. 한국에서는 아무래도 '프랑스 요리' 하면 풀코스의 프렌치 레스토랑을 떠올리는 경우가 많은데, 한국 사람들이 한정식을 자주 먹지 않듯이 우리도 그런 곳에 가는 경우는 드물다.

프랑스 여행을 계획하고 있는 지인들에게 '프랑스에서는 어떻게 맛집을 찾느냐'는 질문을 많이 받는다. 프랑스 사람들은 아직도 '부샤 오헤이bouche à oreille, 입에서 귀' 방법, 즉 입소문에 많이 의지하는 편이다. 프랑스에서는 레스토랑을 오랫동안 운영하는 경우가 많기 때문에 다른 사람한테서 추천을 받기가 상대적으로 쉽다. 그만큼 입소문이 중요하고, 미슐랭 가이드 같은 지표들은 그리 크게 신경 쓰지 않는다.

다만 릴의 경우에는 우리 지역 사람들만이 공유하는 특별한 가이드북이 따로 있다. 릴의 한 비즈니스 스쿨에서 매년 학생들이 프로젝트로 만드는 가이드북이다. 학생들이 직접 릴 지역의 상가나 문화 공간, 명소 등을 가 보고 평점을 매긴 책자인데, 상당한 분량을 맛있는 음식점이나 바를 소개하는 데 할애한다. 매년 크리스마스 때 무료로 배포하는 이 책자는 지역 주민들에게 꽤 인기가 있다. 어찌 보면 또 다른 형태의 '지역 주민 입소문'인 셈이다.

또 중요한 게 인테리어다. 음식점 주인들은 가게를 자기만의 독특한 분위기로 꾸미기 위해 많은 노력을 한다. 브하스히 같이 캐주얼한 가게는 그런 경향이 좀 덜한데, 요리사가 따로 있는 레스토랑이라면 신경 쓰지 않을 수 없다. 손님들도 가게의 인테리어를 보고 자신들의 취향과 맞는 곳을 선택하기 때문이다. 만약 프랑스에서 맛집 정보 없이 음식점을 골라야 하는 상황이 온다면, 일단 가게 인테리어가 예쁜 곳에 들어가 보길 바란다. 인테리어에 신경을 쓰는 주인이라면 분명 음식에도 그만큼 정성을 기울일 것이다.

프랑스와 한국 음식점의 두드러진 차이가 있는데, 프랑스 음식점들은 대부분 테라스를 갖추고 있다는 점이다. 한국 음식점 중에 테라스가 있는 곳은 흔치 않다. 그래서 가끔 테라스가 정말 그리워질 때가 있다. 프랑스 사람들은 바깥에서 식사를 많이 한다. 햇빛이 조금만 있어도, 겨울에도 많이 춥지 않으면 거의 볕을 쬐러 테라스로 간다. 테라스에서 사람 구경도 하고, 야외 날씨와 풍경을 즐긴다.

한국 사람들은 태양을 피하려는 경향이 있는데, 프랑스는 볕이 그리 강하지 않아서 조금이라도 햇빛을 더 쬐려고 적극적으로 찾아나닌다. 그래서 프랑스 친구가 한국에 놀러 오면 테라스 찾기에 바쁘다. 영 마땅치 않을 때는 친구들을 편의점으로 데려간다. 우리끼리는 '테라스-편의점terrasse-pyoni한다'고 말하곤 했다. 한국 편의점 중에는 야외에서 간단하게 먹거나 마실 수 있는 곳이 많아서, 테라스를 사랑하는 프랑스 사람들에게는 일종의 오아시스나 다름없다.

프랑스는 면적이 넓고, 기후도 문화도 다양한 나라여서, 지역별 특산물을 찾아 먹는 재미가 쏠쏠하다. 릴 지역의 특별한 음식이라면 단연코 홍합 요리다. 릴에서는 주로 9월 첫 번째 주말에 릴 벼룩시장Braderie de Lille이라는 큰 축제가 열린다. 릴 시내 여기저기서 사람들이 자신의 중고 물품을 가지고 나와 판매한다. 자동차는 통행이 금지되고, 해외에서도 이 축제를 구경하기 위해 릴을 방문할 정도다. 이때 먹는 대표적인

니스의 야외 레스토랑.

음식이 홍합 요리와 감자튀김이다. 음식점마다 판매량을 자랑하기 위해 손님이 남긴 홍합 껍데기를 피라미드처럼 높게 쌓아 올린다.

브루타뉴 지역 전통 음식은 갈레트와 크레페다. 주로 짭짤한 내용물이 들어간 것을 갈레트, 달달한 내용물이 들어간 것을 크레페라고 한다. 갈레트는 메밀가루로, 크레페는 밀가루로 반죽을 만든다는 차이도 있다. 우리 가족은 토요일 밤마다 크레페를 먹었다. 그래서 친구를 초대할 때도 주로 토요일 오후에 초대해서 같이 저녁을 먹고 크레페를 먹었다. 한국에 와서도 매주는 아니어도 어느 정도 이 습관을 지키고 있다.

프랑스에서 크레페는 한국의 떡볶이처럼 대표적인 간편 간식이다. 대학에서 프랑스 유학생들에게 축제 때 전통 음식을 만들어 달라고 하면, 아마 십중팔구 크레페를 만들 것이다. 프랑스에는 크레페를 먹는 특별한 날도 따로 있다. 가톨릭에서 부활절 전의 40일간을 사순절이라고 하는데, '재의 수요일'로 시작하는 이 사순절 바로 전날이 '마흐디 그하mardi gras, 참회의 화요일'다. 마흐디 그하는 직역하면 '뚱뚱한 화요일'이라는 뜻인데, 40일간의 사순절 단식이 시작되기 전에 모든 요리용 지방을 다 써 버리는 날이다. 그래서 식용유나 버터 소모를 위해 크레페를 많이 먹는다. 마흐디 그하 외에 2월 2

우리 가족은 토요일 밤마다 크레페를 먹었다.

일 성촉절chandeleur에도 크레페를 먹는다. 이 날은 성모 마리
아의 순결을 기념하며 촛불 행렬을 하는 축일이다.

단것과 짠 것을
구분하는 식문화

한국과 프랑스의 식문화 차이 중에 가장 두드러지는 건 '단
맛과 짠맛에 대한 구분'인 것 같다. 프랑스에서는 기본적으

로 단것과 짠 것을 일정하게 구분해서 먹는다. 예를 들어, 아침에는 단것, 점심과 저녁에는 짠 것을 먹는다. 반면 한국에서는 한 끼니에 단것과 짠 것이 함께 나오는 게 일상인 것 같다. 큰형은 음식에 관심이 많고, 요리하는 것도 좋아한다. 먹는 걸 탐험처럼 생각하고, 복잡한 맛이 나는 음식을 즐기는 미식가다. 그래서 한국에 놀러 왔을 때 한 끼니에 단맛, 짠맛을 비롯해 복잡한 맛을 느낄 수 있는 한국 음식을 꽤 좋아했다.

한국과 프랑스의 또 다른 식문화 차이는 포만감을 대하는 태도다. 한국에서는 식사를 배가 고파서, 혹은 배가 부르려고 먹는 경향이 있다. 일단 식사를 하면 포만감을 느껴야 한다고 생각하는 것 같다. 프랑스는 좀 다르다. 먹다가 배가 부른 상태가 될 수는 있지만, 건강상 너무 배부르기 전에 식사를 마치는 게 좋다고 생각한다. 애초에 배가 부르다는 표현 자체를 잘 쓰지 않는다. 중세식 표현인 'je suis repu 배부르다'가 있지만, 유머러스하게 말할 때를 제외하고는 거의 사용하지 않는다. 의미상으로 따지면, 기껏해야 '잘 먹었다 j'ai bien mangé', '이제 더이상 배고프지 않다 j'ai plus faim'의 표현이 있을 뿐이다. 한국 사람들에 비해 긴 시간 식사를 하는 프랑스 사람들의 식사량이 더 적다고 하면 역설적으로 느낄 수도 있겠지만, 이 역시 문화 차이가 아닌가 싶다. 다만 프랑스 사람들도 크리스마스나 가족 식사 때, 할머니 댁에 갈 때는 정말 배부르게 먹는다. 이런 걸 보면, 귀여운 손주들이나 반가운 친척을 배불리 먹이고 싶은 마음은 만국공통인 것 같다.

건강식이나 채식주의자를 위한 음식점이 많은 것도 프랑스의 특징이다. 채식 자체가 프랑스에서 상당히 인기를 끌고 있다. 2020년 프랑스 여론 조사 기관인 IFOP의 발표에 따르면, 15세부터 70세까지의 프랑스인 중 2.2퍼센트가 육류와 생선은 물론 우유와 동물의 알까지 섭취하지 않는 채식주의자였고, 24퍼센트는 채식에 관심을 가지고 신경 써서 육식을 조절하고 있는 사람들이었다. 육식을 자제하고 채식 위주의 식생활을 하는 프랑스인이 4명 중 1명이라는 이야기다.

육식을 자제하는 이유는 다양하다. 건강 때문에, 환경 때문에, 동물 보호를 위해, 심지어는 그냥 맛이 없어서 고기를 먹지 않는다는 사람도 있다. 한국에서는 채식주의가 아직 큰 인기를 끌고 있지 못한 것 같다. 특히 외식을 할 때는 채식 자체가 힘들다. 나도 채식주의는 아니지만, 양심적이고 지속가능한 축산 환경이 잘 갖춰졌으면 하는 마음을 가지고 있다.

취향을 통해 나를 드러내다

물들이다,
물들다

2017년 영국의 홍보 회사 '포틀랜드커뮤니케이션'은 소프트 파워 1위 국가로 프랑스를 꼽았다. '소프트 파워soft power'란 문화적 영향력을 뜻하는 단어로, 군사력이나 경제력 같은 물리적인 힘을 뜻하는 '하드 파워hard power'에 대비되는 말이다. 프랑스는 일부러 국가 차원에서 소프트 파워를 키운 적은 없다. 다만 과거에 세계적으로 큰 영향력을 가진 나라였다 보니 자연히 소프트 파워가 강해졌다. 20세기 이전에는 세계 문화의 중심이 프랑스라고 해도 과언이 아닐 정도였기 때문이다.

지금은 세계 문화가 미국 중심으로 재편되면서 영어가 우세

해졌지만, 원래는 그 자리에 프랑스어가 있었다. 19세기까지만 해도 전 세계 외교관들은 주로 프랑스어로 의사소통을 했다. 프랑스어를 잘한다는 것 자체가 상류 계급의 상징이었다. 상류층이 프랑스어를 많이 쓰니, 자연히 프랑스 문화가 고급문화로 여겨지는 경향도 생겼다. '프랑스는 우아한 나라'라든가, '프랑스 것은 좋은 것'으로 생각하는 사람이 늘어난 것이다.

프랑스 문화의 영향을 많이 받은 나라를 얘기할 때 러시아를 빼놓을 수 없다. 특히 표트르 1세가 서구를 모델로 한 개혁에 박차를 가하면서 유럽과 교류를 많이 했는데, 이때부터 러시아 사람들이 프랑스어를 많이 쓰게 됐다. 1917년 혁명 이전의 러시아, 즉 제정 러시아 상류층에서는 프랑스어 구사가 기본 소양으로 여겨졌고, 하인들이 알아듣지 못하게 일부러 프랑스어로 대화하기도 했다.

이런 경향은 다양한 분야에 영향을 미쳤는데, 톨스토이나 푸시킨 같은 러시아 대문호들조차 프랑스어로 집필했을 정도다. 푸시킨은 아예 프랑스어로 시를 쓰기도 했고, 톨스토이 역시 소설 속 등장인물들이 프랑스어로 대화하는 장면을 자주 썼다. 톨스토이의 《전쟁과 평화》나 《안나 카레니나》 같은 작품을 보면, 원문에 인물들 대사가 프랑스어로 적혀 있는데도 각주나 번역을 따로 붙이지 않았다. 독자들이 그 정도는 읽을 수 있다는 전제가 깔려 있는 것이다. 프랑스는 제2차 세계 대전이 끝나고 냉전이 지속될 때도 대체로 중립적인 입장을 취했다. 덕분에 러시아 입장에서는 프랑스가 문화적 교류가 비교적 쉬운 상대였다.

그렇다고 프랑스가 다른 나라에 일방적으로 문화적 영향을 미치기만 한 것은 아니다. 한국 사람들에게 잘 알려지지 않은 프랑스 사람들의 특징이 하나 있는데, 내 나이 또래인 30~40대 프랑스인들은 외국 문화의 영향을 상당히 많이 받았다는 점이다. 어린 시절 우리 집이 딱 그랬다. 당시 우리 집에는 '누누nounou, 베이비시터'가 두 명이 있었는데, 오전 누누는 일본인이었고, 오후 누누는 미국인이었다. 그 '누누'란 사람을 말하는 게 아니다. 오전 누누는 일본 애니메이션, 오후 누누는 '미드미국 드라마'였다. TV에서 오전에는 주로 일본 애니메이션을 방영해 주고, 오후에는 미드를 방영해 줬기 때문에 우리는 그 프로그램들이 '누누' 역할을 한다고 말했다.

한국 사람들은 내 또래 프랑스 사람들을 만나면 '왜 일본을 그렇게 좋아하냐'며 놀란다. 일본과 지리적으로 가까운 한국 사람보다 '저패니매이션일본 애니메이션'을 더 많이 알고 있는 경우도 있다. 이유는 간단하다. 1980년대부터 방송국에서 일본 애니메이션을 많이 수입해 방영했기 때문이다. 어릴 적부터 그 애니메이션들을 보며 자란 세대가 바로 우리 세대다. 어려서부터 문화 접촉이 많으니 자연스레 친숙할 수밖에 없다. 당시에 본 만화들을 꼽아 보면 〈세인트 세이야〉, 〈드래곤볼〉, 〈란마〉, 〈캡틴 츠바사〉, 〈캔디캔디〉, 〈소공녀 세라〉, 〈베르사유의 장미〉, 〈캡틴 하록〉, 〈메종일각〉, 지브리 스튜디오의 여러 애니메이션 등 장르와 폭이 다양하다. 한국 사람들에게도 친숙한 제목이 꽤 있을 것이다. 이처럼 오랫동안 다양한 일본 애니메이션이 수입되어 인기를 끌었다.

오후에는 학교에서 돌아와 '미드'를 많이 봤다. 특히 주말 오후에 TV에서 미드를 많이 방영했기 때문에 이를 챙겨 보는 게 일상이었다. 그 무렵부터 지금까지 프랑스 방송의 변화 과정을 보면, 미드의 인기가 어느 정도인지 실감할 수 있다. 영화가 더 인기가 있었던 시절에는 방송국 황금 시간대를 주로 영화가 차지했는데, 조금씩 미드의 비중이 늘어나더니 지금은 거의 대부분 미드가 점령했다. 〈엑스 파일〉, 〈프렌즈〉, 〈CSI〉, 〈닥터 하우스〉 등은 프랑스에서도 인기가 아주 많다. 덕분에 이런 미드가 우리 세대 프랑스 사람들의 의식에 미친 영향 역시 굉장히 크다. 나는 미드에서 FBI를 너무 많이 접해서 진작에 FBI 본부가 어디에 있는지 알 정도가 됐다.

그러다 보니 미국에 대한 감정이 좀 복잡해졌다. 드라마를 통해 미국 문화에 영향을 받거나 일종의 환상을 가지고 있기는 한데, 동시에 '미국의 문화 식민지가 됐다'는 묘한 위기의식도 갖게 됐다. 예전에는 프랑스가 세계에 미치는 영향이 강했던 만큼 박탈감이 더 큰 것 같다. 100년 정도밖에 되지 않는 시간 동안에 급격하게 상황이 변해 버린 것이다. 이제는 미국 드라마나 영화, 음악이 프랑스에 많이 수입될 뿐만 아니라, 정치·경제적으로도 미국이 프랑스에 강력한 영향력을 미친다. 영향을 많이 받고, 또 그 문화를 즐기면서도, 동시에 경쟁심을 느끼며 경계하는 모순적인 상황이다.

영화의 발상지,
프랑스의 미드 열풍

프랑스 문화 하면 영화 얘기를 빼놓을 수 없다. 영화 카메라와 영사기를 발명한 뤼미에르Lumière 형제, '서사'를 갖춘 극영화의 기반을 다진 조르주 멜리에스Georges Méliès가 바로 프랑스인이기 때문이다. '영화'라는 매체 자체가 프랑스에서 태어났다고 해도 과언이 아니다. 한때 프랑스 영화가 세계의 중심이었던 게 당연했다.

그런데 요즘은 프랑스 영화는 '예술 영화' 위주이고, 재미 없고 지루하다는 편견이 널리 퍼져 있다. 솔직히 말하면 프 랑스 사람들도 그렇게 생각한다. 하지만 실제로 박스 오피스 의 뚜껑을 열어 보면 양상이 다르다. 대중성을 노리고 만드 는 작품들, 특히 저예산 코미디 영화 쪽이 더 많다. 해외로 수 출되는 영화는 주로 작품성이 있는 예술 영화들이어서 그런 편견이 생긴 것 같다. 나도 프랑스에 있었을 때는 모든 한국 영화가 다 박찬욱 감독이나 봉준호 감독 영화 같은 줄 알았 다. 그런데 한국에 와 보니 훨씬 다양한 영화들이 있었다. 그 와 비슷한 상황이라고 할 수 있다.

해외로 수출되지 않는 영화들 중에는 정말로 영화사적 가 치가 없다고 여겨지는 영화들도 많다. 앞서 말한 저예산 코 미디 영화가 대표적이다. 특히 좀 유명한 배우를 주연으로 캐스팅해서 배우의 이미지에만 의존해 제작하는 영화들이 늘고 있다. 그러면 좋은 시나리오를 쓰지도 않고, 감독이 특 별한 노력을 기울이지도 않고, 제작비 대부분을 유명 배우 캐스팅에 사용한 그저 그런 영화가 되어 버린다.

이런 영화들이 대량으로 만들어지는 데는 '스크린쿼터제' 가 한몫하고 있다. 한국에서도 시행하고 있는 스크린쿼터제는 연중 일정한 비율 이상 프랑스 영화를 상영하도록 한 제도다. 그런데 이 '안전하게 확보한 상영 일수'가 오히려 영화 산업의 발목을 잡고 있다. 의무적으로 쿼터를 지키려고 적당히 만든 영화로 개수만 채우게 되는 경우가 많다. 잘 만들든 못 만들든 극장에서 걸어 주니, '질'에 신경 쓰지 않는 것이다. 자국 영화 산업을 보호하기 위한 제도 때문에 재미없는 영화가 양산되는 모순이 발생하는 셈이다. 스크린쿼터제 덕분에 프랑스 영화 산업이 그럭저럭 유지되고 있는 게 사실이지만, 동시에 재미없는 영화들이 쏟아지고 있는 것이다.

어찌됐든 이렇게 제작된 프랑스 영화들은 우선 무조건 극장에서 개봉된다. 프랑스에서는 영화가 상영되는 매체의 순서가 아주 엄격하게 정해져 있다. 이런 제도를 '홀드백'이라고 하는데, TV나 비디오 시장이 발달하면서 생겨났다. 영화가 개봉되자마자 TV로 방송되거나 OTT로 서비스된다면, 극장에 가려는 사람이 크게 줄어들 것이다. 그러면 극장 수입이 떨어지고, 결국은 영화 산업 자체가 타격을 받기 때문에 이런 사태를 막으려는 제도다.

프랑스는 이 홀드백 제도를 법으로 엄격히 정해 놓았다. 홀드백이 암묵적 관행으로만 존재하던 나라들에서는 다양한 매체가 등장하고 상황이 변하면서 자연히 그 기간이 단축됐다. 하지만 프랑스에서는 이 기간을 바꾸려면 법을 개정해야 한다. 2023년 현재, 여전히 영화는 극장에서 제일 먼저 개봉되고, 6개월 후에 〈카날 플뤼스Canal+〉, 15개월 뒤에 〈넷플릭스〉에서 보여진다. 17개월 뒤에는 〈디즈니〉와 〈아마존〉에 올려지고, 22개월 뒤에는 TV에서 방영된다.

그만큼 사람들의 인식 속에도 '영화는 극장에서 개봉하는 것'이라는 개념이 뚜렷하다. 이런 배경 때문에 칸 영화제에서 넷플릭스의 〈옥자〉를 상영했을 때 영화 관계자들 사이에서 정말 큰 이슈가 됐다. 극장에서 상영하지 않은 작품을 영화제에 불러도 되느냐, 상을 줘도 되느냐 하는 논쟁이 붙었다.

그럼 프랑스의 극장 풍경은 어떨까? 2018년 여름 휴가 때 고향인 프랑스 릴에 갔는데, 발목을 다치는 바람에 여기저기 여행을 하려던 계획을 포기하고 고향 집에 머물게 됐다. 발목을 다친 사람이 많이 움직이지 않고 알차게 시간을 보낼 수 있는 좋은 방법 중 하나는 극장에 가는 것이다. 덕분에 나는 여름 내내 극장을 들락거리면서 한국과 프랑스의 극장 문화를 비교해 볼 수 있었다.

릴은 한국으로 따지면 광역시 정도에 해당하는 도시다. 파리보다는 작지만 어느 정도 규모가 있다. 고향 집 근처에는 극장이 세 곳 있는데, 그중 두 곳은 멀티플렉스 극장인 A와

파리의 르 링컨 Le Lincoln 영화관.

B, 나머지 한 곳은 인디 영화 위주로 상영하는 극장 C다. 이 세 극장에서 총 몇 편의 영화를 상영하고 있는지 세어 봤다. A극장에서는 12편의 영화를 상영하고 있었다. B극장에서는 6편을 상영 중이었는데, 그중 3개는 A극장에서 상영하지 않는 영화였다. 또 여기서는 상시로 상영하는 영화 말고도 특별 상영을 했는데, '이란 영화 상영전'이나 '웨스 앤더슨 감독 상영전'처럼 득별전 영화가 6편이 있었다. 마지막으로 C극장에도 A, B극장과 겹치지 않는 영화가 5편이 있었다. 이리저리 합치면 총 26편의 영화 선택지가 있는 셈이었다.

한국과는 사정이 상당히 다르다. 한국에서는 멀티플렉스라고 해도 4~5편의 영화만 상영하는 경우가 많고, 그나마도 근처에 있는 극장들이 대부분 같은 작품을 상영한다. 하지만 프랑스에서는 기본적으로 같은 시기에 다양한 영화를 볼 수 있도록 한다. 이는 프랑스 사람들이 원래 외국 영화에 관심이 많아서 다양한 영화가 수입되어 상영되기 때문이다. 다른 나라라면 좀처럼 수입되기 힘든 덴마크, 아이슬란드의 영화도 상영한다. 덕분에 다양한 영화를 보고 올 수 있었다.

한국에 CGV나 메가박스가 있는 것처럼, 프랑스에는 UGC라는 멀티플렉스 극장이 있다. 이 극장 체인에서는 매월 회비를 내는 영화 멤버십 카드를 발행한다. 약 20유로 정도를 내면 한 달간 무제한으로 영화를 볼 수 있다. 처음에는 멤버십이 30유로 정도였는데, 지금은 가격이 더 저렴해져서 20유로도 하지 않는다. 이 정액제 멤버십 카드가 처음 등장했을 당시에는 영화 산업을 해칠 거라는 우려가 많았다. 하지만 이제는 또 하나의 극장 문화로 자리 잡았다. 게다가 릴에서는 인디 극장이 UGC와 제휴를 맺고 있어서 이 멤버십에 가입하면 릴의 거의 모든 극장에서 무제한으로 영화를 관람할 수 있다.

한국과 마찬가지로, 프랑스에서도 원래 인디 극장에는 관객이 그리 많지 않다. 하지만 이렇게 제휴를 맺으니 인디 극장 입장에서는 멤버십 수익의 일부를 분배받게 되어 극장 운영의 안정을 꾀할 수 있게 됐다. 관객들도 부담 없이 인디 영화를 볼 수 있으니, 여러 면에서 긍정적 효과를 가져 온 것이다.

프랑스가 극장 산업을 지키기 위해 꽤 큰 노력을 기울였지만, 전 지구적인 코비드19 팬데믹을 비껴갈 수는 없었다. 팬데믹 기간 동안 불가피하게 외출을 하지 못하게 되면서 프랑스인들이 영화를 집에서 보는 습관이 만들어진 것이다. 이는 수치로도 확인이 된다. 프랑스예술영화협회 명예 회장인 프랑수아 아이메François Aymé에 따르면, 2019년 프랑스 영화관 입장객 수는 2억 1,300만 명이었지만, 2022년에는 약 1억 5,000만 명이었다. 극장 관객이 약 30퍼센트 줄어든 것이다.

프랑스에 수입되는 외국 영화들 같은 경우, 메이저 영화는 주로 더빙으로, 인디 영화는 주로 자막을 달고 개봉한다. 프랑스에서는 외국 영화에 더빙을 하는 게 일반적이다. 1990년대 후반부터는 점점 자막이 늘어나는 추세인데, 요즘 큰 극장에서는 자막과 더빙을 원하는 대로 선택해서 볼 수 있다. 디지털 TV의 보급 이후에는 TV에서도 더빙과 자막을 골라 감상할 수 있다.

자막이 확대되는 추세라고는 해도, 프랑스에서는 아직 더빙 문화가 강하다. 앞서 말한 미드나 일본 애니메이션도 주로 더빙으로 방송한다. 전문적인 성우진이 갖춰져 있어 더빙의 질도 상당히 좋다. 재미있는 건, 워낙 더빙을 많이 하다 보니 특정 배우 전문이 된 성우도 있다. 예를 들면 할리우드 배우 톰 크루즈의 더빙은 유명 배우 샤를로트 갱스부르의 남편인 이방 아딸Yvan Attal이 주로 맡는다.

하지만 이렇게 더빙이 발달한 것치고는 성우가 유망 직종이거나, 작업 환경이 좋은 직업으로 꼽히지 않는다. 심지어 예전에는 미드 〈프렌즈〉를 더빙하는 성우들이 처우 개선을 요구하며 파업을 벌인 적도 있었다. 미드의 인기가 높은 프랑스에서 〈프렌즈〉는 특히 높은 시청률을 유지했다. 그런데 시즌 5가 되도록 성우들의 보수나 대우는 전혀 좋아지지 않았다고 한다. 결국 그 성우들은 재계약을 포기했는지, 갑자기 중간에 모두 바뀌어 버렸다. 시청자 입장에서는 당황스러웠던 기억이 난다.

잠시 프랑스 드라마 얘기를 해 보자면, 드라마의 주류는 '러브 스토리'가 아니다. 추리물이나 미스터리물, 스파이물, 정치나 가족 드라마 등 주제가 다양한 편이다. 하지만 기본적으로 사람들이 프랑스 드라마보다는 미드를 많이 시청해서, 제작 자체가 줄었다.

프랑스 드라마의 가장 큰 특징은 한 편이 1~5분 정도인 초단편 드라마가 엄청나게 많다는 것이다. 보통 저녁에 뉴스가 끝난 후, 영화를 틀어 주기 전에 많이 방영한다. 인기 있는 시리즈가 제법 많은데, 그중 하나는 퀘백에서 만든 코미디 시리즈로 〈한 남자, 한 여자 Un gars, une fille〉(1999)라는 드라마다. 한 커플의 일상을 짤막하고 코믹하게 보여 주는 내용인데, 프랑스어를 공부하는 사람들 사이에서도 인기인 것 같다. 〈카믈럿 Kaamelott〉(2005)이라는 단편 드라마도 아주 인기 있었다. 아서왕과 원탁의 기사 전설을 기반으로 한 코미디로, 유행어도 많이 만들었다. 〈브헤프Bref〉(2011)라는 드라마도 유명한데, 이것도 2분이 채 되지 않는 짧은 드라마다. 남자 주인공의 내레이션 위주로 진행이 되고, 편집이 엄청나게 빠르다.

다시 영화 이야기로 돌아오면, 프랑스에서는 영화제도 많이 열린다. 칸 영화제가 가장 유명하지만, 이외에도 세계 각국의 영화제가 각각 하나씩 있을 정도다. 한국 영화제는 물론이고, 영화 산업의 규모가 그지 않은 국가들의 영화제도 제각기 하나씩은 있다. 이렇게 일상적으로 영화제가 열리면 관객이 분산되어 한산할 것 같지만, 거의 모든 영화제마다 관객이 꽤 많아서 줄을 서서 입장해야 한다. 한국과 프랑스는 영화를 소비하는 방식이 좀 달라서, 프랑스 사람들이 조금 더 다양한 영화에 관심을 갖는 편이다. 물론 디즈니나 마블 영화가 인기 있는 것은 프랑스도 마찬가지다.

칸 영화제는 세계인의 축제다. 영화제가 시작되면 전 세계의 눈이 칸으로 쏠린다. 프랑스 사람들은 직접 칸 영화제를 보러 가기보다는, TV로 중계를 보는 편이다. 〈카날 플뤼스Canal+〉 채널에서는 영화제 기간 동안 매일 칸 영화제를 생방송으로 보여 준다. 다른 방송사에서도 칸에 야외 스튜디오를 설치하고 방송을 한다. 밤에 열리는 각종 파티에 참여해 배우나 감독 같은 유명인들을 인터뷰하는 '칸 바이 나이

프랑스인들의 영화 선택 기준이 되는 칸 영화제.

트Cannes by night' 같은 특별 프로그램을 편성하기도 한다. 이런 TV 프로그램들을 보면서, 칸에 직접 가 보지는 못하지만 일종의 대리 만족을 느낀다.

프랑스 사람들 사이에서는 칸 영화제에서 수상을 한 작품들은 믿고 볼 수 있다는 인식도 있다. 프랑스 사람들은 딱히 어느 영화제가 더 믿을 만한지, 더 명성이 높은지 따지지 않는다. 다만 영화를 볼 때 칸, 세사르, 아카데미 시상식 등에서 상을 받았는지 여부가 중요한 척도가 된다. 영화제는 단순히 작품을 심사해 상을 주는 역할만 하는 축제가 아니다. 영화제 현장에서는 영화나 드라마의 저작권 시장도 열린다. 현장 부스에서 활발하게 거래되기 때문에, 영화 산업에 중요한 영향을 미치는 다양한 기회들이 만들어진다.

프랑스인들은 특히 아시아 영화에 관심이 많다. 한국 영화가 본격적으로 소개되기 전에는 일본과 홍콩 영화를 즐겨 봤다. 〈비정성시〉를 만든 허우샤오셴侯孝賢 감독이나 〈화양연화〉의 왕자웨이王家衛 감독 영화가 유명했다. 파리에서 열리는 '파리 한국 영화제'는 2006년부터 지금까지 한국 영화를 프랑스에 소개하는 창구 역할을 하고 있다. 이 영화제 덕분에 이제는 〈군함도〉나 〈부산행〉 같은 상업 영화들도 한국 개봉 이후 빠른 시일 내에 수입된다.

프랑스 사람들은 기본적으로 한국 영화가 재미있다고 생각한다. 특색 있는 시나리오에, 감독들이 자신만의 뚜렷한 방향성을 가지고 작품을 만든다고 평가한다. 한국 감독 중에서는 홍상수, 박찬욱, 봉준호, 김기덕 등이 잘 알려져 있다. 특히 2022년 박찬욱 감독의 〈헤어질 결심〉은 약 30만 명이 넘는 프랑스인들이 관람했다. 그의 2013년 작인 〈누구의 딸도 아닌 해원〉은 아직 보지 못 했는데, 기회가 되면 보려고 한다.

프랑스의
귀를 사로잡는 음악

프랑스 사람들의 음악 취향은 크게 두 부류로 나뉜다. 우선 특별한 취향 없이 대중적인 노래를 좋아하는 대다수의 사람들, 그리고 아주 확고한 취향을 가지고, 감각 있는 노래나 좋은 가수를 구별하는 자기만의 기준이 뚜렷한 사람들. 프랑스에서는 후자가 주도권을 갖고 여론을 이끌어 가는 편이다. 이 사람들이 음악을 평가하는 기준은 명확하다. 가수가 자기 노래를 직접 만든다면, 비록 그 음악이 자기 취향에 안 맞더라도 일단 아티스트로 인정한다.

음악뿐 아니라 다른 문화 분야에서도 같은 기준이 적용되는데, 영화도 감독의 작가주의 정신이 살아있는 영화를 예술로 인정한다. 할리우드에서는 제작자가 촬영 필름의 마무리 편집을 하는 경우가 많다. 하지만 프랑스에서는 감독이 최종 편집권을 가지고 있는 것을 더 선호하고, 이런 작품들을 '작가주의 영화'로 인정한다. 감독이 시나리오에 깊이 관여하는 것은 말할 것도 없다. 만화 역시 스튜디오에서 기획해 만드는 것보다는, 혼자서 작업해 자신만의 이야기를 풀어내는 사람을 높게 평가한다. 모든 예술 장르에서 상업적인 작품을 경시하고, '쓰레기', '엉망진창'이라며 강도 높게 비난하는 경우도 많다. 일종의 '스노비즘snobbism, 고상한 체하는 속물근성, 또는 출신이나 학식을 공개적으로 자랑하는 일'이라고 할 수도 있겠다.

프랑스에서는 10대 때 자신만의 음악 취향을 개발하고, 자기 색깔을 찾기 위해 노력하는 사람들이 많다. 주변의 다양한 문화를 접하고, 그중에 내가 어떤 음악, 영화, 만화, 게임 등을 좋아하는지를 알아 간다. 이들은 문화적 취향을 통해 내가 어떤 사람인지 보여 줘야 한다고 생각한다. 그 과정에서 프랑스 사람들은 자신이 남들과 다른, 좀 특별한 취향을 갖고 있다는 걸 보여 주기 위해 노력한다. 대중적이고 '상업적인' 노래를 비웃는 것만큼 자신이 특별하다는 것을 주장하는 손쉬운 방법도 없다.

사실 프랑스 사람들 대다수는 상업적인 노래든, 예술적인 노래든 가리지 않고 좋아한다. 10대 때는 이런 구별이나 스노비즘이 심한 편이지만, 나이가 들수록 타인의 취향에 관대해진다. 하지만 특별하고자 하는 사람들의 목소리가 크다 보니 자연히 '아, 상업적인 노래는 별로 가치가 없구나' 하는 인식이 사회 전반에 깔려 있다. 예를 들어, 1990년대의 대표적인 상업 음악 장르는 유로 댄스였다. 그래서 많은 이들이 유로 댄스 음악을 듣고 즐겼지만, 동시에 '그런 걸 듣는다고? 진짜 음악을 모르는 사람이군!' 하고 깔보는 분위기가 있었다.

그럼 어떤 음악들이 프랑스에서 '인정받는' 음악이었을까? 주로 록이나 인디 록 음악을 들으면 '좀 들을 줄 아는 사람'이라고 생각했다. 당시에 인기 있던 뮤지션들을 꼽아 보면, 너바나Nirvana나 라디오헤드Radiohead, 뮤즈Muse, 스매싱 펌킨스Smashing Pumpkins, 플라시보Placebo, 오아시스Oasis, 블러Blur, 크랜베리스Cranberries, 모비Moby 등이었다.

밴드로는 피닉스Phoenix가 유명했고, 데우스DEUS나 후버포닉Hooverphonic 같은 벨기에 밴드도 인기가 있었다. 마노 네

그라 Mano Negra라는 밴드는 리더인 마누 차오 Manu Chao가 자신의 사촌과 함께 꾸린 펑크 밴드로, 해외에서도 많은 사랑을 받았다. 마누 차오는 프랑스-스페인 혼혈로, 프랑스어, 스페인어, 영어로 가사를 쓴다. 그래서 남미에서도 꽤 인기를 얻고 있는 것으로 알고 있다.

우리 세대는 이런 영미권 음악과 프랑스 인디 밴드 음악에도 관심이 높다. 이외에도 알랭 바슝 Alain Bashung, 에티엔 다오 Etienne Daho, 미오섹 Miossec, 벤자민 비올레이 Benjamin Biolay, 도미니크 A Dominique A 등이 프랑스에서 인기 있는 가수들이다.

프랑스는 유럽에서 힙합이 가장 먼저 들어온 나라다. 미국 힙합이 뉴욕의 할렘에 거주하는 소외 계층을 중심으로 발달한 것처럼, 프랑스에서도 비슷한 양상을 보였다. 이민자나 소외 계층이 힙합을 통해 자신의 이야기를 음악으로 만들었다. 그런 음악이 미디어에 노출되면서 사회에서 소외되고 있다고 생각했던 이들이 서로 연결된 느낌을 갖게 됐다. 힙합이 프랑스에서 대중적 인기를 모은 건 이런 '소외 정서'의 영향이 컸다.

하지만 이미 한 세대가 지났고, 초창기 프랑스 힙합을 하던 IAM, NTM Joey Starr & Kool Shen 같은 래퍼들은 이제

40~50대가 됐다. 이들은 이제 직접 뮤지션 활동을 하기보다는 프로듀서로 방향을 바꿨다. 그런데 요즘 세대의 힙합은 이전 세대와는 좀 다르다. 그다지 '힘든 시절'을 거치지 않은 오헬산Orelsan 같은 백인 뮤지션들이 많이 등장했다. 가사도 사회적인 메시지를 담기보다는 자기 도취적인 내용이 많다. 미국에서 힙합이 주류가 된 이후 흘러간 방향과 상당히 비슷하다. 초창기 힙합 뮤지션들은 이미 프랑스 힙합 씬scene이 많이 변했다는 얘기를 한다.

그럼에도 불구하고 여전히 프랑스에서는 힙합이 인기가 많은 장르다. 힙합의 인기를 잘 보여 주는 에피소드가 하나 있다. 프랑스에는 〈스카이록Skyrock〉이라는 라디오 방송국이 있는데, 방송국 이름에서도 알 수 있듯이 주로 록 음악을 틀어 주는 채널이었다. 그런데 1990년대 말부터 힙합이 인기가 많아지고, 다른 방송국과 차별화할 필요성을 느끼면서 록 음악보다는 랩을 주로 틀어주기로 결정했다. 결국 지금은 랩을 좋아하는 사람들에게 사랑받는 힙합 전문 채널이 됐다. 방송국 이름이 〈스카이록〉인데도 말이다.

한국에서는 상가나 카페에서 주로 한국 노래를 배경 음악으로 사용한다. 하지만 프랑스에서는 미국 노래가 더 많이 나온다. 오죽하면 영화 산업처럼 라디오에도 쿼터제가 있을까?

라디오에서 DJ가 선곡한 노래 중 35퍼센트는 반드시 프랑스어로 부른 프랑스 노래여야 하고, 그중 일정 비율은 신곡이어야 한다. 자국 음악 산업을 보호하기 위해서인데, 실제로는 딱 쿼터만 지키고 그 이상은 틀지 않는다. 그래서 길에서 흘러나오는 음악 대부분이 외국 노래다. 나만 해도 영미권 음악이 취향에 더 잘 맞아, 그쪽 위주로 듣는다. 그래서 내가 좋아하고, 프랑스에서도 유명한 미국 가수를 한국 사람들은 잘 모르는 경우가 많다. 한국에서는 음악 산업이 발달되어 있고, 한국 문화 색채가 강해서 굳이 외국 노래를 들을 필요를 못 느끼는 것일지도 모르겠다.

최근 프랑스 음악 산업도 조금씩 발전하고 있기는 하다. 외국 음악을 주로 듣고 자란 우리 세대가 자라서 자기만의 음악을 펼치기 시작했다. 프랑스 음악 안에서도 다양성이 점차 공간을 넓히고 있는 것이다. 세대가 바뀌면서 젊은 사람들의 취향, 하위문화 정도로 취급 받던 장르가 지금은 주류 문화가 된 경우가 늘었다. 아예 영어로만 노래하는 프랑스 가수도 있다. 한국에서도 유명한 다프트 펑크Daft Punk는 물론이고, 제인Jain이나 크리스틴 앤 더 퀸스Christine and The Queens 같은 뮤지션들도 주로 영어로 노래를 부른다. 가사가 영어일 경우에는 라디오의 프랑스 노래 쿼터에 들어가지 않지만, 이들은 그래도 인기가 많고, 영미권에서도 활발하게 활동한다.

한국 노래와 프랑스 노래의 중요한 차이점은 가사와 노래를 부르는 방식이다. 한국 노래에는 '사랑한다', '잊다', '목소리', '죽다' 같은 단어가 많이 쓰인다. 가사의 감정이 다소 격정적이고 극단적이다. 또 한국 가수들은 굉장히 크고 높은 소리로 노래를 부른다. 음악적인 기술이 얼마나 뛰어난지 보여 주고 싶어서 기교를 최대한 부린다는 느낌이다. 프랑스에서는 이런 노래를 듣는다면 상업적이라거나, 자기만의 것을 만들 수 없으니 기술로 뭉뚱그린다고 생각한다. 물론 셀린 디옹처럼 예외는 있다. 하지만 대체로 고음이나 큰 성량으로 노래를 부르는 가수보다는 좀 특색이 있는 목소리를 더 좋아한다. 그래서인지 노래를 하는지 말을 건네는 건지 구별하기 어려운 톤으로 노래를 부르는 가수가 많다. 한국 가수랑 비교하자면 김광석의 〈먼지가 되어〉나 델리스파이스의 〈차우차우〉, 버스커버스커의 〈정말로 사랑한다면〉 같은 노래들이다. 버스커버스커의 〈정말로 사랑한다면〉은 '사랑'이라는 말이 정말 많이 나오는데, 가사를 들어 보면 '사랑'의 의미를, 무엇이 사랑인지 이야기하는 내용이다. 개인적으로는 주제를 다루는 방식이 프랑스식에 가깝다고 생각한다.

한국 사람들에게 프랑스 노래를 아냐고 물으면 '오~ 샹젤리제~'라는 가사로 유명한 〈샹젤리제 Les Champs-Élysées〉를 주로 얘기한다. 한국에서는 이런 노래를 '샹송'이라고 지칭하며 음악의 한 장르처럼 여기는 모양인데, 사실 '샹송'이라는 말은 프랑스어로 그냥 '노래'라는 뜻이다. 아마 프랑스 사람들에게 "샹송을 좋아한다"고 말하면 무슨 뜻인지 몰라 어리둥절해 할 것이다. 한국에선 주로 우리 부모님 세대가 듣던 프랑스 노래를 샹송이라고 묶는 것 같다. 확실히 부모님 세대에서는 프랑스 음악을 더 많이 듣기는 했다. 하지만 우리 세대의 감성과는 잘 맞지 않아 이후에는 영미권 음악이 더 보편화됐다. 우리 아버지는 프랑스 노래와 영미권 노래를 모두 좋아하셨고, 어머니는 프랑스 노래를 즐겨들으셨다. 〈샹젤리제〉를 부른 조 다상 Joe Dassin이라는 가수를 아주 좋아하셔서 자주 들으셨다. 자크 브렐 Jacques Brel이라는 가수도 좋아하셨는데, 이 가수는 원래 벨기에 사람이지만 프랑스 음악 발전에 많은 기여를 했다. 〈떠나지 마 Ne Me Quitte Pas〉라는 이별 노래가 특히 유명하다.

악기를 가르치는 방식에는 많은 변화가 있었다. 내 세대가 교육 받았던 1980~90년대에는 음악 교육이 굉장히 엄격해서, 반드시 악보나 음표를 보는 방법을 먼저 배워야만 악기

매년 6월 21일 프랑스 음악 축제가 열리면 프랑스 거리는 이런 모습이 된다.

를 연주할 수 있었다. 하지만 요즘은 즐기면서 배우는 쪽으로 문화가 바뀌었다.

프랑스에서는 매년 6월 21일 '프랑스 음악 축제Fête de la musique'가 열린다. 1982년 프랑수아 미테랑 대통령이 주도하여 시작된 이 축제는 전국 각지에서 동시에 열린다. 현재는 프랑스 외에 유럽 각국에서도 이를 따라 같은 날 음악 축제를 연다. 이날은 사람들이 길거리로 나와 어디서든지 음악을 연주하거나 노래를 부른다. 평소에는 차도였던 곳도 운행 금지 구간으로 지정해 사람들이 편하게 음악을 연주하고 즐길 수 있도록 한다. 카페나 레스토랑에서도 장소를 제공하기도 한다. 이 음악 축제 덕분에 음악을 대하는 분위기가 엄격한 쪽에서 즐기는 쪽으로, 누구나 참여할 수 있는 방향으로 바뀌었다.

이 축제가 유명해지다 보니, 유명한 가수나 밴드들도 이날 공연을 많이 한다. 원래는 아마추어를 위한 축제였는데 시간이 지나면서 약간 변질된 감이 있다. 6월에 프랑스를 여행한다면 이 광경을 직접 볼 수 있다. 대도시뿐 아니라 조그만 마을에서도 어디서나 이 축제를 즐길 수 있으니, 초여름에 프랑스에 간다면 꼭 즐겨 보기를 권한다.

문학과 만화를
사랑하는 나라

프랑스출판협회 Syndicat National de l'Édition, SNE에 따르면, 프랑스의 2021년 도서 판매량은 약 4억 8,000만 권이다. 전 세계적으로 봐도 독서 인구가 상당히 많은 축에 속한다. 프랑스사람들은 읽고 싶은 책을 스스로 사기도 하지만, 크리스마스나 생일 같은 때 책 선물을 많이 한다. 책은 외면과 내면을 모두 신경 쓴 '좋은 선물'이라는 인식이 있다. 책 그 자체로 디자인이 예쁜 경우가 많고, 내용도 지식으로 가득 채워져 있기 때문이다. 상대의 취향에 어울릴 만한 책을 선물하는 행동 자체가 상대를 잘 알고 그만큼 신경 써서 선물을 골랐다는 증거이기도 하다.

내 고향 릴은 서점이 꽤 많은 편이다. 릴에 있는 서점들 대부분이 프랜차이즈 서점이 아닌 개인이 운영하는 서점이다. 물론 '르 퓌레 뒤 노르 Le Furet du Nord'라는, 한때 유럽에서 가장 컸던 대형 서점도 있지만 중소 규모의 서점이 더 많다. 릴에 서점이 많은 이유는 시 정부에서 문화적인 지원을 많이 하기 때문이다. 프랑스 북부는 남부처럼 내세울 만한 기후나 경관이 별로 없어서, 관광객 유치를 위한 노력의 한 방편으로 이런 문화 육성 사업을 한다. 경제나 문화적으로 끊임없이 새로운 것을 받아들이고 더 활성화하기 위해 힘을 쏟지 않으면 금방 죽은 지역이 될 것이라는 위기감이 있다. 그 덕분에 릴은 도시 규모는 그리 크지 않지만, 문화적으로 매우 풍성한 도시가 됐다.

프랑스의 '문화 도시'라고 하면 파리를 제외하고는 릴과 리옹 성도가 꼽힌다. 유럽 연합에는 매년 회원국 도시를 선정해 1년간 각종 문화 행사를 집중 전개하는 '유럽 문화 수도'라는 사업이 있다. 2004년에는 릴이 이탈리아 제노바와 함께 선정됐는데, 이후 릴에서는 이 사업을 이어받아 자체적으로 '릴3000 Lille3000'이라는 문화 축제를 열고 있다. 특정한 주제를 골라서 전시도 하고 행사도 연다. 2015년에는 '르네상스'라는 주제로 그 의미에 부합하는 5개 도시를 초청해 전시를 열었는데, 여기에 서울이 포함되기도 했다. 릴에서는 항상 도시 어디에선가 전시나 특별한 문화 행사가 열리고 있다. 이런 식으로 문화 지원 사업을 많이 하기 때문에 서점도 다른 도시에 비해 많은 편이다.

프랑스의 서점 중 세계적으로 유명한 곳은 아마 '셰익스피어 앤드 컴퍼니 Shakespeare and Company'일 것이다. 원래도 중고서점으로 이름이 났지만, 영화 〈비포 선셋〉에 나오면서 더욱

파리에 위치한 셰익스피어 앤드 컴퍼니.

유명해졌다. 주로 영미권 문학 분야 책들을 다루는데, 제임스 조이스나 어니스트 헤밍웨이 같은 작가들의 사랑을 받기도 했다.

이 서점은 보헤미안 문화의 구심점 역할을 했다. 여기에는 2대 운영자라 할 수 있는 조지 휘트먼George Whitman의 공이 컸다. 조지 휘트먼에 대한 다큐멘터리인 〈어느 노인을 닮은 서점의 초상화Portrait of a Bookstore as an Old Man〉를 본 적이 있는데, 흥미로운 얘기가 많았다. 그는 서점 공간 일부를 작가 지망생들에게 빌려줬다. 작가 지망생들은 원하는 만큼 그 공간에 머물며 작품 활동에 매진했다. 여행객들도 서점 일을 도와주며 이곳에 머물기도 했다. 문화와 예술을 하는 사람들이 모이는 공간이어서 서점 앞에서 연극을 하는 등 다양한 이벤트도 기획됐다. 운영자 스스로가 자유롭게 살고, 남들과 더불어 사는 모습을 보여 준다. 자연히 사회의 관습에 구애되지 않고 자유분방한 생활을 하는 보헤미안들의 성지가 될 수밖에 없다. 이제는 너무 유명해져서 관광지 느낌이 나지만, 영미 문학에 관심이 있다면 꼭 한번 가 볼만한 곳이다.

최근 프랑스 서점에 가 보면 예전보다 자기계발서가 꽤 늘어난 것을 확인할 수 있다. 원래 프랑스 사람들은 자기계발서를 잘 읽지 않았는데, 최근에는 그 분야 독서 인구가 늘어나고 있는 것 같다. 물론 여전히 가장 많이 팔리는 분야는 문학이다. 전체의 22.7퍼센트를 차지하고 있다. 얼마 전 TV를 보다 알게 된 사실인데, 프랑스에서는 매년 약 2,000개나 되는 문학상이 주어진다고 한다. 프랑스 사람들이 문학을 얼마나 좋아하는지, 그리고 문학을 장려하는 문화가 얼마나 발달했는지를 보여 주는 것 같다.

외국 사람들과 얘기를 해 보면, '프랑스 문학은 너무 어렵다'는 편견이 있다. 그건 프랑스 문학을 생각할 때 알베르 카뮈Albert Camus, 장 폴 사르트르Jean Paul Sartre, 오노레 드 발자크Honoré de Balzac, 마르셀 프루스트Marcel Proust 같은 작가들의 작품을 주로 떠올리기 때문이다. 그 시대 작가들의 작품을 보면 철학적 색채를 띠는 경향이 짙다. 이해하기 어려울 수밖에 없다. 요즘 소설들은 그렇지 않다. 젊은 사람들은 그런 철학적인 소설보다는 추리 소설을 더 즐겨 읽는다. 한국에도 잘 알려진 프랑스의 인기 작가들을 꼽아 보자면, 아멜리 노통브Amélie Nothomb, 기욤 뮈소Guillaume Musso, 베르나르 베르베르Bernard Werber 등이다. 이 작가들의 작품을 보면 '어? 그렇게 어렵지는 않네?' 하는 생각이 들 것이다. 내가 좋아하는 작가 중에 미셸 우엘베크Michel Houellebecq라는 작가가 있는데, 이 작가 역시 다루는 주제가 무겁기는 해도 읽기에 어렵지 않다. 한국에 잘 알려지진 않았지만, 비르지니 데스팡테Virginie Despentes의 작품도 묵직한 주제를 다루지만 읽기에 편하다.

사람들이 '어렵다'고 말하는 작가들은 주로 옛날 작가들이다. 한국과 마찬가지로 프랑스 학교에서도 주로 앞서 언급한 '어려운' 작가들의 작품을 배우는데, 솔직히 말하면 우리에게노 어렵기는 마찬가시나. 나는 중학생 때 어려운 작품들을 읽고 싶지 않아서 꼼수를 부린 적도 있다. 1학년 때 학교에서 작가를 한 명 골라 책을 읽고 리뷰해야 하는 수업이 있었다. 그런데 어려운 책을 읽기가 너무 싫어서 완전히 가상의 작가를 만들어 내고는 그 사람의 작품을 읽은 척 리뷰를 써서 냈다. 작가의 연혁이나 작품 내용 등을 다 가짜로 지어서 썼다. 지금처럼 인터넷으로 쉽게 정보를 찾아 볼 수 없는 시대여서 가능했던 일이다. 심지어 점수도 아주 잘 받았다. 열심히 책을 읽고 쓴 친구의 두 배나 되는 점수를 받았다.

고등학생 때 똑같은 과제가 있었는데, 이번에는 주어진 작가 목록 중에서 골라야 해서 이런 꼼수를 쓸 수가 없었다. 그래서 그냥 개중 제일 얇은 책을 골라 과제를 소화했던 기억이 난다. 이렇게 자란 나도 지금은 소설을 즐겨 읽는다. 이제 더 이상 어려운 책을 억지로 읽지 않아도 되기 때문에 오히려 원하는 책을 골라 맘껏 읽는다.

프랑스 사람들은 아직까지는 종이책을 선호하는 편이지만, 전자책 판매 비율도 조금씩 늘어 2017년에는 전체 도서 판매량의 7.6퍼센트를 차지했다. 프랑스도 한국과 마찬가지로 도서정가제를 시행하고 있다. 덕분에 작은 서점들도 큰 서점과 똑같은 가격으로 책을 팔 수 있어서 어느 정도 경쟁력을 잃지 않을 수 있다. 하지만 아마존 같은 대형 온라인 서점은 편법으로 도서정가제를 피해서 논란이 되고 있다. 법으로 정해진 할인 외에 배송비를 무료로 해 주는 등 추가 할인을 해주기 때문이다.

프랑스는 유럽 최고의 만화 천국이기도 하다. 출간량, 판매량, 종사자수 모두 유럽 1위다. 2017년 도서 판매량 중 10.5퍼센트를 만화가 차지하고 있을 정도다. 프랑스에서는 만화를 '방데시네bande dessinée'라고 한다. 프랑스뿐만 아니라 벨기에, 스위스, 룩셈부르크 등 프랑스어권의 만화를 한데 묶어 부르는 명칭이다. 같은 언어를 사용하니 하나의 문화권 아래에서 창작 작업이 이루어지는 경우가 많다. 세계적으로 유명한 만화 〈땡땡의 모험〉은 벨기에 만화로, 대표적인 방데시네 작품이다.

우리 세대 만화가들은 일본 애니메이션의 영향도 많이 받았다. 작화 스타일도 미국보다는 일본의 영향을 더 많이 받았다. 사실 지난 세대까지 만화는 그리 존중받지 못하는 창작물이었다. 그래서 오히려 문학이나 영화 같이 관심이 집중되는 분야보다 자유로운 창작이 가능했던 측면이 있다. 특이한 괴짜 문화도 그런 환경 안에서 성장할 수 있었다. 물론 장 자끄 상뻬Jean-Jacques Sempé 같은 작가의 작품이나 〈땡땡의 모험〉, 〈아스테릭스〉 같은 작품들은 예선에도 기성세대의 인정을 받는 작품이었다. 하지만 그 외에 나머지는 최근에서야 인정받기 시작했다.

프랑스 만화의 특징은 '개인 창작'이 더 높은 평가를 받는다는 것이다. 앞서 말했듯이 프랑스에서는 예술가가 자신의 내면세계를 표현하는 걸 존중한다. 미국이나 일본 만화 업계처럼 스튜디오 창작 방식보다는 개인 작업, 또는 글과 그림 작가 두 명 정도가 만든 작품을 높이 평가한다. 스튜디오 창작 방식보다는 시간이 걸려도 작가 개인의 색깔을 더 뚜렷하게 나타낼 수 있기 때문이다.

최근 들어서 '만화는 아이들이 보는 것'이라고 생각했던 인식도 바뀌어 가고 있다. 원래는 만화가 아이들을 위한 콘텐츠라고 생각했다가, 그 아이들이 자라서 성인이 되면서 인식이 바뀌고 좀 더 다양한 작품들이 나오는 것 같다. 예를 들면, 레아 세이두가 출연해 유명한 영화인 〈가장 따뜻한 색, 블루La vie d'Adèle〉(2013)의 원작도 만화다. 또 엥키 빌랄Enki Bilal이라는 작가는 내용도 좀 어둡고 무거운, 성인 대상으로 한 작품을 주로 창작한다. 현재는 자신의 만화를 직접 영화화하고 있다.

동화책도 눈여겨볼 만하다. 프랑스에서는 동화책이 많이 출판되고, 주제나 분위기가 다양하다. 우리는 어린이들이 보는 책이라고 해서 꼭 밝고 명랑해야 한다고 생각하지 않는다. 영국 〈가디언〉에서 프랑스 동화책들이 너무 '무섭다terrifying'는 기사를 내보냈을 정도다. 실제로 표지만 봐도 우울해지는 동화책들이 많다. 내용도 악몽이나 죽음, 분노 등 미국이나 영국에서는 아이들에게 보여줄 수 없다고 생각할 법한 주제를 많이 다룬다. 물론 밝은 내용의 동화책도 많이 나오지만, 그만큼 아동용 책이라고 미리 주제를 제한하는 일은 없다는 뜻이다. 인생이 언제나 밝고 즐거운 것만은 아니고, 살면서 무서운 일을 겪게 마련이니 굳이 이런 이야기를 피할 필요가 없다. 게다가 부모가 함께 보면서 지도해 줄수 있기 때문에 더더욱 문제가 없다고 생각한다.

프랑스인들의 이런 사고방식은 옛날부터 이어져 내려오는 것 같다. 사실 《빨간 망토》도 여러 버전이 있지만 프랑스

영국〈가디언〉지를
놀라게 한 프랑스
동화책 중 하나.

버전이 제일 무섭게 끝난다. 17세기의 프랑스 동화 작가 샤를 페로Charles Perrault의 버전에서는 빨간 모자가 늑대에게 잡아먹히고 이야기가 끝난다. 이보다 더 오래된 프랑스 구전 버전을 보면 늑대가 할머니를 죽여서 냄비에 넣고, 피로 음료수를 만든다. 배가 고픈 빨간 망토는 할머니 고기를 먹고 피를 마시게 된다. 빨간 망토는 할머니로 분장한 늑대를 알아채고 도망가지만, 끔찍하긴 마찬가지다. 이 얘기는 빨간 망토가 늑대를 만나기 전엔 아이였지만, 시련을 겪고 나서 어른이 된다는 암시를 담고 있다.

요즘은 폭력적이거나 공포스러운 표현에 대해 신경 쓰는 프랑스 부모들이 조금씩 늘어나고 있다. 하지만 다른 나라에 비하면 여전히 아동용 콘텐츠에 대한 표현의 제한이 적은 편이다.

파티에 꼭 등장하는
보드게임

프랑스 사람들이 즐기는 게임은 크게 두 가지다. 하나는 비디오 게임, 다른 하나는 보드게임이다. 1980~90년대에는 프랑스가 비디오 게임 강국이었고, 그 영향이 지금까지도 남아있다. 유명 프랜차이즈 게임인 〈어쌔씬 크리드Assassin's Creed〉 시리즈를 만든 '유비소프트UBISOFT'라는 프랑스 회사는 전 세계에서 손꼽히는 게임 회사다. 〈비욘드: 투 소울즈Beyond: Two Souls〉, 〈디트로이트: 비컴 휴먼Detroit: Become Human〉 같은 명작들도 프랑스 회사인 '퀀틱 드림Quantic Dream'의 게임이다. 이외에도 〈라이프 이즈 스트레인지Life is Strange〉나 〈도퍼스DOFUS〉 등 게임성과 작품성을 인정받는 유명 게임들이 프랑스에서 제작됐다.

프랑스 게임들은 다른 나라 게임들에 비해 스토리를 중요시한다. 재미있는 시나리오나 딜레마 상황, 독특한 분위기를 중요하게 본다. 게임 역시 만화와 마찬가지로 예전에는 엘리트들이 얕잡아 보는 하위문화 중 하나였다. 하지만 이제는 그런 하위문화를 즐기던 어린아이들이 성인이 됐고, 사회 주류가 됐다. 게임도 자연스럽게 주류 문화의 한 축으로 자리 잡아 가고 있다.

프랑스에서는 보드게임도 굉장히 폭넓게 즐기고, 보드게임을 만드는 회사도 많다. 한국처럼 '술자리 게임' 같은 문화가 없어서 사람들이 모이면 할 수 있는 놀이가 필요한데, 보드게임이 여기에 딱 좋다. 그래서 파티 장소에서는 늘 보드게임이 등장한다.

보드게임은 크게 두 가지가 있다. 독일 스타일과 미국 스타일이다. 독일 게임은 직접적으로 상대를 공격할 수 없고, 규칙이 심플한 편이다. 미국 게임은 반대로 공격을 할 수 있고, 규칙이 많고, 복잡하다. 주사위 같은 우연성을 게임에 포함시키는 것도 주로 미국 게임이다.

프랑스 게임은 여기서도 좀 다르다. 상대방을 속이는 게임이나 상호 작용을 하는 게임이 많다. 한국 술자리에서 많이 하는 '마피아 게임'처럼 말이다. 마피아 게임과 비슷한 〈티에

상상력이 많이 필요한 보드게임, 〈딕싯〉.

슬유의 늑대인간Les loups-garous de Thiercelieux, 레 루가후 드 티에슬
유〉이라는 게임도 있다.

요즘은 경쟁 게임보다는 협력 게임이 늘어나는 추세다.
〈딕싯Dixit〉이라는 게임은 감성형 보드게임으로, 시적이고 상
상력이 많이 필요하다. 〈시타델Citadelles〉이라는 게임은 흥행
에 크게 성공해서 전 세계적으로 유명해지기도 했다. 〈시타
델〉의 개발자는 프랑스 보드게임 개발의 트로이카 중 한 명
인데, 파리에서 교사로 일하고 있다. 홍대 부근에도 프랑스
사람이 만든 '행복한 바오밥'이라는 보드게임 개발사가 있다.
이 회사에서는 〈도블Dobble〉이라는 게임을 만들었는데, 지금

은 세계적인 인기를 누리고 있다.

한국에서는 주로 아이를 교육하거나 지능 개발에 도움이
되는 보드게임들이 인기가 있는 편인 것 같다. '게임은 애들
이 하는 것'이라는 인식이 더 강하기 때문일지 모르겠다. 하
지만 프랑스에서는 경제적 여유가 있는 어른들이 여가 시간
을 즐겁게 보내기 위해 많이 구입하는 편이다.

축구를 좋아한다고 말하면
은근히 얕잡아 본다

한국 학생들의 이야기를 들어 보면, 어릴 때는 태권도나 발
레 같은 스포츠를 곧잘 배우는데 중학교에 들어갈 즈음이면
대부분 그만둔다고 한다. 하지만 프랑스에서는 많은 이들이
어려서부터 운동 하나 정도를 시작해, 나이가 들어서도 지속
한다. 그렇다고 부모가 아이에게 어떤 스포츠를 하라고 시
키지 않는다. 대부분 본인 스스로가 흥미를 느껴서 그 운동
을 시작한다. 나의 경우, 부모님께서 "어떤 운동을 배우고 싶
어?" 하고 물으셨을 때, "음…. 기사처럼 멋지게 검을 쓰고 싶
어"라고 대답했더니 펜싱을 배우도록 해 주셨다. 수요일에는

학교에 안 가거나, 학교가 빨리 끝나기 때문에 이때를 이용해 일주일에 한 번씩 펜싱을 배우러 다녔다.

프랑스 학생들이 한국의 태권도처럼 프랑스가 종주국인 발레나 펜싱 같은 종목들을 특별히 많이 하는 것은 아니다. 한국 사람들이 태권도를 배우는 비율과는 비교도 안 될 정도로 적다. 우리 세대 여자들이 어렸을 때 발레를 배우기는 했지만 그 비율이 압도적으로 높지는 않았다. 또 영화 〈빌리 엘리어트〉에 나오는 것처럼 발레에 대한 편견이 프랑스에도 있어서, 발레를 하는 남자는 더더욱 적었다. 나는 펜싱을 오래 배웠고 지금도 가끔 즐기고 있지만, 펜싱 역시 하는 사람이 많지 않다. 한국에서 검도를 하는 사람의 비율과 비슷하지 않을까?

프랑스에서는 주로 축구나 럭비, 농구, 핸드볼처럼 팀 단위 스포츠가 더 인기 있다. 핸드볼은 세계 대회 상위권에 항상 프랑스가 올라가 있을 정도로 성적이 좋다. 워낙에 즐기는 사람이 많고, 학교에서도 쉽게 배울 수 있기 때문이다.

여자들이 많이 하는 스포츠 중 하나는 승마다. 내가 학교에 다닐 때는 한 반에 한 명 정도는 승마를 배우는 여학생이 있었다. 프랑스에서 승마는 당연히 '여성적인' 스포츠에 가깝다고 생각한다. 여자 아이들이 말을 좋아하고, 자기 소유의 망아지를 가지는 환상을 가지고 있기 때문이다. 하지만 그런 환상을 가지고 있다고 해서 모두가 말을 키울 수 있는 건 아니니, 승마를 배우고 싶다면 말을 키우는 클럽에 다니면서 배울 수밖에 없다. 남자의 경우, 승마에 관심을 가지는 이는 주로 성인이다. 소년 시절에는 말에 별로 관심이 없다.

무술도 인기가 많다. 프랑스에 가 보면 무술을 가르치는 도장이 굉장히 많고, 종목도 다양하다. 태권도는 물론, 유도나 무아이타이, 합기도, 가라테 등 원하는 무술을 골라 배울 수 있다.

무술이 인기가 많은 이유는, 과거의 '결투 문화'와 연관되어 있지 않나 싶다. 프랑스는 다른 나라에 비하면 무술이나 결투 문화가 오래된 편이다. 프랑스 소설가 알렉상드르 뒤마Alexandre Dumas의 소설《삼총사》를 보면, 초입에 결투를 하려다가 이를 금지하는 정부 세력에게 쫓겨 다니는 내용이 나온다. 바로 루이 13세 시절, 정치가 리슐리외Richelieu가 결투를 금지했던 그 시절의 모습이다. 대략 17세기 무렵의 일인데, 이후 결투는 법적으로 금지됐지만 거의 20세기 초까지도 불법적인 결투가 이어졌다.

정부 입장에서는 큰 골칫거리가 아닐 수 없었다. 자존심 때문에 결투를 벌였다가 요절하는 사람들이 워낙 많았기 때

프랑스인들이 무술에 관심이 많은 이유는
'결투 문화' 때문이 아닐까?

문이다. 프랑스의 유명한 수학자 에바리스트 갈루아 Évariste
Galois 역시 결투를 하다가 21세의 나이에 요절했다. 국가적
으로 큰 손실이었던 셈이다.

　정치인들과 기자가 명예를 훼손했다는 이유로 결투를 벌
이기도 했다. 제1차 세계 대전을 승리로 이끈 프랑스의 수상
조르주 클레망소 Georges Clemenceau는 12회나 결투를 벌였다
고 한다. 결투는 보통 두 가지 패턴이 있다. 하나는 죽을 때까
지 결투를 해서 승패를 가르는 것, 다른 하나는 먼저 피가 나
는 사람이 지는 것이다. 죽을 때까지 하는 결투는 19세기 즈

음에는 거의 사라져서 사망하는 일이 대폭 사라졌다. 클레망소가 12회나 결투를 하고도 살아남을 수 있었던 이유다.

물론 무술의 인기가 프랑스인들이 결투를 즐겨서만은 아니다. 프랑스의 치안 문제도 한몫하는 게 아닐까 싶다. 프랑스는 한국과 비교하면 치안이 그다지 좋지 않다. '프랑스는 안전하지 않다'는 느낌이 항상 있다. 한국 사람들은 어떻게 생각할지 몰라도, 프랑스 사람들이 한국에 오면 다들 한국을 안전한 나라라고 생각할 것이다. 서울에서는 밤늦게까지 거리를 돌아다녀도 상대적으로 안전한 편이다. 프랑스에서는 특정 지역에 가거나, 늦게 돌아다니거나, 심지어 특별히 본인 잘못이 없어도 좀 위험한 사람을 마주치면 신변에 위협이 가해지는 경우가 많다. 나는 이제 40대라서 돌발 상황을 접해도 어느 정도 대처할 수 있게 됐지만, 10대일 때는 좀 무서웠다. 친구들과 쇼핑을 하러 번화가를 돌아다닐 때 잘못하면 위험에 처할 수 있다는 생각을 늘 가지고 있었다. 살인범과 마주친다거나 하는 심각한 상황이 일어난다는 얘기는 아니다. 하지만 폭력배를 만나는 건 종종 있을 수 있는 일이었다. 나도 그런 식으로 싸움에 휘말린 적이 두어 번 있다. 그러다 보니 10대 때는 남자들이 이런 상황에 대처하기 위해, 혹시 모르니까 무술을 배워야겠다는 생각을 많이 하는 것 같다.

사밧Savate이라는 프랑스식 킥복싱이나, 지팡이 무술인 '칸
드 콩바canne de combat'도 프랑스 고유의 스포츠다. 한국의 전
통 스포츠와 비교해 본다면, 씨름과 위상이 비슷하다. 칸 드
콩바는 소설가 베르나르 베르베르도 배우고 있다고 한다. 펜
싱 마스크와 방어복을 입고 하는데, 가볍고 빠르게 움직이는
큰 동작 위주의 예술적인 스포츠다. 실제로 호신을 위해 배
우기는 적당하지 않지만, 보기에는 꽤 재미있다.

페탕크pétanque라는 것도 있다. 2명의 선수 또는 팀이 공을
최대한 표적에 가깝게 던져 경기하는 구기 종목으로, 남부
프랑스의 대표적인 스포츠다. 경기 방식을 보면 컬링과 비슷
하다. 나도 여름에 브루타뉴에 가서 친척들을 만날 때면 페
탕크를 많이 했다. 가볍게 할 수 있는 놀이여서 프랑스에서
는 아이들도 즐겨한다. 프랑스에 가면 젊은 사람들이 루브르
박물관 앞 공원에서 삼삼오오 모여 페탕크를 하는 모습을 이
따금 볼 수 있다.

관람하면서 즐기는 스포츠 1위는 축구, 2위가 럭비다. 최
근에는 유럽 내 변방이었던 프랑스 럭비가 부상하는 중이다.
축구하면 영국의 프리미어리그를 생각하듯, 럭비 하면 프랑
스를 떠올릴 정도가 됐다. 투자나 지원도 많이 받고, 외국인

선수도 많이 영입한다.

얼핏 보면 럭비는 미식 축구와 비슷해 보이지만, 굉장히 다른 운동이다. 장비도 훨씬 가볍고, 룰도 다르다. 미식 축구에서는 앞으로 길게 공을 연결하는 게 상징일 정도로 자주 볼 수 있는 장면이지만, 럭비에서는 앞으로 공을 던질 수 없다. 패스는 오로지 뒤로만 가능하고, 앞으로 전진하려면 보통 들고 날리는 것만 가능하다.

축구가 가장 인기 있다고 말했지만, 유럽 기준으로 보면 프랑스는 축구를 아주 좋아하는 나라는 아니다. 독일, 스페인, 영국 같이 엄청난 팬덤이 있는 나라들이 바로 옆에 있어서 프랑스는 명함을 내밀기도 어렵다. 프랑스 사람들은 국가대표 경기를 제외하고는 굳이 많이 챙겨 보지 않는다. 심지어 종종 '축구 좋아하는 사람'을 약간 우습게 보기도 한다. "그 사람, 축구 좋아해"라고 하면 은근히 얕잡아 보며 비웃는 표현이다. 프랑스에서는 육체와 정신을 분리해서 생각하는 경향이 있어서 몸에 집중하면 지적 능력이 좀 떨어질 거라는 편견이 있다. 독일이 '건강한 몸에 건강한 정신이 깃든다'고 생각한다면, 프랑스는 그 반대다. 그나마 요즘은 건강의 필요성과 운동의 즐거움에 많이 주목하는 등 인식이 조금씩 바뀌고 있다.

하지만 월드컵이나 유로 대회, 또는 챔피언스리그처럼 국가대표팀 경기나 클럽 대항전은 온 국민이 즐겁게 본다. 국가적 자부심을 느낄 수 있는 길이 몇 개 안 남았기 때문에 그런 것 같다. 그에 비해 프랑스 국내 축구 리그인 '리그 앙'은 그다지 인기가 높지 않다. 나 역시 고향인 릴에 연고지를 둔 축구팀을 한국에 와서 좋아하게 됐지, 고향에 있을 때는 한 번도 경기장에서 직접 경기를 본 적이 없다. 전형적인 프랑스 사람처럼 국가대표팀 경기만 봤다. 지금은 스트리밍으로 리그 경기를 챙겨 보거나, 팀의 경기 내용을 기사로 읽는다.

독일 분데스리가 경기를 중계할 때 보면 경기장에 관중이 가득 차 있는 모습을 볼 수 있다. 하지만 프랑스에서는 그렇게까지 관중이 많지 않아서 구단이 돈을 벌 수 있는 수단이라고는 선수를 사고파는 것밖에 없다. 선수를 잘 키워서 그 선수의 가치가 높아지면 외국 팀에 팔아 버리니, 결국 잘하는 선수가 프랑스 리그에 남아 있지 않는다. 잘하는 선수가 없는 국내 리그 경기는 재미가 없으니 인기가 없어지는 악순환이 계속된다.

프랑스에서 축구 국가대표팀은 단순히 스포츠 팀 이상의 의미를 지니고 있다. 특히 1998년 프랑스 월드컵에서 '블락black, 흑인 – 블랑blanc, 백인 – 버흐beur, 북아프리카계'로 이뤄진

다인종 팀으로 우승하면서부터 더욱 그렇다. 그 후 프랑스 국가대표팀은 그 자체로 인종 화합의 상징이 됐다. 이 무렵에는 아랍계 지네딘 지단, 아프리카계 티에리 앙리, 아르헨티나계 다비드 트레제게 등 다양한 선수들이 프랑스 팀을 이끌었다. '프랑스 축구는 인종 간 화합으로 승리한다'는 개념이 있었다.

그러나 이선 팀이 강하고 승리를 거듭할 때의 얘기다. 승리할 때는 갈등도 문제도 숨겨졌다. 하지만 막상 국가대표팀이 월드컵 우승에서 멀어지자 그동안 감춰졌던 갈등이 표면으로 드러났다.

우선 세대 차이. 앙리는 2002년부터 오랜 기간 활동을 하다 보니 젊은 선수들이 서로를 존중하지 않는다는 느낌을 받았다고 한다. 예전에는 그렇지 않았는데, 요즘은 한 팀인데도 버스 안에서 귀에 이어폰을 꽂고 서로 소통하지 않는다고도 했다. 그래서 몇 년 동안 프랑스 축구 국가대표팀도 프랑스가 개인주의로 분열되듯 사분오열됐다. 2010년에는 선수들이 파업을 벌였다. 파업을 자주 하기로 유명한 프랑스 사람들도 이 파업에는 충격을 받았다. 축구 선수들은 고액 연봉자인데다 국가대표가 되는 것은 영광스러운 일인데 파업이라니! 믿을 수가 없다는 분위기였다. 당연히 국가대표 선

한때 프랑스 인종 화합의 상징이었던 1998년 프랑스 축구 국가대표팀.

수들에 대한 신뢰도도 떨어졌다. 국가대표팀의 분열은 프랑스 사회에도 큰 상처를 남겼다. 물론 프랑스가 2018년 러시아 월드컵에서 우승하고, 2022년 카타르 월드컵에서 결승전까지 진출하면서 프랑스 축구 국가대표팀의 분위기는 좋다. 하지만 1998년 우승 이후 프랑스 축구 국가대표팀이 어떻게 되었는지를 떠올린다면, 성적에 따라 언제든 그런 일은 다시 반복될 수 있다.

축구 국가대표팀 안에서의 인종 차별도 문제다. 기본적으로 프랑스 사회 전반에 인종 차별이 퍼져 있어서 비非백인들이 성공할 수 있는 방법은 많지 않다. 스포츠 선수가 되는 것은 몇 안 되는 방법 중 하나이고, 그래서 축구 국가대표팀에는 아프리카계나 아랍계 비율이 높았다. 그런데 대표팀 선수는 다양한 인종으로 구성되어 있지만, 코치진은 여전히 주로 백인들이 맡는 것은 문제. 아직 비백인 코치 및 감독이 활약할 만큼 인재풀이 인종적 다양성을 확보하지 않았기 때문이라지만, 아쉬움을 감출 수 없는 부분이다. 물론 이런 와중에 티에리 앙리가 2018년부터 2019년까지 AS 모나코에서 지휘봉을 잡는 등 비백인 선수 출신 지도자가 하나둘씩 나오기 시작한 것은 긍정적인 신호로 볼 수 있지만, 본격적으로 유리 천장을 깨고 있는 추세는 아니다.

단, 여기에 아시아인이 소외됐다는 얘기는 계속 나온다. '블락 – 블랑 – 버흐' 안에도 아시아인의 자리는 없지 않냐는 자조 섞인 농담이 나온다. 이 말이 처음 나온 게 1998년이니까 벌써 20년이 지났다. 그런데도 여전히 아시아인을 외부인으로 바라보는 시선과 거리감이 존재한다. 여담이지만, 한 아시아계 배우는 자신이 할 수 있는 역할이 너무 제한되어서 직접 극본을 썼다. 유튜브 같은 곳에서는 편견이 덜하니 이쪽에서 활동하는 유튜버들도 있다. 최근 인기를 끄는 '노란 웃음le rire jaune'이라는 아시아계 프랑스인 유튜버가 있다. 주로 코미디 장르의 영상을 올리는 계정이다. '노란 웃음'은 유튜버 본인이 아시아계라는 의미도 있지만, 프랑스어로 '쓴웃음'이라는 뜻도 있다. 프랑스 사회가 여전히 그들에게 쓴웃음을 주고 있다는 뜻일지 모른다.

무너진 계층 사다리

엄격한
예절과 규칙

프랑스는 휴가가 많다. 노동자들은 최소 5주의 법정 유급 휴가를 받는다. 한국의 유급 휴가가 최소 15일인 것에 비하면 두 배 이상이다. 또한 주 35시간 근무를 하는데, 초과 근무를 했을 때는 수당보다 대체 휴일로 보상을 받는 편이다. 한국 사람들에 비하면 가족과 함께 보내는 시간이 훨씬 길 수밖에 없다.

이렇게 부모가 아이와 함께하는 시간이 많으니, 자연스레 부모들은 아이들에게 예절을 가르치는 것 같다. 프랑스 부모들은 아이들의 인격과 의사를 매우 존중하고 배려할 것 같지만, 그건 일단 기본적인 예의범절을 모두 배우고 난 뒤의 이야기다. 오히려 내 생각엔 프랑스의 아이 교육이 한국보다 훨씬 엄격한 것 같다.

프랑스에서는 당연하지만 다른 나라에서는 엄격한 교육으로 여겨지는 것들이 있다. 대표적인 게 식사 예절이다. 우리 부모님은 식사 예절을 중요하게 생각해서, 몇 가지 원칙을 세우셨다. 일단 음식은 배가 고프다고 해서 아무 때나 먹는 게 아니라 정해신 식사 시간이나 간식 시간에 믹어야 했다. 그리고 가족이 함께 식사하는 자리에서 아이가 식사를 마치고 자리를 뜨려면 부모님에게 허락을 구해야 하고, 허락을 받으면 일어나서 자기 접시를 정리해야 했다. 또한 주어진 음식은 반드시 다 먹어야 했다. 만약 다 먹지 않으면 그다음 식사에 남겼던 음식이 다시 나올 거라는 협박 아닌 협박을 들어야 했다. 물론 프랑스라고 해서 모든 가정이 이렇게 엄격하게 식사 예절을 가르치는 것은 아니다. 하지만 인사도 없이 식탁을 떠난다거나, 자기가 먹은 접시를 치우지 않는 행동이 예의 바르지 못하다는 사실은 대부분 인지하고 있다. 이런 교육의 영향인지, 우리 큰형도 조카들과 식사할 때는 식사 예절을 엄하게 교육한다.

인사하는 법도 마찬가지. 프랑스에서는 인사를 할 때 '비즈Bise, 볼을 맞대고 입으로 쪽 하는 소리를 내는 인사법'를 한다. 그런데 이 비즈를 하기 싫어하는 아이들이 종종 있다. 특히 소극적인 아이일 경우, 낯선 사람에게 비즈를 하는 게 정말 고역이다. 하지만 아이가 싫어해도 꼭 해야 한다고 가르친다. 어른에게는 고개를 숙여 인사해야 한다고 한국 부모들이 아이들에게 가르치는 것과 마찬가지다. 비즈는 접촉을 해야 하니 아이 입장에서는 그냥 고개 숙여 인사하는 것보다 더 힘들다. 크리스마스 같은 날에는 친척이 다 모이기 때문에 20명 모두에게 비즈를 해야 한다. 내성적인 아이라면 정말 환장할 노릇이다. 그래서 아이가 한꺼번에 "여러분, 안녕하세요!" 하고 인사를 한 뒤 도망치는 경우도 있다. 하지만 프랑스 부모들은 그냥 내버려 두지 않는다. 아이를 붙잡아 친척들 한 사람 한 사람에게 꼭 비즈를 하도록 시킨다.

이외에도 우리 집에는 아이들이 지켜야 할 자잘한 규칙들이 있었다. 콜라나 환타 같은 탄산음료는 할머니 댁이나 친척 집에서, 혹은 주말에만 간혹 마실 수 있다든가, 누텔라는 학교 안 가는 날 아침에만 발라 먹을 수 있다든가 하는 식이었다. 아이들은 9시 전에 자야 한다는 규칙도 있었다. 중학생 때부터는 9시에 꼭 잠이 들지 않더라도 자기 방에 들어가야 했다. 그래야 부모님도 그들만의 시간을 보낼 수 있기 때문이다. TV가 거실과 부모님 방에만 있기 때문에, 밤 9시 이후에는 TV를 볼 수 없었다. 중학교 이후부터는 밤에 방에서 책을 읽거나 라디오를 들었다. 필요할 때는 공부를 했지만, 자주 하는 편은 아니었다. 이렇게 얘기하면 한국 사람들은 부모가 아이에게 너무 엄격하다고 생각할지 모른다. 하지만 나는 내가 받아 온 교육이 그리 엄격하다고 생각하지 않는다. 다만 몇 가지 규칙이 있었고, 아이들은 그걸 지키기만 하면 됐다.

물론 모든 프랑스 가정이 아이를 엄하게 키운다고 할 수는 없다. 하지만 일반적인 프랑스 사람들은 부모가 자기 아이를 엄하게 교육하기를 기대한다. 공공장소에서 아이가 예의바르게 행동하도록 부모가 잘 통제하기를 요구한다는 뜻이다. 프랑스 사람들의 교육관에 따르면, 부모는 아이의 요구를 잘 거절할 줄 알아야 한다. 그런 인식의 단면은 크리스마스 무렵 쇼핑몰에서 자주 발견할 수 있다. 아이가 선물로 받고 싶은 게 있어서 그 상품 매대 앞에 주저앉아 있는데도, 부모는 아이를 무시하고 그냥 자기 할 일을 한다. 이런 과정을 거쳐 아이는 어려서부터 '아무리 졸라도 안 되는 것이 있다'는 걸 자연스럽게 배운다.

아이를 대하는 구체적인 방식들은 가정마다 각양각색이지만, '부모가 아이에게 양보하면 안 된다'는 인식은 사회 전반적으로 강하게 자리 잡고 있다. 그래서 공공장소에서 아이가 너무 멋대로 행동하면 주변 사람들이 부모를 비난하거나 눈치를 준다. 이럴 경우 부모는 아이를 굉장히 엄하게 꾸짖는다. 만약 미국 사람이 이 광경을 본다면 아동 학대라고 생각할 정도다. 프랑스에서는 이렇게 혼내는 과정에서 큰소리가 나고 시끄러워지는 것은 '부모 역할'을 하는 것이기 때문에 이해해 주는 분위기다. 이런 과정을 통해 아이들도 자제하는 법과 공공장소에서 갖춰야 할 예의를 배운다고 생각한다.

지금은 그래도 지난 세대에 비하면 아이들을 덜 엄하게 다루는 편이다. 약 40년 전 프랑수아즈 돌토Françoise Dolto라는 아동 정신 분석학자가 "아이들에게 무조건 규율을 강요할 게 아니라, 얘기를 잘 들어 주고 합리적인 이해를 해 줘야 한다"는 주장을 한 이후부터 조금씩 변화가 있었다. 하지만 돌토 이후에 오히려 '앙팡 루아Enfant roi, 왕처럼 모셔지는 아이'가 생겨났다는 의견이 나왔다. 돌토에 반대하는 사람들은 "그래도 어른이 아이들에게 규칙을 정해 줘야 한다"고 주장한다. 아직은 사회 전반적으로 아이를 엄격하게 대해야 한다는 인식이 좀 더 강한 것이다.

몇 년 전 프랑스에서는 아이 훈육 시 체벌을 하는 것을 두고 논쟁이 일어났다. 2008년 유럽평의회에서 회원국들에게 물리적 체벌을 금지하라고 권고했는데, 프랑스 사람들 상당수가 훈육을 위해 손바닥으로 엉덩이를 때리는 정도의 가벼운 체벌은 필요하다고 주장했다. 2016년에는 아동체벌금지법이 발의되어 의회를 통과했지만, 결국 헌법위원회에서 무산되기도 했다. 그러다가 2018년 11월에 다시 발의된 아동체벌금지법이 의회에서 압도적인 표차로 통과됐고, 2019년 7월부터 이 법이 적용되기 시작했다. 이제부터는 "육체적인 폭력과 심리적인 폭력 없이 친권을 사용해야 한다."

그럼에도 프랑스에서는 아직도 '맞을 만한 이유가 있다면 엉덩이나 뺨 등을 손으로 가볍게 때리는 정도는 할 수 있다'고 생각하는 사람들이 많다. 하지만 체벌을 한다고 해도 그렇게 자주 있는 일은 아니다. 나도 어릴 때 엉덩이를 맞은 적이 두 번밖에 없다. 우리 어머니의 경우 체벌에 확고한 규칙을 갖고 계셔서, 아무리 혼을 내도 절대 얼굴을 때리는 일은 없었다.

지금 한국의 성인 세대는 부모님에게서든, 선생님에게서든 체벌을 흔하게 경험한 것 같다. 아이들에게 엄한 프랑스에서도 학교에서만큼은 체벌을 절대 금지하고 있다. 내가 어릴 때는 귀를 잡아당기는 선생님이 있다는 얘기를 들었는데, 체벌하는 선생님을 직접 본 적은 없다. 체벌이 허용돼야 한다는 인식에 비해 실제로는 그리 많이 경험하지 않고 자란 셈이다. 우리 집에도 회초리와 비슷한 체벌용 막대기가 있었다. 하지만 한 번도 그걸로 맞아 본 적은 없었다. 물론 그런 회초리가 있다는 것만으로도 무섭다. 어릴 때는 혼날 것 같은 잘못을 저지르면 형들과 몰래 그 회초리를 숨기곤 했던 기억이 있다.

아이가 떼를 써서 원하는 것을 얻을 수 없다면, 어떻게 갖고 싶은 걸 손에 넣을까? 프랑스에서는 아이가 갖고 싶다고 해서 무턱대고 물건을 사 주지 않는다. 평소에 자기 용돈을 모아 원하는 걸 사거나, 생일이나 크리스마스 같은 이벤트를 기다릴 수밖에 없다.

우리 집은 중학교 3학년 때까지 용돈을 아예 주지 않았다. 한 달에 두 번 할머니 댁을 방문할 때 한화로 3,000원 정도의 소소한 용돈을 받는 게 전부였다. 우리는 이렇게 받은 용돈을 할머니 댁에 있는 저금통에 넣었다. 아마 우리가 저축하는 습관을 갖도록 간간이 용돈을 주셨던 것 같다. 그래서 그 시절에는 생일과 크리스마스가 아주 중요한 행사였다. 오로지 이 때만 원하는 걸 손에 넣을 수 있었기 때문이다. 다만 프랑스 아이들은 이 특별한 날에는 그야말로 '선물 폭탄'을 받는다. 부모님뿐 아니라 할머니와 할아버지, 대부님이나 대모님, 친척들에게도 선물을 잔뜩 받을 수 있다.

중학교 3학년 때부터는 용돈을 모아 원하는 것을 샀다. 내 기억을 더듬어 보면 중학교 3학년 때는 일주일에 1만 원 정도, 고등학교 2학년 때부터는 일주일에 5만 원, 고등학교 3학년 때는 10만 원 정도를 받았던 것 같다. 갑자기 용돈이 껑충 뛰었다. 지금 생각하면 좀 이상하고 말도 안 되는 교육이었다. 그동안 아예 주지 않다가 갑자기 큰 금액을 아이에게 덜컥 쥐어 주는 게 아닌가? 하지만 부모님 기준에서는 고등학생이 되면 여자 친구가 생길 수 있고, 친구들과 나가야 할 일이 생기니 돈 쓸 일이 많아질 거라고 생각하셨나 보다.

청소년 음주와 흡연에
관대한 사회

한국과 다른 자녀 교육법 몇 가지를 꼽아 보자. 일단 밤에 아기와 부모가 같이 자는 일이 드물다. 아기는 태어나면서부터 자기 침대, 자기 방에서 자야 한다는 개념이 있다. 요즘 한국에서도 간혹 아이를 따로 재우는 사람이 있는 것 같은데, 그래도 보통은 부모와 같이 자는 것 같다.

한국에서는 상상하기 힘들지 모르지만, 담배 피우는 청소년들이 꽤 많다. 그것도 몰래 숨어서 피우는 게 아니라 대놓고 당당하게 피운다. 심지어 내가 다닌 고등학교는 가톨릭계 사립 고등학교였는데, 학교 건물 안에 커다란 흡연실이 있었다. 모든 학교가 그렇진 않았는데, 우리 학교는 당시 흡연하는 학생들이 많아서 따로 공간을 마련했다. 지금은 없어졌다고 하는데, 1990년대 말까지는 유지됐던 모양이다. 나는 일곱 살 때 처음으로 담배를 피웠다. 대모님이 피워 보게 해 주셨다. 어린아이가 담배를 맛보면 좋아할 리 없으니 괜한 호기심을 키우지 않도록 미리 조치를 취하신 것 같다.

반면 술에 대해서는 법이 엄격해졌다. 고등학생들이 음주 문제를 일으킨 사례가 많았기 때문이다. 내가 고등학생일 때는 술에 취한 상태로 수업에 들어온 학생을 본 적도 있다. 조금 마시는 건 사회적으로 큰 문제가 아닐 수 있는데, 조절하지 못하고 폭음을 하는 학생들이 많아져서 문제가 생겼다. 그래도 한국보다는 성인이 되기 전에 음주를 해도 좀 관대한 편인 것 같다.

프랑스 아이들은 주로 가족과 처음 술을 마신다. 크리스마스나 친척 결혼식 때 호기심에 마셔 봐도 되냐고 물어보면, 어른들이 자연스럽게 한잔 마셔 보라고 준다. 나는 열세 살

때 친척 결혼식에서 처음 정식으로 술을 마셔 봤다. 그 전에
도 조금 맛을 봤지만, 제대로 마셔 본 건 그때가 처음이었다.
그날 나는 로제 와인을 거의 한 병 정도 마셨다. 몰래 마신 것
도 아니고 모두가 보는 앞에서 마셨지만, 아무도 제지하지 않
았다. '괜찮아, 보드카 같이 독한 술도 아닌데 뭘' 하는 분위기
였다. 물론 그다음 날 엄청나게 심각한 숙취를 겪었다.

학력 저하 문제로
골머리

프랑스에서도 교육은 아주 중요한 이슈다. 신문을 보면 항
상 교육 관련 기사가 나온다. 프랑스의 유력 언론인 〈르몽
드〉 사이트에 들어가면 교육 카테고리가 따로 있을 정도다.
교육은 과거와 미래가 모두 관련되어 있는 이슈이고, 우리
다음 세대가 만들어 갈 사회와 밀접한 관련이 있기 때문에
다들 관심을 가진다. 사람들의 관심이 집중되는 모든 분야
가 그렇듯, 교육도 현재 상태에 항상 100퍼센트 만족하는 사
람이 없다.

　프랑스 사람들은 보통 시간이 갈수록 점점 교육 수준이

떨어진다고 생각한다. 나이 든 사람들이 학교에 다녔을 때는 교육 내용이 더 어려웠고, 더 많은 걸 배웠다는 식이다. 실제로도 그렇다. 국제학업성취도평가Program for International Student Assessment, PISA 결과를 보면 프랑스 학생들의 학업 성취도 수준이 점점 떨어지고 있다. 이뿐만 아니라 IQ 테스트 점수가 점점 낮아진다는 결과도 있다.

대체 무슨 일이 있었기에 이런 결과가 나왔을까? 이유를 한 가지만 꼽기는 어렵지만, 보통 기성세대들은 읽기나 쓰기, 맞춤법, 셈 같은 기본기를 제대로 익히지 못한 탓이라고 말한다. 우리 세대만 해도 확실히 이전 세대보다 맞춤법을 더 많이 틀리는 것 같다. 프랑스어는 맞춤법도 문법도 어려운데, 우리 부모님 세대까지는 학교에서 어려운 맞춤법을 완벽히 숙달할 때까지 엄격하게 가르쳤다.

하지만 우리가 학생일 무렵에는 에세이를 쓸 때 맞춤법을 틀려도 크게 상관이 없었다. 총 20점 만점의 에세이에서 맞춤법을 아무리 많이 틀려도 최대 2점밖에 감점이 되지 않았다. 그러니 자연히 맞춤법에는 별로 신경 쓰지 않게 됐다. 당시에는 공교육에서 맞춤법을 너무 엄격하게 가르쳐서 아이들에게 글쓰기에 대한 공포감을 심어 줄 필요가 없다는 방침이 있었다. 결과적으로는 젊은 사람들의 맞춤법이 엉망이 되

프랑스 국립 도서관에서 공부하는 학생들.

어 버리는 부작용이 생겼다. 수학 교육도 계산기를 사용해서 셈이 서툴다. 확실히 이런 기본적인 것들은 이전 세대에 비해 떨어지는 것 같다.

프랑스의 논술형 대입자격시험인 '바칼로레아'가 쉬워졌기 때문에 젊은 세대의 학력이 떨어졌다는 주장도 있다. 1980년대 프랑스 사회에는 일종의 '야망'이 있었는데, 바로 학생들의 80퍼센트가 바칼로레아를 얻을 수 있게 하겠다는 것이었다. 이런 목표를 이룰 수 있는 방법은 크게 두 가지였다. 모든 이들에게 수준 높은 교육을 제공하거나, 그냥 바칼로레아를 쉽게 출제하는 것. 높은 수준의 교육을 제공하는 건 시간도 오래 걸리고 어렵기 때문에, 정부는 이 방법을 택하지 않았다. 이 선택이 결과적으로는 전반적인 학력을 떨어뜨렸다는 얘기다.

학력이 떨어졌다는 의견에 반대하는 사람들도 있다. 이들은 요즘 젊은이들이 일률적인 지식을 습득하는 건 잘 못할 수 있지만, 그런 건 별로 중요하지 않다고 주장한다. 획일적인 지식을 얻기보다는 다양한 방면에서 창의력을 발휘하는 게 중요하다는 것이다. 젊은 세대들은 기성세대보다 외국어, 컴퓨터 활용 능력 등이 뛰어나고, 무엇보다 자기 의사 표현을 명확하게 할 줄 안다. 암기 위주로 학습하던 예전 방식과는 다르다.

하지만 보편적으로, 특히 교육 관련 업계에 종사하지 않는 사람들 다수는 '젊은 사람들이 나이 든 사람들보다 학력이 떨어진다'는 얘기에 공감한다. 그래서 공교육의 방향성을 두고 의견이 대립하고 있다. 한쪽에는 지금처럼 창의성을 키우는 교육이 더 좋다는 사람들이 있다. 반면 새로운 테크놀로지를 가르치기보다는 기본을 탄탄하게 가르쳐야 한다는 보수적인 의견도 있다. 정치적으로 보수적이지 않아도 교육에 대해서는 이렇게 생각하는 사람들이 상당히 많다.

빈부 격차가
학력 격차로

놀랍게도 데이터를 살펴보면 중산층 이상 가정에서 자란 학생들의 학업 성취도는 별로 떨어지지 않았다. 반면 저소득층 학생들의 학력 저하가 두드러진다. 빈부 격차가 심화됐기 때문이다. 원칙적으로 학생들은 부모의 소득과는 관계없이 동일한 교육을 받으며 자라야 한다. 하지만 그렇게 되지 않고 있는 것이 현실이다.

상황이 이러니 교육 문제를 얘기할 때면 저소득층 지역 이야기가 항상 화두에 오른다. 저소득층 지역이나, 외딴 시골 지역의 학교 시설은 사정이 썩 좋지 않다. 지역마다 교육 시설에 할당된 예산이 다르기 때문이다. 예산이 넉넉한 대도시에서는 교육 시설이나 교원을 늘리는 데 투자할 여력이 있지만, 그렇지 않은 지역은 교육 인프라가 열악하기 이를 데 없다. 이 때문에 같은 나라에 사는데도 같은 수준의 교육을 받지 못하는 경우가 생긴다.

교직원을 더 뽑기보다는 시설에 투자하는 경향도 있다. 시설은 돈이 좀 많이 들더라도 한 번만 투자를 하면 되는데, 교직원을 뽑으면 매년 지속적으로 인건비가 나가니 비용이 더 많이 든다고 생각하는 것 같다. 그래서 학생들이 받는 교육의 질을 높이기 위해서는 결국 자질을 갖춘 교직원이 필수인데, 그렇지 못한 곳이 많다.

교육 환경이 낙후된 지역에서는 학생이 교사를 폭행하는 일도 종종 일어난다. 2018년 10월, 학생이 지각을 해서 교사가 결석 처리를 하자 이에 불만을 품은 학생이 교사의 머리에 가짜 총을 겨누며 위협한 사건이 있었다. 이후 인터넷에서는 교사들의 주도로 '파도 없음pas de vague'이라는 해시태그 운동이 일어났다. 프랑스에서는 '파도를 만들다'라는 말이 '공론화를 시키고 어떤 변화를 불러일으키다'라는 뜻이다. 그러니 '파도가 없다'는 말은 잔잔한 바다처럼 문제가 없는 상태를 말한다. 교사들이 말한 '파도 없음'은 '문제가 있어도 침묵하고 마치 문제가 없는 것처럼 참는 것'을 뜻한다.

왜 갑자기 학생이 교사를 위협한 사건에서 '파도 없음'이란 말이 나왔을까? 그건 많은 교사들이 학생들에게 폭행이나 위협을 당했을 때, 이런 얘기를 공론화할 수 없었기 때문이었다. 학교에서는 불미스러운 일이 있어도 학생을 처벌하기보다는 교사에게 공론화하지 말아 달라고 부탁하거나 압력을 넣었다는 것이다. 폭력 문제가 생기면 당사자인 교사와 학생 외에도 교장 등 학교 측 대표, 학부모가 모두 모여 위원회를 열어야 한다. 한국의 '학교폭력대책자치위원회[학폭위]'와 비슷하다고 보면 된다. 그런데 이런 위원회를 열면 학교에 폭력 사태가 있었다는 게 알려지고, 그러면 학교의 평판이 나빠진다. 교장도 국가의 평가를 받는 입장이니, 그냥 조용히 덮어두는 게 더 좋다고 생각한다. 상황이 이러니 교사들은 교육 현장에서 자신들이 어려움을 겪어도 학교가 도움을 주지 않는다며 불만을 토로할 수밖에 없다.

어렵게 교사가 됐더니
교권이 밑바닥

예전에 비해 교권도 많이 추락했다. 언젠가 본 시사만평 중에 이를 풍자하는 내용이 있었다. 학부모와 학생이 성적표를 받아들고 교사와 면담을 하는 상황을 그린 것이다. 똑같은 상황에서 '옛날'이라고 되어 있는 곳에는 부모가 학생에게 "성적이 이게 뭐야!"라고 하는 장면이 그려져 있고, '요즘'이라고 되어 있는 곳에는 부모가 교사에게 호통을 치는 장면이 그려져 있었다. 예전에는 부모들도 교사가 무조건 옳다고 생각하는 경향이 있었는데, 요즘은 자식 편에서 교사를 비난한다는 얘기다. 한국의 어느 외국어고등학교에서 교사로 일하는 프랑스인 친구도 학생들에게 점수를 주는 게 제일 힘들다고 말한 적이 있다. 아마 한국도 프랑스와 비슷한 상황이 아닌가 싶다.

문제는 교사로 일하는 게 이렇게 힘든 데 비해서, 교사가 되기 위한 자격 요건은 점점 까다로워지고 있다는 점이다. 예전에는 교사 양성 코스가 따로 있어서, 바칼로레아 취득 이후에 이 코스만 통과하면 교사가 될 수 있었다. 게다가 교생 실습을 할 때는 국가가 소정의 보수도 지급했다. 국가 공무원인 교사를 양성하는 일이니, 국가가 회사에서 인턴을 뽑는 것처럼 일부 투자를 한 셈이다. 공부를 하면서 수입도 얻을 수 있는 기회를 주었기 때문에, 저소득층 학생들도 좋은 교육을 받고 안정적인 일자리를 얻을 수 있었다. 개인적으로는 아주 좋은 기회였다고 생각한다. 그런데 2009년부터는 제도가 완전히 달라져, 교사가 되려면 석사 학위도 있어야 하고 시험도 봐야 한다.

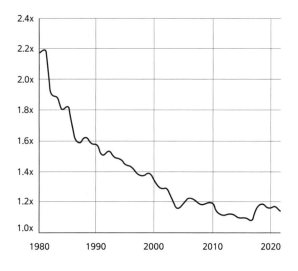

시앙스포의 경제학자 루카스 샤넬에 따르면, 1980년 초임 교사의 급여는 최저임금의 2.2배 수준이었지만 2020년경에는 1.2배 수준으로 하락했다.

그런데 교사가 되려면 석사까지 힘들게 공부해야 하는데, 교권은 약해진데다 보수도 높지 않다. 프랑스 교사들의 보수는 다른 유럽 국가에 비해 낮기로 유명하다. 1980년대만 해도 초임 교사의 급여는 최저 임금 대비 2.2배 수준이었지만 지금은 1.2배 수준에 불과하다. 직업으로서 교사를 선택할 요인이 떨어진다. 게다가 신임 교사로 부임할 때에는 '가장 일하기 힘든 지역'으로 발령이 난다. 소위 '기피 지역'에 파견되는 건데, 이후에 연차와 고과 점수가 쌓이면 자신이 원하는 지역으로 가기가 더 쉬워진다. 경험도 없는 신출내기 교사가 '기피 지역'에 배정을 받는다면 어떻게 될까? 교사도 적응하기 어렵고, 학생들도 베테랑 선생님에게 좋은 교육을 받을 수 없게 된다.

내가 학교에 다닐 무렵만 해도 또래 친구들 중에는 교사가 되고 싶어 하는 경우가 꽤 있었다. 지금은 장래 희망을 교사로 삼는 사람이 많이 줄었다고 한다. 물론 휴가가 많고, 공무원이라 직업 안정성이 보장되기는 한다. 하지만 교육 기간이 길어진 데 비해 업무 여건은 큰 메리트가 없다 보니, 교직에 좋은 인재가 많이 들어오지 않는 문제가 생겨나고 있다.

공부에 관심 없는 학생이 가는
기술고등학교

프랑스는 맞벌이가 대부분이어서 0세부터 36개월까지는 어린이집이라고 할 수 있는 크헤쉬 crèche에 보낸다. 만 3세부터는 공교육에 포함되는 유치원에 보낸다. 아이들 대부분 민 3세가 되는 9월에 유치원 école maternelle에 입학한다.

유치원이 의무 교육이 된 때는 2019년부터다. 그 전에는 초등학교부터 의무 교육이었지만, 에마뉘엘 마크롱 대통령이 의무 교육 연령을 2019년부터 만 3세로 낮추면서 유치원도 의무 교육에 편입됐다. 하지만 프랑스 교육청 통계에 따르면 이미 그 전에도 97.6퍼센트의 어린이가 유치원에 다니고 있었다. 부모님 입장에서는 아이를 유치원에 보내는 게 편하기 때문이다. 한 반에는 평균 25명 정도의 아이가 있는데, 프랑스 사람들의 85퍼센트는 유치원 교육에 만족한다고 한다.

내가 어릴 때 유치원의 교육 프로그램은 그냥 재미있는 놀이나 활동 위주였다. 교육이라고 할 만한 것은 자기 이름 쓰기 정도였던 걸로 기억한다. 알파벳도 초등학교에 가서 처음 배웠다. 하지만 최근에는 조금 더 일찍 읽기와 쓰기, 셈하기

파리 몽소 공원에 놀러 나온 유치원생들.

를 배운다. 프랑스는 교육 정책이 크게 변하지 않는 편이지만, 그래도 조금씩 트렌드가 변하고 있는 것 같다.

만 6세부터는 초등학교에 들어간다. 프랑스는 초등학교 5년, 중학교 4년, 고등학교 3년 과정이다. 고등학교에 진학하면서부터는 일반 고등학교와 기술 고등학교, 그 외 다른 직업학교들로 진로가 갈린다. 한국에서 인문계와 실업계 고등학교로 나뉘어 진학하는 깃과 비슷하다고 보면 된다. 일반 고등학교에서도 어떤 바칼로레아를 취득할 것인가에 따라 문과·이과처럼 코스가 갈라진다. 다만 한번 정했다고 해서 진로 변경이 불가능한 것은 아니다.

특정한 절차를 거치면 일반 고등학교에서 기술 고등학교로, 혹은 반대로 진로를 변경하는 게 가능하다. 우리는 이 절차를 '다리'라고 한다. 이렇게 절차가 마련되어 있어도 일반 고등학교에서 기술 고등학교로는 잘 옮기지 않는다. 사회적으로 기술 고등학교에 가는 것을 그리 좋게 보지 않는 분위기다. 기술 고등학교는 '기술이나 직업 교육을 받고 싶어서 가는 곳'이 아니라, '일반 고등학교에서 진도를 따라갈 수 없는 사람들이 가는 곳'이라는 편견이 있다. 쉽게 말해 공부를 하고 싶지 않은 학생들이 가는 학교라는 이야기다.

사정이 이러니, 만약 학생이 건축처럼 기술이 필요한 직업을 장래 희망으로 삼아 기술 고등학교 진학을 고민하면, 부모가 말리는 경우가 생긴다. 아마도 부모들은 기술 고등학교에 바로 가기보다는 일반 고등학교를 거쳐 대학을 졸업한 후에 비슷한 진로를 찾아 보라고 할 것이다.

사회 분위기 때문에 기술 고등학교 학생들과 교사들도 의욕이 높지 않고, 정작 학교를 나와도 전문 기술을 가진 인력이 되지 못하는 경우가 많이 생긴다. 예를 들면, 토목이나 미장 같이 집을 짓는 인력들 같은 경우가 그렇다. 현장에서 일하는 인부들이 제대로 기술을 숙달하지 못하면 집을 엉망으로 지을 수밖에 없다. 결국 교육 문제가 사회 문제로 비화되는 셈이다.

'열띤 토론이 벌어지는
프랑스 교실'은 환상

한국 사람들은 프랑스 교육 제도를 너무 좋게 생각하는 경향이 있다. 학생들을 존중하는 수업이 이뤄지고, 그런 분위기 속에서 학생들이 열띤 토론을 벌인다고 상상한다. 하지만 실제로는 전혀, 정말로 전혀 그렇지 않다. 수업 분위기는 한국이랑 비슷하다. 학생들은 대체로 수업을 그리 좋아하지 않는다. 프랑스 학생들도 서로 눈치를 보면서 선생님의 질문에 대답하지 않으려 한다. 아예 수업에 관심이 없는 경우도 많다. 아침부터 저녁까지 오랫동안 학교에 있어야 하기 때문에 수업을 지겨워한다.

프랑스 학생들은 초등학교 때부터 학교에 좀 오래 있는 편이다. 이건 '주 4일 수업제'의 영향이 크다. 1년에 들어야 하는 수업 시간은 다른 유럽 국가들과 크게 다르지 않은데, 일주일에 4일만 등교를 해서 하루 수업 시간이 상대적으로 길다. 더구나 프랑스는 휴일이 많아서, 수업 일수 자체도 적다. 2017년도 OECD의 교육 관련 조사에 따르면, 프랑스 초등학생은 1년에 864시간 수업을 받아야 하는데, 수업 일수는 162일밖에 안 된다. 하루에 약 5.3시간 수업을 듣는다. 수업 일수는 OECD에서 제일 적은데, 수업 시간 자체는 OECD 평균인 800시간을 훌쩍 뛰어넘는다. 다른 유럽 국가의 초등학생보다 프랑스 초등학생이 학교에 훨씬 오래 머무는 것이다. 집중력이 떨어지는 어린아이들을 학교에 오래 잡아 두면 어떻게 될까? 당연히 학생들은 의욕이 없고, 그저 오래 앉아 있는 데만 익숙해진다. 중·고등학교에 가면 수업 시간을 붙여서 '연강'을 하는 경우도 있는데, 학생들로서는 더 고역이다.

61회 칸 국제영화제에서 황금종려상을 받은 〈클래스〉라는 영화가 있다. 파리 20구에 위치한, 이민자 자녀가 많은 학교에 한 선생님이 부임하면서 학교가 서서히 바뀌는 모습을 그린 내용이다. 이 영화에는 수업을 의욕적으로 이끌어 가는 교사와, 처음에는 그를 비웃지만 곧 열정적으로 수업에 참여하는 학생들이 나온다. 해외에서는 이 영화를 보고 프랑스 교육에 깊은 인상을 받은 것 같은데, 정작 프랑스 사람들은 "그런 교실은 없다"고 말한다. 실제 교사가 쓴 소설을 바탕으로 만든 영화이기는 하지만, 현실과의 괴리가 크다는 게 대부분 프랑스인들의 생각이다.

수업을 몰아서 하는 만큼, 쉴 때는 또 확실하게 쉬어야 한다. 여름에는 거의 2개월 정도의 방학이 있고, 방학 외에도 매 6주 정도마다 1~2주씩 쉬는 기간이 있다. 학년이 9월에 시작하는데, 얼마 지나지 않아 11월 1일부터 일주일 정도 휴일이 시작되는 식이다. 거의 매 계절을 즐길 수 있는 휴가가 있는 셈이다. 관광 산업 쪽에서는 이보다 더 좋은 환경이 없다. 하루 이틀 찔끔 쉬고 마는 게 아니라, 일주일 이상 쉬는 휴일이 자주 돌아오니 여행을 많이 가게 된다. 하지만 학습 측면에서

프랑스 교육 현장과 동떨어진
현실을 그린 영화 〈클래스〉.

보면 굉장히 비효율적이다. 공부에 집중할 만하면 휴일이 찾
아오기 때문이다. 정부가 아무리 교육이 중요하다고 해도 실
제론 말뿐이고, 정작 교육을 위한 개혁은 하지 않는다고 프랑
스 사람들이 생각하는 이유도 여기에 있다.

10대는 자기 취향이
확고하게 결정되는 시간

프랑스 학생들에게 청소년기는 미래를 위해 공부하느라 희생해야 하는 시간이 아니다. 바칼로레아 걱정을 아예 하지 않는 것은 아니지만, 한국 학생들보다는 시간도 마음도 여유롭다. 자연히 청소년기는 '자기 자신'을 만들어 가는 시기가 된다. 다양한 경험을 하면서 자기가 무엇을 좋아하는지, 무엇을 싫어하는지를 탐색한다.

프랑스 학생들은 10대 때 이미 자기 취향이 확고하게 결정되는 편이다. 한국에 온 이후, 대학에서 강의를 하면서 신입생들과 대화를 해 보면 그 차이를 느낀다. 막 고등학교를 졸업한 학생들에게 뭘 좋아하냐, 취미가 뭐냐고 물으면 '잠자는 것, 맛있는 음식 먹는 것'이라는 대답이 많이 돌아온다. 프랑스에서는 상상하기 힘든 대답이다. 보통 이 나이쯤 되면 자기 취향이 또렷해서, 자기가 좋아하는 것과 싫어하는 것들을 줄줄 쏟아 낸다. 당연히 이 시기 이후에도 다양한 경험을 하면서 취향을 더 깊이 발전시키겠지만, 이미 기초적인 취향은 형성되어 있다.

프랑스 학생들도 진로를 어떻게 잡을지, 앞으로 무슨 일을 하고 살지 10대 때 결정하기는 어렵다. 하지만 자기가 어떤 걸 좋아하는지는 아는 편이다. 그리고 부모님도 보통은 공부든 운동이든 뭘 하라고 강요하지 않기 때문에 자기가 뭘 원하는지 스스로 알아 가는 데 더 집중한다.

그러고 보면 한국 학생들에게 좋아하는 것을 물었을 때 유난히 잠과 음식 얘기를 많이 하는 것도 이유가 있는 것 같다. 한국 사람들은 학생이든 성인이든 누구나 바쁘게 산다. 여가를 즐길 시간이 부족하니 특별한 취미를 발전시킬 기회가 적다. 하지만 바쁜 사람이라도 잠은 자야 하고 밥은 먹어야 하지 않는가? 그래서 누구나 공통된 화제로 삼을 수 있는 잠이나 식사에 대한 얘기를 많이 하는 것 같다.

한국에서 고등학교 교사를 하는 프랑스인 친구도 똑같은 이야기를 한다. 한국 학생들이 '점심 식사 메뉴가 무엇인지'에 대한 얘기를 굉장히 자주 한다는 것이다. 학교 식단표를 받으면 자기가 좋아하는 메뉴에 형광펜을 칠해 놓고 그날이 오기를 손꼽아 기다린다. 생각해 보면 나도 한국인 친구들한테 "뭐 먹을 거야?"라든가 "뭐 먹었어?" 같은 말을 자주 듣는다. 프랑스 학생들은 식사 직전에 메뉴를 보고 "오, 오늘 메뉴는 내가 좋아하는 거야"라는 정도만 얘기하는 편이라 이런 두 문화의 차이가 흥미롭다.

'프랑스 시민'이 아니라
'시민'을 만든다

프랑스는 역사를 가르치는 방법이 독특하다. 국가가 주도하는 보통 교육에서 역사를 가르치면, 대부분 어느 정도는 애국심이나 국가 정체성을 길러 주려는 의도가 들어가기 마련이다. 하지만 프랑스의 역사 교육은 '프랑스 민족'이나 '프랑스 시민'을 만들려고 하지 않는다. '프랑스'라는 수식을 떼어내고 그저 '시민'을 만들 뿐이다.

처음부터 이러지는 않았다. 약 140년 전 제3공화국 때의 정치인들은 민족 정체성을 강하게 하려는 의도를 가지고 역사 교육 커리큘럼을 만들었다. 초기에 프랑스 땅에 정착한 켈트족부터 지금에 이르기까지의 긴 시간을 놓고, 현재 프랑스가 만들어진 과정을 하나로 엮었다. 이렇게 되면 '하나의 국가, 통합된 민족'을 강조하는 이야기가 만들어진다. 그때는 전 세계적으로도 그런 역사관이 주류를 차지하고 있을 때였다.

하지만 시간이 지나면서 이런 방식의 역사 교육이 일종의 '세뇌'라는 반론이 강하게 제기됐다. 이들에 따르면, '우리는 하나로 통합된 민족이고, 대단한 역사를 가지고 있다'라고 가르친다면 당연히 애국심은 더 높아지겠지만, 역사를 돌이켜 보면 프랑스는 식민지 지배도 했고, 제2차 세계 대전 때 독일과 손을 잡기도 했다. '대혁명'처럼 자랑스럽고 눈부신 역사도 있지만, 부끄러운 역사도 함께 존재한다. 그렇다면 학생들에게 역사의 어두운 측면도 가르쳐야만 하고, 역사 교육은 과거의 '사실'을 탐구하는 과목이 되어야 한다.

이런 관념의 변화로 인해 역사 수업 시간에 교사들이 항상 강조하는 것은 '역사적 사실 확인'의 중요성이다. 물론 너무 어릴 때는 이런 수업이 어렵게 느껴지기 때문에, 초등학교 때는 역사를 소설을 읽듯이 이야기로 배운다. 하지만 중·고등학교에서는 '사실 탐구'에 중점을 두고 수업이 진행된다. 학생들은 역사적 사건을 두고 무엇이 맞는지 사진이나 지도, 자료를 제공받아 직접 분석하는 훈련을 한다. 결론을 낼 때는 주관을 개입시키지 않고 객관적으로 판단하는 연습도 한다.

결국 이런 교육 방식이 광범위한 '시민 교육'이 된다. 대놓고 '이렇게 해야 한다'고 말하지는 않지만, 역사나 사회를 다루는 수업 전반에 이런 기조가 깔려 있다. 프랑스에서는 역사를 그리스 민주주의에서부터 배운다. 그리스의 민주주의는 어떤 민주주의였는지, 여기에 누가 '시민'으로 포함되고 누가 배제되었는지 알아본다. 늘 역사 속의 사회를 생각하고, 그걸 우리 사회와 비교한다. 굳이 따지자면 '유럽 시민'을 만드는 과정이라고 볼 수 있겠다.

재미있는 건 해외에서 유명한 나폴레옹을 정작 학교에서 제대로 배운 적이 없다는 것이다. 교과 과정에는 포함되어 있는데, 항상 타이밍이 나빴다. 순서상 학기 말 쯤에 배우도록 배치되어 있어서 수업 진도를 나가다 보면 뒤로 밀리기 일쑤여서, 결국 못 배우고 다음 학년으로 넘어가는 일이 반복됐다. 그래서 나폴레옹에 대해서는 나중에 혼자 공부했다. 주변 친구들 얘기를 들어 봐도 대부분 그랬다. 한편으로는 역사란 왕의 역사가 아니라 민중들의 이야기이니 나폴레옹에 대해 필수적으로 짚고 넘어가지 않아도 된다고 여겼던 것 같다.

아시아에서 서양의 역사를 배우는 것에 비해서, 서양에서 아시아 역사를 배우는 건 부족한 게 사실이다. 하지만 우리도 한국전쟁 같이 세계사적으로 중요한 내용은 배운다. 특정 나라를 선택해서 좀 깊이 배우는 커리큘럼도 있다. 이럴 때는 역사 교사의 재량으로 몇 개 국가를 선택해서 배우는데, 아시아에서는 주로 일본을 배우는 편이다.

현재 프랑스 교육 체계에서는 세계사 학습이 부족하다며

역설적이게도 프랑스 학생들은 나폴레옹을 배울 기회가 없다.

더 배워야 한다고 주장하는 사람들이 있다. 그런데 세계사 커리큘럼을 늘리면, 또 프랑스 역사를 배울 시간이 부족하니 없애달라고 요구하는 사람들이 나온다. 수업할 수 있는 시간은 정해져 있고, 뭘 더 중요하게 생각해서 가르칠지는 서로 가치관이 다르니 매번 논란이 일어난다.

프랑스 내에도 식민 지배에 대한 교육을 어떻게 할 것인지를 두고 의견이 분분하다. 자크 시라크나 니콜라 사르코지 정권 같은 우파에서는 '식민 지배가 나쁘기는 했지만, 그래도 식민지를 발전시켜 준 측면이 있다'는 입장이다. 소위 말하는 '식민지 근대화론'인데, 근대의 단계로 접어들지 못한 땅에 민주주의를 전파하고 산업이 발전할 수 있는 기반을 만들어 줬다는 식이다. 우파 정권에서는 이런 주장을 역사 교육에 넣고자 했는데, 결국 반대에 부딪쳐 무산됐다.

세대마다 식민지를 보는 관점이 다르기도 하다. 식민 지배의 시대를 산 사람들, 특히 식민지 전쟁에 참전했거나 그곳에 살았던 사람들은 식민 지배를 긍정적으로 받아들인다. 아직 이런 세대가 살아 있고, 투표를 하기 때문에 정책에 영향을 미친다. 하지만 젊은 사람일수록 식민 지배에 대해 부정적인 경향이 강하다.

젊은 사람들의 인식에는 '영광스런 역사'라는 관점을 주입

하려 애쓰지 않는 역사 교육이 크게 영향을 미쳤다고 생각한다. 나는 이런 역사관이 더 바람직하다고 생각한다. 그런데 동시에 이런 역사 교육 때문인지 다른 나라 사람들에 비해 프랑스 사람들의 애국심이 좀 떨어지는 것도 사실이다.

여담이지만, 영국 사람들의 식민지 시대 인식은 '식민지 근대화론'에 다소 경도된 것 같다. 〈JTBC〉 '비정상회담' 프로그램에서 영국인 패널이 영국의 식민 지배가 식민지를 발전시켰다는 주장을 진심으로 해서 조금 충격을 받았다. 방송 당시엔 식민지를 위한 발전이 아니라 영국을 위한 발전이었다는 식으로 이야기를 마무리하긴 했다. 하지만 '발전시켰다'는 생각에는 변함이 없는 것 아닌가? 아마 역사 교육법의 차이 때문인 것 같다.

애국심을
배제하는 교육

우리는 국가를 학교에서 부른 적이 없다. 배우기는 했는데 굳이 모든 학생이 외우게 하지는 않았다. 프랑스 대혁명에 대해서 이야기를 할 때 가사의 의미를 배우는 정도였다. 내 기억에는 초등학교 때 한 번 배우고, 중학교 때 한 번 들었던 같다. 프랑스 학교에서는 국기도 게양하지 않았다. 당연히 국기 앞에서 특별한 예를 갖추는 등의 의식도 없다. 국기에 예를 표하는 데 익숙한 미국인이라면 정말 놀랄 것이다.

물론 이렇게 교육을 하게 된 배경이 있다. 68혁명 때문이다. 당시 젊은이들은 자기 해방 욕구와 보수적인 윗세대에 저항하고 싶은 마음이 강했다. 이 분위기 속에서 삼색기는 보수, 군대, 전쟁의 상징으로 여겨졌다.

학교 역시 이런 분위기에서 동떨어질 수 없었다. 교육의 목적을 바꾸었다. 학교라는 공간은 국가를 섬기는 '작은 군인petit soldat'을 만드는 게 아니라, '지식과 교양이 있는 시민'을 만들어야 한다고 생각했다. 이런 흐름이 조금씩 커지면서 역사도 조금 더 비판적으로 가르치기 시작했던 것 같다. 학생들은 영광의 역사만이 아니라 부끄러운 역사도 함께 배우면서 시민으로서의 의식을 강하게 배우게 됐다고나 할까? 내 또래 세대는 아버지 세대가 학교에서 배우지 않았던 제2차 세계 대전의 대학살에 대해서 공부하기도 했다. 그래서인지 우리 세대 사람들은 '애국심을 가진 사람=외국인 혐오증이 있는 사람'으로 생각한다.

이런 이유로 꽤 오랫동안 프랑스에서 국기를 보는 게 어려웠다. 국기가 국가주의의 상징이고, 이는 곧 극우파와 연결되기 때문이다. 프랑스에서 누군가 자기 집에 국기를 걸어두었다거나, 국기 문양을 넣은 물건을 가지고 있다면, 바로 '인종차별주의자'로 여겨졌다. 상황이 이러니 문 밖에 국기를 내거는 일이 쉽지 않았다. 국제 스포츠 경기에서 프랑스가 우승을 해야 국기를 볼 수 있을 정도였다.

물론 프랑스 삼색기가 처음부터 '극우의 상징'이었던 것은 아니다. 원래 프랑스 국기는 오랫동안 좌파의 상징이었다. 삼색기가 18세기 절대 왕정에 대항한 시민 혁명에서 유래했기 때문이다. 하지만 68혁명 이후 삼색기라는 상징은 자연스레 극우의 것이 됐다.

그나마 이런 이미지가 조금 누그러진 계기는 '샤를리 앱도 테러 사건'이었다. 2015년 11월 테러리스트들이 '샤를리 앱도'라는 언론사에 침입해 총기를 난사한 충격적인 사건이 벌어지자, 페이스북을 비롯한 SNS에서 프랑스 국기를 추모와 연대의 의미로 거는 운동이 벌어졌다. 그 이후 국기를 자주 보게 되니 거부감도 좀 덜해졌다.

여기에 2018년 러시아 월드컵에서 프랑스가 우승을 차지한 것도 한몫했다. 우승이 확정되자 프랑스 국민들이 인종이

2015년 11월 샤를리 엡도 테러 사건 이후 프랑스 국기는
우파의 상징에서 추모와 연대의 의미로 변했다.

나 출신에 상관없이 모두 길거리로 쏟아져 나와 국기를 흔들었다. 이런 장면을 보고 자란 어린이들은 국기에 대한 인식이 다를 수밖에 없지 않을까 싶다.

프랑스 사람들이 교육 단계에서 국가주의적 요소를 일부러 배제시키다 보니, 프랑스 고유의 정체성과 특징이 사라지는 것은 사실이다. 우리와 다른 교육을 받았던 윗세대들이나 우파 진영에서의 걱정은 더욱 크다. 프랑스에 대해 자부심을 더 가지고 애착을 가지고 있어야 하는데 그렇지 못하다는 것이다. 예를 들어, 2010년 남아공 월드컵 당시 이들은 프랑스 축구 국가대표 선수들이 국가를 잘 모르는 것 같다고 지적하며 이에 대해 문제 제기를 했다. 프랑스인인데 프랑스 국가도 모르는 이가 대표팀 선수인 게 못마땅한 것이었다. 물론 애국심을 배제하는 교육을 받은 대다수의 프랑스인들은 국제 스포츠 행사에서 굳이 국가를 불러야 하냐고 강하게 반문했다. 부르고 싶으면 부르고, 안 부르고 싶으면 안 불러도 되지 않느냐는 것이다. 경기에 집중해야 하는 때에 자신만의 루틴이 있을 텐데, 굳이 국가를 부르며 그것을 깨야 하느냐는 것이다. 프랑스 축구의 전설 미셸 플라티니는 "프랑스 국가대표 선수들이 경기에 지니까 이런 걸 가지고 트집을 잡지, 이기고 있었으면 아무 문제없었을 것이다"라며 국가 제창 논란을 일축했다.

그렇지만 애국심을 배제하는 교육은 앞으로 변화가 불가피해 보인다. 2019년 7월 11일, 학교 교실마다 국기와 국가를 비치하기로 한 법안이 의회를 통과했기 때문이다. 내 입장에서는 국기가 시청 혹은 스포츠 현장에서나 볼 수 있는 것이었기 때문에, 교실에 삼색기가 걸려 있는 것을 보면 조금 낯설다. 하지만 현재 프랑스 어린이들이 언제 어디에서든 국기를 보고 어색한 느낌이 들지 않도록 성장하는 것도 나쁘지 않다고 생각한다. 다만 빈부 격차, 경직된 계층 제도, 인종 차별 등의 진짜 분열을 해결할 정책을 강구하지 않고, 사회적 약자들에게 프랑스를 사랑하라고 하는 것은 위선이라고 생각한다.

마크롱 정부의
대학 입시 제도 개혁

마크롱 정부가 들어서면서 프랑스의 입시 제도는 큰 변화를 겪고 있다. 결론부터 말하자면 변화의 방향은 지금의 한국과 비슷하다고 볼 수 있겠다.

　프랑스에서는 고등학교를 졸업할 때 몇 가지 선택지가 있다. 일단 상급 교육 기관에 진학하고 싶다면 바칼로레아를 거쳐야 한다. 한국과 프랑스의 차이점은 바로 이 '상급 교육 기관'에 있다. 한국에서는 수학능력시험을 보고 4년제 대학교나 전문대학에 진학하는 경우가 대부분이다. 프랑스는 한국에 비해 나양성이 크나. 고등학교를 졸업하먼 일반 내학인 위니베르시테Université, 전문대학인 베위테B.U.T., Bachelor Universitaire de Technologie, 전문 기술 과정인 베테에스B.T.S., Brevet de Technicien Supérieur, 프헤파Prepa, 그랑제콜 입시 준비반으로 주요 명문고에 설치된 별도의 대학 학부 과정 진학 등을 선택할 수 있다. 그중 한국의 대학교와 가장 흡사한 교육 기관은 위니베르시테일 것이다. 베위테는 기술 관련 학위를 따기 위한 곳이고, 베테에스는 산업 현장의 고급 전문 기술을 배우는 곳이다. 한국에서는 전문대학의 위상이 떨어지는 편이지만, 일부 베테에스나 베위테는 위상이 높은 곳도 있다. 입학 조건도 까다롭고 사회에서도 인정받는다. 그랑제콜 입시반인 프헤파는 말할 것도 없다.

　이런 다양한 상급 교육 기관에 들어가기 위해서는 일단 필요한 자격이 있다. 그것이 바로 바칼로레아다. 어떤 형태로

든 고등학교 졸업 후에 진로를 찾아 가려면 바칼로레아가 필수라는 이야기다. 그래서 프랑스에는 "먼저 바칼로레아부터 따passe ton bac d'abord"라는 말이 있다. 자유롭게 뭔가를 하고 싶으면 먼저 대학 입학 자격 시험을 보라는 의미로, 부모가 아이에게 자주 하는 말이다. 한국에서는 부모들이 "일단 대학에 들어가."라고 하는 모양인데, 그러고 보면 공부하기 싫다는 자녀들에게 하는 말은 프랑스나 한국이나 비슷하다.

바칼로레아는 일반, 기술 실업계, 직업 세 종류가 있고, 일반 바칼로레아는 경제사회 ES, 문학 L, 과학 S 바칼로레아로 다시 나뉜다. 한국 수능이 인문 계열과 자연 계열, 예체능 계열 등으로 분류되는 것과 비슷하지만 좀 더 세분화되어 있다. 한국과 다른 점은, 한국은 수능 점수가 높으면 좀 더 좋은 대학, 원하는 대학을 골라 갈 수 있지만 프랑스는 꼭 그렇지 않다는 점이다.

프랑스에서는 일반 대학들이 점수나 조건을 보고 학생을 골라 뽑는 건 교육받을 권리를 침해하는 것이라고 본다. 따라서 바칼로레아 시험에서 일정 점수 이상을 받아 통과하기만 하면 '위니베르시테'라고 부르는 일반 대학에 어디든 지원할 수 있었다. 모든 위니베르시테가 동일한 수준의 대학 교육을 제공하기 때문에 대학 서열도 없었다.

바칼로레아 점수로 좋은 대학에 갈 수 있는 것도 아닌데, 어떤 고등학교가 '좋은 학교'인지 어떻게 구별할까? 프랑스에서 '좋은 고등학교' 기준은 바칼로레아 성공률이다. 바칼로레아를 따고 졸업하는 학생이 많을수록 좋은 학교라는 얘기다. 지역마다 사립 학교에 대한 인식이 다른데, 릴 지역에서는 사립 학교가 좋은 학교라는 인식이 있어서 고등학생의 40퍼센트가 사립 고등학교에 나닌다. 사립 고등학교는 그만큼 높은 바칼로레아 취득률을 자랑한다. 좋은 학교는 대부분 학교 규칙이 엄격해 학생이 문제를 일으키면 쉽게 퇴학시킨다. 또한 일반 공립 고등학교에서는 시험 점수를 후하게 주는 편이지만, 명문 학교는 내신 점수가 아주 짜다.

그래도 학부모가 자녀의 점수 때문에 교사에게 항의하는 일은 적은 편이다. 명문 학교는 당연히 시험도 어렵고 점수를 낮게 줄 거라고 생각하기 때문이다. 이 때문에 한국에 와서 처음 강단에 섰을 때는 꽤 어려움을 겪었다. 한국은 고등학교든 대학교든 성적 평균을 되도록 높게 맞추는 편이었다. 하지만 프랑스에서는 100점 만점에 60점 정도면 시험을 잘봤다고 생각한다. 인간이 하는 일에 완벽이란 없다고 생각하기 때문에 되도록 만점을 주지 않는다. 한국에서 프랑스 기준으로 성적을 매겼다가는 학생들 입장에서는 재앙이 될 게 뻔했다.

프랑스에서라면 C+도 나쁘지 않은 점수이지만, 한국에서는 실패한 점수에 가깝다.

마크롱 정부의 교육 개혁은 바로 이 위니베르시테와 바칼로레아가 핵심이다. 원래 내신 관리는 베테에스나 프헤파에 진학하는 학생들만 하면 됐다. 그런데 이제 위니베르시테에 진학하려는 학생들은 반드시 내신을 관리해야 하는 상황이 됐다. 입시에서 고등학교 내신이 40퍼센트가 반영되기 때문이다. (이 과정에서 프랑스의 고등학교 내신도 상대 평가를 하게 됐다.) 반면 바칼로레아는 기존 9~11개 과목에서 4개 과목으로 줄어들었다. 전공 2개 과목, 철학 및 구술시험 Grand Oral이 그것이다. 얼핏 바칼로레아 부담은 줄고, 내신만 신경 쓰면 되니 별 문제 없어 보이지만 한국의 고등학교를 경험한 이들이라면 잘 알고 있듯이 내신 때문에 스트레스가 매우 커졌다. 이런 이유로 프랑스에서는 점차 과외 산업이 성장하고 있다.

바칼로레아의 비중이 줄고 내신을 넣은 것은 이제 위니베르시테에서 학생을 뽑을 때 선별하겠다는 의미다. 예전에는 바칼로레아만 통과하면 학생들이 원하는 학교의 학과에 웬만하면 입학할 수 있었다. 쉽게 대학에 입학할 수 있으니 학생 수가 많을 수밖에 없었고, 이런 이유로 사람이 많은 저학년 때는 수준 높은 교육을 받기 어려웠다. 또한 학생들의 동기 부여에도 문제가 있었다. 별 생각 없이 들어왔다가 쉽게 포기한다는 말이다. 실제로 대학 1학년 때 학업을 중도 포기하거나 탈락하는 사람이 많았다. 학년이 올라갈수록 그 수가 줄어들기는 하지만 말이다. 이제는 보다 선별된 학생을 뽑아 저학년일 때부터 높은 수준의 교육 서비스를 제공하겠다는 게 마크롱표 교육 개혁의 내용이다. 마크롱의 개혁은 변화의 폭이 너무 커서 개혁이 아니라 혁명이라는 평가가 나올 정도다.

그동안 프랑스 대학 교육은 평등한 것처럼 보였지만 효율성이 너무 떨어지기는 했다. 마크롱 정부는 이를 크게 부각시키고 해결하겠다고 나선 것이다. 하지만 이번 개혁으로 고등학교 때 제대로 공부하지 못하는 학생들은 애초부터 대학에서 원하는 전공을 공부할 기회를 잡지 못하는 것이어서 비판적인 목소리가 나오는 실정이다. 개혁 전에는 공부를 잘 못하는 학생들이 겨우 대학에 입학한 후 성공을 거두기도 했는데, 이제 그런 사례는 더이상 나올 수 없기 때문이다.

정리해 놓고 보면 이제 프랑스의 입시 제도는 한국과 큰 차이가 없어 보인다. 어쩌면 이제는 프랑스가 한국보다 더 경쟁을 추구하는 시스템으로 가고 있는지도 모르겠다. 상대 평가 지표로 학생을 뽑는 위니베르시테 개혁이 정착될 즈음에는 프랑스에서도 대학교 간에 서열이 생길지 모른다. 여기에 프랑스에는 엘리트 교육을 담당하는 특수 대학 '그랑제콜'도 존재한다.

'과학 바칼로레아'
우대

그랑제콜이 되기 위한 충족 기준이 따로 있는 것은 아니다. 다만 그랑제콜협의회 Conférence des Grandes Ecoles라는 민간 기관이 있어서, 엘리트 교육을 지향하는 대학 중 여기에 가입한 학교들을 일반적으로 그랑제콜로 인정한다. 대표적으로는 고등사범학교 Ecole Normale Supérieure, 파리 정치대학 Institut d'Etudes Politiques de Paris, 에콜폴리테크니크 Ecole Polytechnique 등이 있다.

그랑제콜의 또 다른 특징은 입학하려면 프헤파를 거쳐야한다는 점이다. 프헤파에서도 높은 바칼로레아 점수, 특히 과학 바칼로레아 점수를 원하기 때문에 엘리트 계층에 진입하고 싶다면 과학 바칼로레아는 필수다. 이 부분은 마크롱의 교육 개혁 이후에도 바뀌지 않았다. 단지 과학 바칼로레아 코스를 밟는 것에서 과학 관련 전공 과목을 선택해 시험을 치르는

바칼로레아 시험장 풍경.

것으로 바뀌었다.

그럼 그랑제콜에는 모두 이공계 전공만 있어서 과학 바칼로레아를 선호하는 걸까? 아니면 프랑스 엘리트는 모두 과학적 소양을 갖추어야 하기 때문일까? 그렇지 않다. 답은 간단하다. 과학 바칼로레아 시험이 더 어렵기 때문이다. 어려운 시험에서 높은 점수를 받아야 변별력이 생기는 법이다. 과학 바칼로레아는 구분을 위한 수단일 뿐이다. 이 때문에 다들 과학 바칼로레아를 취득하려고 애쓴다. 프랑스 사람들은 "과학 바칼로레아를 따면 모든 문이 열려 있다"라고 말한다. 문학을 하면 '닫힌 문'이 많다. 조금이라도 많은 기회를 얻으려면 과학을 배우는 게 유리하다.

프랑스 사람들은 보통 과학을 잘하면 문학도 잘할 수 있다고 생각한다. 과학을 잘하는 사람들은 논리적인 사고를 할 수 있어서 철학 같이 사고력이 필요한 분야도 잘할 수 있다는 식이다. 무엇보다도 과학 바칼로레아를 땄다고 하면 일단 공부를 열심히 했다는 이미지를 줄 수 있다.

가끔 한국의 수능과 바칼로레아를 비교하면서, 바칼로레아가 논술식 시험이라는 데 놀라는 사람들이 있다. 바칼로레아는 정답을 고르는 방식이 아니어서 기계 채점이 불가능하다. 필연적으로 여러 사람이 나눠서 채점할 수밖에 없다. 이 때문에 채점자 성향에 따라 점수 격차가 생길 가능성이나 공정성에 대한 논란은 없는지 묻곤 한다. 하지만 하나의 시험지를 여러 명이 채점해서 평균을 내고, 그 점수도 채점자 성향을 분석해서 조정하기 때문에 문제가 되지 않는다. 예를 들어 A라는 채점자가 매긴 점수 평균이 7이고, B는 8이라면, B가 매긴 답안지들의 점수는 조금 하향 조정하는 식이다. 프랑스어어학능력시험DELF 같은 다른 점수도 함께 합산하기 때문에 객관성을 의심하지는 않는다.

또 한국 사람들이 생소해 하는 것은 재시험이 있다는 점이다. 핫하파쥬Examen de rattrapage라고 하는데, 아깝게 떨어진 학생들을 위한 제도다. 각 과목별로 20점 만점에서 10점 이상을 받으면 통과인데, 8점에서 9점 사이의 학생들은 재시험을 볼 수 있다. 이때의 재시험은 구술시험으로 진행된다. 또 바칼로레아는 수능처럼 딱 하루를 정해서 보지 않는다. 앞서 말했듯이 2학년 때 미리 보기도 하고, 통상적으로는 3월에 전공 2개 과목 시험을, 6월에 철학과 구술시험을 본다. 그러니당연히 바칼로레아 시험일이라고 해서 한국의 수능일처럼 교통을 통제해 주거나 하지 않는다. 오히려 비슷한 시기에 프랑스 오픈 테니스 대회가 있어서 학생들의 정신이 사나워진다.

바칼로레아 점수가 높으면
부르주아지?

프랑스에서는 인종에 대한 통계 수집이 금지되어 있다. 인종과 관련된 통계를 내어 이 인종은 이렇고, 저 인종은 저렇다는 식의 결론을 내리는 것 자체가 인종 차별이라는 이유에서다. 그런데 이를 우회해서 사람 이름으로 출신을 추측하는 통계를 낸 적이 있다. 바칼로레아에 합격한 사람들의 이름을 가지고 조사를 한 것이다. 조사 결과는 크게 두 가지로 요약할 수 있었다. 하나는 어떤 바칼로레아를 치느냐에 따라 이름의 경향이 다르다는 것이고, 다른 하나는 점수에 따라서도 다르다는 것이었다.

바칼로레아 코스에 따른 이름을 분석한 결과, 기술 바칼로레아 중 상업 계열에는 아랍 계통의 이름이 많았고, 간호 계열에는 여자 이름이 많았다. 또 기술 바칼로레아를 딴 학생들의 이름 중에는 전반적으로 미국식 이름이 많았다. 프랑스에서는 주로 저소득층에서 자녀들에게 미국식 이름을 붙인다. 왜 이런 현상이 나타날까? 저소득층 가족이 쉽게 즐길 수 있는 문화 콘텐츠가 TV에서 보여 주는 미국 드라마이기 때문이다. 때문에 이런 부모들은 '브랜든'이나 '딜런' 같이 '미드'에 나온

인물들의 이름을 따서 아이 이름을 짓곤 한다. 프랑스에서 미국식 이름은 가난하고, 상급 교육을 받지 못하고, 결과적으로 신분 상승을 하겠다는 야망조차 없는 사람들의 표상이나 다름없다. 반면 일반 바칼로레아를 딴 학생들의 이름에서는 '가랑스', '콘스탕스' 같은 전통적인 프랑스 부르주아 이미지의 이름이 많이 나왔다.

바칼로레아 점수로 이름을 분류해 보았을 때도 마찬가지 결과가 나왔다. 높은 점수로 통과한 학생들 집단에서는 부르주아적인 이름이, 낮은 점수를 얻은 집단에서는 다국적 이름이 나왔다. 인종 관련 통계는 금지되어 있고 이력서에도 집안 배경을 적지 않지만, 사실상 이름으로 그 사람의 환경을 추측할 수 있기 때문에 이름으로 인한 차별 역시 엄연히 존재한다.

프랑스에 저소득층 출신 정치인이 좀처럼 없는 이유

프랑스는 불평등이 심한 사회다. '사회적인 엘리베이터 ascenseur social'가 고장 났다는 표현을 자주 쓴다. 1980년대만 해도 공

그랑제콜 중 하나인 국립행정학교.
부유한 집안의 관료 출신 정치인의 산실이었다.

부를 잘하면 가족이 가난해도 좋은 직업을 얻고 괜찮은 지위를 손에 넣을 수 있었다. 하지만 이제는 계층 이동이 잘 일어나지 않는 사회가 됐다. 어떤 조사에 따르면, 계층 이동을 위해서는 7세대가 지나야 할 정도라고 한다. 한 세대를 30년 정도로 잡으면 대강 200년이 지나야 하는 셈이다. 이건 내가 아무리 열심히 해도 사회적 지위가 변할 정도의 큰 성공을 거두기 어렵다는 얘기다. 심지어 자식이나 손자도 아니고, 까마득히 먼 7대 후손에 가서야 계층 이동을 할 수 있다니. 이렇게 되면 사람들도 자신의 처지를 개선하고자 하는 의욕이 꺾여 버린다. 이건 꽤 큰 문제다.

프랑스 국회의 인적 구성만 살펴 봐도 이런 경향이 눈에 띈다. 국회의원 중에서 아버지가 공장 노동자로 일했던 경우, 그러니까 소위 '무산자의 자식'이 이제 많이 없어졌다. 그 대신 그랑제콜을 졸업한 엘리트 계층이 그 자리를 채우고 있다. 등록금이 거의 무상에 가까운 위니베르시테와는 달리, 그랑제콜은 학비도 매우 비싸고 긴 기간 동안 공부해야 하기 때문에 저소득층 학생들은 입학을 시도할 생각조차 못한다. 그만큼 저소득층 출신은 정치인이 되기 어렵다는 이야기다.

그랑제콜 중 '국립행정학교ENA'는 졸업하면 행정 관료가 될 수 있는 학교다. 그런데 이 사람들이 관료가 되지 않고 정치인이 되는 경우가 많다. 학교에서 인맥을 쌓으면 정계 진출이 쉽기 때문이다. 더구나 공무원들은 정치인이 되면, 나중에 임기를 마치고 그 자리에 그대로 돌아갈 수 있다. 당연히 별 부담 없이 출마할 수 있다. 상황이 이러니 좌파 정당인 노동당 안에도 부유한 집안 출신 정치인이 대부분이다. 이런 폐해 때문에 2019년 '노란 조끼' 시위 이후, 마크롱 대통령은 국립행정학교를 폐교하겠다는 방침을 내놓았다. 그러고는 실제로 2023년부터 공공서비스연구소INSP, Institut national du service public를 출범시키고, 국립행정학교의 기능을 이어받되 다양한 배경의 학생을 선발하도록 했다. 하지만 프랑스인들은 INSP가 국립행정학교의 이름만 바꾼 것은 아닌지 의구심어린 시선으로 바라보고 있다.

물론 소위 '개천에서 용이 난' 성공 사례가 전혀 없는 것은 아니다. 하지만 굉장히 드물고, 그런 사례가 한둘 쯤 있다고 해서 평등한 기회가 주어지는 사회라고 볼 수 없다. 무엇보다 심각한 문제는 가난한 가정에서는 아이가 아무리 공부를 잘해도 소용없다는 생각이 만연해 있다는 것이다. 보상이 주어지지 않으니 저소득층 학생들은 더욱 공부에 신경을 쓰지 않는다. 악순환인 셈이다.

한국에 살면서 살펴보니 프랑스가 한국보다 더 불평등한

사회인 것 같다. 한국 사람들은 동의하기 어려울지 모르지만 말이다. 물론 한국에도 사회 최상층과 최하층의 차이가 매우 크다. 하지만 이런 현상은 전 세계에서 동일하게 볼 수 있는 격차에 가깝다. 정말 문제가 되는 것은 '가운데'다. 한국에서는 공부를 열심히 하거나, 피나는 노력을 하면 아직은 어느 정도 계층 이동이 가능하다고 생각한다. 지향점도 뚜렷한 편이다. 학생들은 공부를 잘하면 좋은 대학에 가고, 그러면 아무래도 좋은 직업을 얻기가 쉬워진다.

프랑스에서는 그런 지향점이 분명하지 않다. 아주 예전에는 프랑스도 한국처럼 공부를 잘하면 성공할 수 있던 시절이 있었다. 하지만 이제는 능력주의 사회가 아니다. 실적이나 실력보다는 출신이나 집안 배경에 따라 사회적 지위가 결정되는 경향이 강하다. 그러니 공부를 열심히 할 동기가 없다. 좀 과장해서 예를 들자면, 석사까지 수료하고 맥도날드 매장에서 일할 수도 있다. 이런 사례를 실제로 보면서 자라다 보면, 노력할 의지조차 사라지게 마련이다.

정보 접근성에도 차이가 있다. 한국에서는 좋은 대학에 가려면 어떻게 해야 하는지도 뚜렷한 편이다. 하지만 프랑스는 대학에 가기 위한 방법만 해도 너무 많다. 게다가 이런 방법은 저소득층 가정에서는 알기 어려운 경우가 대부분이다.

나는 고등학교를 졸업해서 바칼로레아를 따고 대학에 가는, 소위 '정규 코스'에서 벗어난 방법으로 대학에 간 사람이다. 나는 학교를 다니기 싫어서 고등학교 2학년까지만 마치고 학교를 그만뒀다. 아버지께는 혼자서 바칼로레아 공부를 할 거라고 말씀드리고, 허락을 받았다. 그런데 사실 말만 이렇게 하고 공부를 하지 않았다. 이런 상태로 2~3개월이 지나자 아버지도 내가 미적거리고 있다는 걸 알아채셨다. 이렇게 할 거면 다시 고등학교로 돌아가라고 하셨는데, 그것만은 영 내키지 않았다. 결국 아버지 성화에 대학 입학 자격을 갖출 수 있는 다른 방법을 찾아보기 시작했다.

처음 시도한 것은 '법학 수료증capacité en droit'이라는 2년짜리 프로그램이었다. 이 프로그램을 이수하면 고등학교 졸업에 준하는 자격을 얻을 수 있는데, 대신 법과 관련된 전공만 선택해 대학에 입학할 수 있다. 사정상 바칼로레아를 따지 않은 채 취업해서 이미 일을 하고 있는 사람들이 많이 듣는 프로그램이었다. 직장인 수강생들이 많아서 평일 야간이나 토요일에 하루 종일 수업을 했다. 이 프로그램을 몇 달 정도 들었는데, 끝까지 이수하지 않고 취업했다.

1년 정도 일을 하다가 그만둔 후, 결국 DAEU Diplôme d'Accès aux Etudes Universitaires라는 코스를 이수해 대학에 들어

갔다. 이 코스는 만 24세부터 응시할 수 있는 교육 프로그램이다. 문과와 이과 두 코스로 나뉘어 있고, 교육을 받기 전에 시험을 봐야 한다. 시험 과목은 국어, 영어, 역사, 그리고 선택 과목까지 총 4과목인데, 이 시험 결과를 통해 수업을 얼마나 들어야 할지가 정해진다. 나는 6개월, 즉 한 학기 만에 이 코스를 마치고 대학에 입학했다. 이 코스를 이수하면서 같은 반에서 정말 다양한 배경의 사람들을 만날 수 있었다. 나 같이 고등학교를 중퇴한 또래 학생이 두 명 있었고, 그 외에도 연령대나 인종이 다양한 사람들을 만날 수 있었다. 나로서는 나쁘지 않은 경험을 했다고 생각한다.

내가 이렇게 다양한 시도를 할 수 있었던 이유가 있다. 우리 부모님은 두 분 다 교육계에서 일을 하신 분들이었기 때문에 교육 과정에 대해 잘 아셨다. 정보가 충분하니 다양한 방법을 알고 준비할 수 있었다. 하지만 이런 정보가 없는 사람들은 고등학교를 중퇴했을 경우 대학에 갈 수 있는 방법이 여러 가지라는 사실 자체를 모를 수도 있다. 결국 정보 접근성의 차이가 불평등을 심화시킨다.

고등학교 진학에서부터 차이가 나는 경우도 있다. 한국과 마찬가지로 프랑스에도 중등 교육 단계에서는 학군Carte scolaire이 있어서 가고 싶은 학교를 마음대로 고를 수 없고, 집에서 가까운 학교로 배정받는다. 이런 경우 저소득층 밀집 지역의 학교는 상대적으로 고소득층 지역보다 교육 수준이 떨어진다는 문제점이 생긴다.

그런데 학군 제도를 피할 수 있는 방법이 있다. 하나는 위장 전입이다. 또, 학생이 특별한 과목을 배우고 싶다고 신청하는 방법도 있다. 예를 들어 학생이 러시아어를 배우고 싶다고 하면, 러시아어를 가르치는 학교로 진학할 수 있도록 해 준다. 이런 희소 과목을 가르치는 학교는 몇 군데 안 되고, 주로 명문 학교다. 이런 식으로 학군제를 회피한다. 이사를 했는데 학생은 계속 다니던 학교를 다니고 싶어 할 때라든가, 형제자매가 다니는 학교에 진학하고 싶다고 해서 회피하는 방법도 있다.

이렇게 학군제를 회피할 수 있다는 정보 역시 부모가 어느 정도 교육 수준이 되는 가정에서 주로 공유된다. 저소득층에서는 이런 방법을 잘 모른다. 학군 조정까지도 정보 격차가 존재하는 셈이다. 한국과 상황이 비슷하다고 생각할 수 있는데, 프랑스의 실업률은 정말 높고 이민자들이 많아서 양상이 더 심각하다.

학생들의 목을 조르는
실업 문제

한국에서는 프랑스의 대학 교육 제도를 이상적으로 생각하는 사람들이 많은 것 같다. 학생들 대부분이 좋은 대학에 가기 위해 경쟁 속에 떠밀리는 한국 환경에서는 그렇게 여겨질 수도 있다. 하지만 모든 제도에는 허점과 부작용이 있게 마련이다.

프랑스에서는 바칼로레아를 따고 지원하면 누구나 대학에 들어갈 수 있었다. 앞서 말했듯이 학생을 골라서 뽑는 건 학생이 교육받을 권리를 침해한다고 생각하기 때문에, 별다른 선발 과정 없이 대부분 수용해야 했다. 물론 학생을 선별하는 학교도 있다. 그랑제콜을 준비하는 프레파 같은 사립 교육 기관은 독자적인 선별 과정 filières selectives을 거쳐 학생을 뽑는다. 그러나 대학은 기본적으로 학생을 선별하지 않았다 filières non-selectives. 그러다 보니 대학의 수용 정원을 넘어서 점점 학생 수가 늘어갔다. 당연히 대학 교육의 질은 떨어질 수밖에 없다. 교수와 일대일로 토론을 하거나 면접시험을 보는 일도 사라졌다. 수많은 학생들 가운데 끼어서 수업을 들어야 하니 학생들도 지칠 수밖에 없다.

결국 현실과 타협하는 기묘한 방법이 등장했다. 취업에 유리한 인기 전공들에 지원자가 몰리자 학생들을 선별하기 시작한 것이다. 프랑스 학생들에게 인기 있는 전공 중 하나는 체육이나 체육 교육 계통이다. 학생들에게 인기 있고 서류 작업도 적어 편하다는 이유다. 그 외에도 체육 코치나 강사, 스포츠 팀의 스태프 등 다양한 진로가 있어 취업에도 유리하다. 이런 전공들은 '선별하지 않지만 긴장 상태filières non-selectives en tension'에 있다고 본다. 이게 무슨 말이냐 하면, 학생을 선별하면 안 되지만 학생들을 너무 많이 받아들이면 제대로 된 수업을 진행할 수 없으니, 학생을 가려 뽑겠다는 의미다. 대신 시험에서 높은 점수를 받은 사람이 아니라, 지원자들 중에서 추첨하는 방식이었다. 대체로 성적이 가장 공정한 기준이라고 생각하는 한국의 사회 분위기에서는 경악할 만한 방식일지 모르겠다. 하지만 프랑스 기준으로는 그리 이상한 일은 아니었다. 성적으로 차별을 두는 건 '교육 기회 평등의 원칙'에 위배되기 때문이다.

마크롱 정부의 개혁은 이런 문제를 '해결'했다. 이제 인기 전공에 들어가려면 성적이 필요하다. 프랑스 입시 제도도 한국 이상으로 복잡하지만 결론적으로 말하자면 성적순으로 학생을 선발하는 방식으로 바뀌었다고 보면 된다. 입시 제도가 이렇게 격변했는데도 프랑스 사람들은 큰 관심이 없는 느낌이다. 교육에는 관심이 많지만, 입시 제도 말고도 신경 쓸게 너무 많아서라고 할까. 교사의 수나 질 같은 문제가 더 대중적인 이슈로 보인다. 입시는 그 나이대 자녀를 가진 학부모만 집중하는 문제라서 그런 것 같기도 하다.

선별을 하지 않는 전공들은 별 문제가 되지 않는다. 여기서도 인기 학과가 있는데 영어나 심리학, 역사 관련 전공들이다. 이런 전공들은 어떻게 보면 '관광객'처럼 배울 수 있는 것들이다. 대학 문화를 즐기면서, 자기가 하고 싶은 일을 결정할 때까지 가볍게 둘러보는 기분으로 배우는 사람이 많다. 이런 전공들은 사람이 많아도 강의 방식으로 수업을 할 수 있어서 입학 제한을 걸 필요가 없다. 그래서 1학년 때는 100명이 넘는 대강의도 흔하게 볼 수 있다.

하지만 이 모든 학생들이 바로 졸업을 할 수 있는 건 아니다. 프랑스 대학은 입학이 자유로운 대신, 다음 학년으로 넘어가는 게 어렵다. 학년을 거듭할수록 탈락하는 학생들이 많아져서, 3학년이 되면 수업 인원이 반의반으로 줄어든다. 낙오한 학생들은 다른 전공을 공부하기 위해 전과하거나, 아르바이트를 한다.

나는 일본어와 일본 문화를 전공했는데, 1학년 때 같이 수업을 들은 친구 중에 여러 전공을 전전하는 사람이 있었다. 법 전공을 하다가 실패하고 다른 전공을 시도했다가, 거기에서도 진급을 못하고 일본어를 공부하러 온 경우였다. 그런데 일본어 전공도 끝까지 마치지 못했다. 이런 식으로 전공을 탐색만 하는 학생들이 제법 있다. 고등학교 때까지는 억지로 공부를 하다가, 갑자기 독립해서 자율성이 주어지니 이런저런 시도를 하다가, 한 해 두 해 지나고 부모님이 이제 그만 졸업하라고 압박하면 어쩔 수 없이 정착하는 경우도 있는 것 같다.

이렇게 졸업생 수를 조절해도, 입학생 자체가 워낙 많아서 대학 졸업생은 계속 늘어만 간다. 결과적으로 학력 인플레로 이어진다. 졸업 이후에 학사 학위로 취업이 안 되니 석사 과정까지 하는 것이다. 하지만 석사를 따더라도 취업이 쉽지 않은 건 마찬가지다.

프랑스 대학의 독특한 점이 또 하나 있는데, 전공에 따라 다르긴 하지만 졸업을 하려면 기본적으로 현장 실습을 나가야 한다는 것이다. 주로 대학교 3학년이나 석사 과정 때 9~3월까지 수업을 받고, 4~9월에 3개월 혹은 6개월 코스로 실습을 나간다. 실습생들은 회사에 들어가서 주어진 일을 하고, 소논문을 써서 제출해야 한다.

실습은 인턴십과는 다르다. 프랑스에서는 인턴십을 '페리오드 데세période d'essai, 수습 기간'라고 부른다. 인턴십은 시범 고용 기간이나 마찬가지여서, 일을 하다가 문제가 없으면 정식으로 채용한다. 실습 역시 간혹 인턴십처럼 채용으로 이어지기도 하지만, 기본적으로는 그냥 경험을 쌓는 교육에 가깝다. 이렇게 실습이 일반적이어서 회사에서는 실습생들에게 월급도 주지 않았다.

결국 2005년, 이에 저항하기 위한 '제네하시옹 쁘헤케흐génération précaire, 불안정한 세대'라는 조직이 결성됐다. 이들은 흰 가면을 쓰고 거리로 나서 운동을 벌였다. 젊은이들이 한 사람 몫의 일을 하고 있는데 보수를 못 받거나 부족하게 받는 것은 정당하지 못하다는 게 이들의 주장이었다. 이 운동의 결과로 이제는 실습할 때 소액이라도 반드시 보수를 지급해야 한다. 보통 정상 월급의 30퍼센트 정도로, 약 400유로 정도를 지급한다. 이렇게 상한을 두는 이유는 회사가 악용할 여지가 있기 때문이다. 만약 최저 임금에는 미치지 못하지만, 어느 정도 생활이 가능한 수준의 보수를 줘도 된다면 어떻게 될까? 회사는 직원들을 대거 해고하고 실습생으로만 회사를 운영할 수도 있을 것이다.

프랑스 학생들에게 실습은 매우 중요하다. 워낙 취직이 안

되는 데다, 경험을 쌓을 수 있는 다른 방법이 없기 때문이다. 한국에서는 전공과 상관없는 분야의 직업을 얻기도 하지만, 프랑스에서는 그러기가 힘들다. 애초에 구직자가 너무 많아서 관련 전공자만 뽑아도 충분하다. 실업률이 높아진 지 오래돼서 회사의 눈은 하늘 끝까지 높아져 있다. 구직자를 뽑는 기준도 회사 마음대로다. 누구는 경험이 부족해서 탈락이고, 누구는 경험이 너무 많아서 탈락이다. 그러면서 완벽하게 준비된, 아무것도 가르칠 필요가 없는 인재를 원한다. 따로 인재 교육에 투자하기는 싫으니 넘쳐나는 인력 시장에서 원하는 인재를 쇼핑하는 느낌이다.

대학에 가는 것보다 좀 더 성공 가능성이 높은 그랑제콜에 가는 방법도 있다. 하지만 그랑제콜은 학비가 매우 비싸서 부모님의 지원이 없으면 다니기가 힘들다. 게다가 일반 대학의 학사 과정은 3년인데 비해 그랑제콜은 3~4년제이고, 입학 전에 프헤파에서 2~3년을 추가로 공부해야 한다. 결국 당장 수입이 필요한 가정이나, 5~7년간의 공부를 뒷받침할 여력이 없는 가정의 자녀는 다니기가 힘들다.

이외의 고등 교육 기관으로는 베테에스BTS, Brevet de Technicien Supérieur라는, 한국으로 치면 전문대와 유사한 코스가 있다. 베테에스는 2년 안에 졸업하고, 실용 과목을 주로 배운다. 출석도 부르는 등, 대학 분위기가 고등학교와 비슷하다.

베테에스 중에도 정말 들어가기 어려운 전공들이 있다. 이쪽에서는 입학시험이 가능하기 때문에, 경쟁률이 높은 과는 들어가기가 굉장히 어렵다. 내가 대학에 입학할 무렵에는 동영상 편집을 가르치는 학과가 인기 있었다. 동영상 편집이나 카메라 촬영 같은 건 전문 기술이고, 인기 있는 직업이었기 때문이다. 그래서 동영상 관련 학과에 입학하고 싶으면 과학 바칼로레아를 따고, 내신도 좋은 점수를 받아야 했다. 추가로 면접을 볼 수도 있다.

한국의 전문대는 일반 대학에 비해 저평가를 받는 것 같다. 하지만 베테에스는 꼭 그렇지는 않고, 전공에 따라 이미지가 다르다. 취직도 쉬운 편이고, 실용적인 걸 배우니까 인기가 있다. 베테에스 외에도 미술대학교les Beaux-Arts나 건축학교 등의 고등 교육 기관이 또 따로 있다.

한국인들의 교육 이민, 성공 가능성 높지만 …

한때 한국에서 프랑스로 원정 출산을 가는 경우가 있었다고 들었다. 아이에게 프랑스 국적을 줘서 훗날 프랑스의 교육 시스템 하에서 성장하길 바라는 것이라 했다. 그런데 과연 이러한 시도는 성공 가능성이 높을까?

물론 다른 일반 이민자들에 비하면 성공 가능성이 높다고 본다. 보통 이렇게 원정 출산을 갈 수 있는 사람들은 한국에서도 어느 정도 자산이 있는 사람들이고, 교육도 많이 받은 계층에 속할 것이기 때문이다. 사람에게는 저마다의 우선순위라는 것이 있는데, 이런 사람들은 우선순위가 자녀의 교육, 성공에 있기 때문에 2세가 성공할 가능성이 더 높다.

이런 경향 때문인지 프랑스 내에서는 아시아 이민자들 중에 성공한 사람들이 많은 것 같다. 다른 이민자 집단은 자녀 교육에 신경을 많이 쓰기 어려운 환경인 경우가 많다. 사회적으로 성공하기도 쉽지 않다. 이민자라고 해도 배경이 서로 다르기 때문에 생기는 차이다.

하지만 교육을 목적으로 한 이민이라 해도, 가족이 다 같이 가는 경우가 아니라 아이 혼자 보내는 것은 위험 부담이 크다고 본다. 성장기의 자녀가 부모와 떨어져 타지에서 혼자 생활을 한다는 것은 여러모로 어려움이 있다. 대학에서 일하면서 홀로 유학 생활을 하는 게 힘들어서 갈등을 겪었던 학생을 여러 명 볼 수 있었다. 이 친구들은 결국 다시 한국에 들어와 또 적응을 해야 하니 이중으로 고충을 겪어야 했다. 이런 경우는 '도박'이라고 생각하는데, 굳이 권할 만한 방법은 아닌 것 같다.

프렌치 폴리티쿠스

정치에
관심만 높다

프랑스인들은 정치에 관심이 많고, 정치 얘기를 많이 하는 편이다. 나이, 지위, 입장과 관계없이 자유롭게 정치 이야기를 한다. 오히려 서로 정치적 입장이 달라서 토론이 뜨거워지는 것을 즐긴다. 프랑스 사람들은 대부분 정치에 대한 자기 의견을 뚜렷하게 가지고 있다. 정치인들이 어떻게 해야 한다는 생각도 확고한 편이다.

그렇다고 꼭 토론의 질이 높은 건 아니다. 사람들이 자신의 의견을 뚜렷하게 내세운다고 해서 꼭 생산적인 토론이 된다는 보장은 없지 않나? 프랑스 말 중에 '바에서의 토론discussion de comptoir'이라는 표현이 있다. 바 카운터에서 술을 마시면서 자기 의견을 나누는 토론이라는 의미다. 한국의 술자리도 마찬가지겠지만, 이런 데서 오가는 이야기는 정리된 의견도 아니고 논리적이지도 않다. 그저 어디서 들은 얘기를 가지고 이런저런 의견을 얹을 뿐이다. 그래서 '바에서의 토론'이란 표현은 '생산적이지 않고 질 낮은 토론'을 의미한다. '바에서의 토론'이라는 말이 좋지 않은 의미로 사용되는 건, 신중한 사람들이 사기 의견을 아무렇게나 떠들지 않기 때문일 수도 있다. 어쨌든 얘기할 기회만 있다면, 프랑스인들은 정치나 정부 정책에 대해 자유롭게 의견을 밝힌다. 물론 좋은 점보다 불만을 얘기하게 마련이다. 프랑스 사람들은 불평불만이 많다는 이야기가 여기서 나왔는데, 프랑스인들도 대개 동의하는 편이다.

정치에 관심이 많다고 해서 현상을 깊게 분석하고 탐구할 수 있는 실력을 갖고 있다는 의미는 아니다. 정치를 화젯거리로 삼을 뿐이지, 깊은 고찰을 하는 사람은 많지 않다는 이야기다. 자신의 정치적 취향이나 편견에 따라 판단을 내리는 경우가 대부분이다. 결국 프랑스 사람들도 다른 나라 사람들과 근본적으로는 다르지 않다. 단지 자기 의견을 더 많이, 적극적으로 표현할 뿐, 정치 분석을 잘하는 것은 아니다. 사람들이 모이기만 하면 정치 얘기를 하니 이쪽 분야에 더 박식

파리의 어느 서점 앞에서 대화를 나누고 있는 노인들.

하다는 '이미지'가 있을 수는 있다. 대화 주제로 봤을 때 가장 자주 하는 게 정치 얘기일 정도니 말이다.

정치에 대한 관심과는 달리 선거 때 투표율은 상당히 낮다. 정말로 정치에 관심이 많다고 할 수 있는지 의문이 들 정도다. 정치에 염증을 느끼고, 지친 사람이 많아서 그런 것 같다. 이런 사람들은 옛날 노인들이 모이는 동네 바 같은 곳에 모여 있어 정치를 비판하면서도 정작 투표를 하러 가지는 않는다. 자신과 뜻이 비슷한 정당에 당원으로 가입하는 사람들도 흔치 않다. 이미 정치에 지치고, 상황이 더 나아질 거란 희망을 품지 않는 사람이 늘어나고 있다.

낮은 투표율은
불안정한 사회 탓

투표율이 낮은 배경에는 현재 프랑스의 국가적 상황이 좋지 않은 탓도 있다. 실업률이 높고, 직업이 있는 사람들도 '정규직'과 '그 외 나머지'로 나뉘고 있다. 정규직은 어쨌든 매달 고정적으로 월급을 받고 쉽게 해고를 당하지도 않지만, 예전에 비하면 일하는 환경이 열악해졌다. 더 큰 문제는 정규직이 아닌 일자리가 급격하게 늘어나고 있다는 점이다.

프랑스의 고용 형태는 정규직 CDI과 계약직 CDD, 임시직 Intérim, 자영기업가 Auto-entrepreneur로 나뉜다. 임시직은 인력 파견 회사를 통해 일시적으로 파견되는 고용 형태를 말한다. 주로 휴직자를 대체하거나, 급하게 단기간에 일할 사람이 필요한 프로젝트 등에 투입된다. 짧은 기간 동안 일하고, 휴가나 사원 복지 등 다른 혜택이 없는 대신 급여를 조금 더 받는다.

자영기업가는 니콜라 사르코지 대통령 때 처음 도입한 제도이다. 프랑스는 행정 절차가 아주 복잡하고 처리가 느려서 개인 사업자들이 사업체를 운영하기 힘들었다. 이를 개선하기 위해 사르코지 정부 때 자영기업가 제도를 도입해 행정 절차를 대폭 줄이고 운영을 쉽게 했다. 매출이 일정 액수 이하라면 누구든 자영기업가로 사업을 할 수 있도록 했다. 그 덕분에 학생이나 직장인들도 간단하게 부업을 시작했다. 세금도 적고, 행정 업무 부담도 줄고, 자기가 하고 싶은 일을 상대적으로 자유롭게 할 수 있게 되자, 자영기업가가 된 사람이 늘어났다. 내 친구는 이 제도를 이용해 작은 인형이나 액세서리를 만들어 인터넷에서 팔고 있다. 예전에는 이런 소규모 창업은 국가에 소득 신고를 하지 않는 경우가 종종 있었다. 하지만 이제는 자영기업가라는 지위를 통해 합법적으로 쉽게 사업을 벌일 수 있어 편리해졌다.

프랑스 사회에는 오래된 고정 관념이 하나 있다. 바로 '프랑스인은 사업가가 아니다'라는 것이다. 도전 정신을 가지고 사업을 하기보다는 누군가에게 고용되어 안정된 환경에서 직원으로 마음 편하게 일하는 걸 더 좋아한다는 의미다. 그런데 사영기업가 제도가 시행된 이후, 너도나노 등록을 해서 다들 놀랐다. 행정 절차를 간소화한 것만으로 이렇게 많은 사람들이 창업을 시도하나 싶을 정도였다. 어쩌면 그동안은 국민들이 창업을 원치 않을 거라는 고정 관념과 복잡한 행정 절차가 가능성을 막고 있었던 것인지도 모른다. 자영기업가의 장점을 맛본 사람들은 수입이 늘어나면 일반 회사로 전환해야 하는데 오히려 수입을 줄이더라도 지위를 바꾸고 싶어 하지 않았다. 그만큼 복잡한 행정 절차가 많은 사람들에게 스트레스를 준다는 증거였다.

그런데 이 제도를 기업이 악용하는 사례가 생겨나기 시작했다. 회사는 일반 정규직 직원을 고용하면 4대 보험이나 복지를 챙겨 줘야 하는 데다, 직원 수가 늘어나면 세금도 더 많이 내야 한다. 그런데 이런 자영기업가, 쉽게 말해 프리랜서와 계약을 하면 고용주와 직원이 아닌 사업자 대 사업자 계약이 된다. 그래서 이를 악용하는 기업들은 원래 있던 직원들을 해고하고 자영기업가를 고용하는 형태로 똑같은 일을 시킨다. 이런 식으로 자영기업가 제도가 불러온 부작용을 프랑스에서는 '우버화'라고 부른다. 택시업체에 직원으로 고용되어야 할 운전기사들이 '우버'라는 플랫폼에 개인사업자로 등록하는 경우와 비슷하기 때문이다.

나는 정치적으로 좌파라고 생각한다. 기본적으로는 북유럽처럼 세금을 많이 걷어 복지 제도를 강화해야 한다는 좌파들의 주장에 동의한다. 반면 경제적으로는 프랑스의 일반적인 좌파들과 생각이 좀 다르다. 프랑스에서 좌파라고 하면 보통 근로 계약서, 정년 보장, 사내 복지 등을 떠올린다. 하지만 나는 회사의 해고가 더 쉬워야 한다고 생각한다. 대신 국가가 실업자나 구직자를 확실히 뒷받침해 줄 수 있는 복지를 갖춰야만 한다. 해고된 사람들이 생활을 이어나가는 데 어려움이 없도록 말이다. '고용 유연성'보다는 '유연 안정성'을 주장하는 입장이다. 덴마크나 네덜란드 같은 나라가 이 모델을 따르고 있다. 이 생각은 국가가 나서서 기업이 직원들을 함부로 해고하지 못하도록 보호해 줘야 한다는 전통적인 프랑스 좌파들의 입장과는 사뭇 다르다.

2017년 당선된 마크롱 대통령은 회사가 노동자를 쉽게

2017년에 대통령에 당선된 마크롱은 기업이 해고를 쉽게 할 수 있도록 했지만,
노동자의 사회 안전망에는 신경 쓰지 않고 있다.

해고할 수 있는 방향으로 정책을 만들고 있다. 하지만 이를 뒷받침할 사회 보장 제도는 전혀 확충하지 않은 상황이다. 결국 현재 프랑스는 유연성을 추구하면서 안정성은 신경 쓰지 않고 있는 셈이다. 마크롱이 집권한 이후 실업률이 떨어졌다는 통계도 있다. 2022년 프랑스 대통령 선거는 마크롱의 노동 유연화 정책을 심판대에 올릴 수 있는 절호의 기회였다. 하지만 대통령 선거 직전에 러시아와 우크라이나 사이에 전쟁이 발발했고, 덕분에 마크롱은 자신의 노동 정책과 실업률에 대한 날카로운 평가를 받지 않은 채 은근슬쩍 재선에 성공했다.

가짜 뉴스가 판을 쳐도
정치인 사생활에는 무관심

사회경제적 상황이 불안정하니 프랑스에서도 가짜 뉴스나 음모론이 판을 친다. 2017년 대선에서 공화당 후보였던 프랑수아 피용의 지지율이 스캔들 때문에 추락했을 때도, 모두들 열심히 음모론을 펼쳤다. 언론조차 이런 흐름과 무관하지 않았다. 그래서 프랑스 사람들은 기자를 별로 좋게 보지 않고,

기사도 잘 믿지 않는 경향이 생겼다. 음모론을 연설에서 거론하거나, 가짜 뉴스로 선동하는 정치인들도 있다. 이런 정치인들은 자기 발언에 책임을 지지 않는다. 성숙하게 행동하지 않고, 마치 '불과 놀고 있는 사람jouer avec le feu, 주에 아벡 르 푀', 즉 불장난을 하는 사람처럼 군다.

음모론과 가짜 뉴스의 대두는 인터넷 언론이나 24시간 뉴스 방송국 때문에 강화되는 것 같다. 이들은 계속해서 기사를 만들어야 하니 항상 새로운 뉴스거리를 찾아 다닌다. 스캔들은 이들의 돈벌이 수단이다. 스캔들이 터지면 쉽게 흥미를 끌기 때문이다. 이들은 제대로 검증도 하지 않고 마구잡이로 퍼트린다. 나중에 그 스캔들이 사실이 아닌 것으로 밝혀지더라도, 해명 과정은 확산 과정에 비해 오래 걸린다. 그러면 이미 가짜 뉴스로 피해를 입은 사람의 이미지는 만신창이가 된 후다. 프랑스 역시 세계적으로 골칫거리가 되고 있는 이런 가짜 뉴스의 영향에서 자유롭지 못하다.

프랑스 사람들의 독특한 점 중 하나는 대통령이나 정치인의 개인적인 스캔들에는 크게 신경 쓰지 않는다는 사실이다. 한국이나 미국과는 확연히 분위기가 다르다. 정치인의 가족이나 사생활, 개인적 스캔들까지 모두 공개하는 것은 미국의 영향인 것 같다. 하지만 프랑스에서는 정치에 관심이 있는 사람들의 경우, 이런 사생활 고발 자체를 오히려 부정적으로 본다. 일만 잘하면 되지 개인사에까지 신경을 쓸 필요 없다고 생각하기 때문이다. 하지만 일단 잡지에 나오면 크게 이슈가 되고, 일종의 가십으로 소비된다. 프랑스가 미국처럼 변하고 있는 점 중 하나라고 볼 수 있다. 그렇긴 해도 아직 보통 프랑스 사람들은 국민들이 굳이 대통령의 부인이나 자식들에 대해 알 필요는 없다고 생각한다. 그래서 사적인 스캔들 때문에 지지를 철회하는 경우는 별로 없다.

공적인 비리나 부정부패라면 조금 얘기가 다르다. 좌파 정치인들의 경우, 비리가 발각되면 거센 비판에 직면한다. 다시 당선되기 어려울 정도의 타격이 뒤따른다. 하지만 우파의 경우는 매우 헐거운 도덕적 잣대를 적용받는다. 능력만 있으면 됐지 따로 돈을 좀 챙긴들 무슨 상관이냐는 식이다. 실제로 자크 시라크 대통령 당시 총리였던 알랭 쥐페는 2004년에 공금을 정치적 목적으로 사용한 혐의로 유죄 판결을 받았다. 하지만 겨우 몇 년 동안 선거에 출마할 수 없었을 뿐이었다. 이후 다시 돌아와 대도시인 보르도의 시장이 됐다. 희한하게도 우파 지지자들은 정치인의 도덕적 흠결에 매우 관대하다.

대리 투표 &
결선투표제

한국도 재외국민 투표가 있듯이, 프랑스에도 국외에 사는 프랑스인들을 위한 투표 제도가 있다. 그런데 몇 년 전 한국 사람들과 얘기하다가 재미있는 점을 발견했다. 한국에서는 '대리 투표'가 불가능하다는 것이었다. 내가 놀랍다는 반응을 보이자 한국 사람들은 당연한 것 아니냐고 되물었다.

프랑스에서는 대리 투표를 할 수 있다. 사전에 프랑스 대사관에 가서 대리 투표 의사를 밝히기만 하면 된다. 신청을 하면서 대리자를 지정할 수 있는데, 나는 주로 아버지나 큰형이 투표를 대신해 줬다. 이렇게 신청하면 대사관에서는 프랑스에 대리 투표인 명부를 보낸다. 선거 당일에는 투표소에 내 대리인이 방문한다. 그러면 그 대리인은 투표용지 두 벌을 받는다.

투표 방식도 한국과는 다르다. 한국은 투표용지 1장에 후보들의 이름이 쭉 나열되고, 원하는 후보 옆에 도장을 찍는 방식이라고 들었다. 하지만 프랑스에는 기표용 도장이 없다. 우리는 후보 각각의 이름이 적힌 종이를 여러 장 받고, 봉투한 장을 받는다. 그러니까 후보가 5명이면 총 5장의 종이를

프랑스의 투표자 카드.

받는 것이다. 기표소에 들어가서는 본인이 원하는 후보자의 이름이 적힌 종이만 봉투에 넣는다. 나머지는 그냥 버리거나 가지고 나온다. 봉투를 투표함에 넣고 확인 서명을 하면 투표 절차가 끝난다.

이때 주의해야 할 점은 봉투 안에 딱 1장만 넣어야 한다는 것이다. 여러 장을 넣으면 무효 처리가 되고, 종이에 뭔가 쓰거나 묻어 있어도 마찬가지다. 대도시에서는 종이 없이 전자투표를 하기도 한다는데, 나는 과연 그 집계를 믿을 수 있을지 의문이다.

프랑스에는 대통령 선거와 국회의원 선거, 지방 선거, 그리고 EU 의원 선거가 있다. 한국과는 EU 의원 선거만 다르고 나머지는 비슷하다. 사실 EU 의원 선거는 프랑스 사람들이 별 관심을 가지지 않아 투표율이 높지 않다.

프랑스에서는 일요일에 선거를 한다. 그래서 사람들이 투표에 참여하지 않고 그냥 휴일을 즐기기도 한다. 우리는 이를 두고 "낚시하러 자연에 긴다"고 이야기한다. 정치적으로 불만이 있어서 투표를 하지 않는 사람도 있겠지만, 그냥 단순히 날씨가 좋아서, 투표하기보다 놀러 나가기를 택하는 사람들도 있다. 뉴스에서는 싫어하는 정치인을 뽑는 것보다는, 그냥 좋은 시간을 보내러 외출하는 게 아닌가 분석하기도 한다. 그만큼 사람들이 정치에 염증을 느끼고 있다는 증거다.

2017년에 치러진 대통령 선거의 2차 투표 투표율은 약 74퍼센트로 1969년 이후 역대 최저였다. 2022년 대통령 선거에서는 2차 투표율이 약 71.9퍼센트를 기록해 역대 최저 기록이 다시 한 번 갱신됐다. 다른 나라 사람들이 프랑스의 대통령 선거 투표율만 본다면 낮지 않다고 느낄지도 모른다. 하지만 앞서 말했듯이 지속적으로 투표율이 낮아지고 있는 게 현실이다. 국회의원 선거의 투표율은 더욱 형편없다. 2012년 국회의원 선거의 2차 투표율은 55.4퍼센트, 2017년

2차 투표율은 42.6퍼센트였다.

싫어하는 정치인을 낙선시키려고 다른 후보에게 투표를 하는 적극적 행동도 안 한다. 다른 후보에게 표를 준다고 해도, 그 후보가 잘할 거라고 확신할 수도 없다. 정치인들에게 기대하지 않고, 희망을 가지지도 않고, 다 똑같다고 생각한다. 정치란 모두 일종의 연극이고, 그렇기 때문에 쓸 데 없는 관심을 기울여 힘을 빼고 싶지 않다는 사람이 많다. 이런 사람들이 국민의 40퍼센트 정도를 차지하고 있어서 점점 투표율이 낮아지고 있다. 우리는 자조적으로 이 사람들이 프랑스의 "제일 큰 당"이라고 말한다. 이런 배경을 안고 마크롱이 대통령이 된 것이다. 물론 당선될 때도 높은 지지율을 얻지는 못했다. 일단 투표율 자체가 높지 않아서, 기권표가 많아 당선된 것으로 알려졌다.

프랑스 선거가 한국과 확연히 다른 점은 결선투표제다. 1차 투표에서 과반의 지지를 얻은 후보가 없으면, 1위 후보와 2위 후보를 놓고 2차 투표를 진행한다. 프랑스 사람들은 보통 1차에서는 자기가 좋아하는 후보를 선택하고, 2차에서는 싫어하는 후보를 제거하는 방식을 택한다. 자기가 좋아하는 사람이 2차 투표까지 간다면 당연히 그 사람을 선택하지만, 그런 일이 항상 일어나지 않기 때문이다. 그러니 2차에서는 둘 중 싫어하는 후보를 떨어뜨리기 위해 다른 후보에게 투표하는 경향이 강하다.

나는 단 한 번의 선거로 당락을 결정짓는 방식이 좋지 않다고 생각한다. 프랑스처럼 결선투표제가 있는 게 좋다. 1958년 프랑스의 5공화국을 처음 연 샤를 드골 대통령은 '대통령으로 당선된 사람에게는 정당성이 있어야 한다'고 생각했다. 그래서 결선투표제를 도입했다. 결선투표제로 선거를 진행하면, 2차 투표에서는 기권표를 제외했을 때 적어도 두 후보 중 한 명은 무조건 50퍼센트가 넘는 득표율을 얻게 된다. 그 결과 당선된 후보가 '국민 과반수의 지지를 얻었다'는 정당성을 확보할 수 있다. 결국 지지율을 실제보다 부풀리는 과정이지만, 당선된 대통령은 어쨌든 그 정당성에 걸맞은 권력을 가질 수 있다.

반면 한국의 투표 제도는 정당성을 부여하기 힘든 방식인 것 같다. 한 번에 당락이 결정되다 보니, 처음부터 원하는 후보에게 투표할 수 없는 사람들도 분명 있을 것이다. 만약 자신이 '진짜' 지지하는 후보가 너무 적은 표를 얻을 것 같으면 갈등할 수밖에 없다. '진짜' 싫어하는 후보를 당선되지 않게 하려고 지지 후보를 포기하고 차선을 선택해야 할 수도 있다. 결선투표제로 투표가 두 번 이뤄지면 이런 문제를 그나마 완화시킬 수 있다.

요즘 들어 프랑스 사람들도 이런 '전략적 투표vote utile'의 필요성을 느끼고 있다. 최근 프랑스 정계에 과격한 극우파가 득세했기 때문이다. 극우파는 약 20~25퍼센트 정도의 확고한 지지층을 기반으로 하고 있다. 이 때문에 별일 없으면 2차 투표까지 올라갈 확률이 높다. 그래서 요즘 2차 투표는 '극우파 vs 다른 후보' 구도가 굳어져 가고 있다. 그 탓에 우리도 1차부터 전략적으로 투표를 해야 하는 게 아닌가 하는 의견이 나온다.

극우파가 지지층을 굳히면서 투표 경향도 바뀌었다. 2차 투표에서 극우파의 당선을 막기 위해 나머지 후보에게 투표하는 것이다. 실제로 해당 후보에 대한 지지 여부와 상관없이 말이다. 마크롱이 바로 이런 식으로 당선된 대통령이다. 결국 결선투표제의 장점이 사라진 것이나 다름없다. 그래도 프랑스 사람들은 그나마 결선투표제가 있기 때문에 극우파가 대통령이 될 가능성이 적다고 생각한다. 두 번의 투표가 안전장치가 되어 준다는 느낌이랄까? 만약 한 번만 투표해서 선거 결과가 나온다면 어떻게 투표해야 할지 몰랐을 것같다.

우파 대통령 치하
20년 세월

2002년 대선은 프랑스 사회의 전환점이었다. 당시 극우 정당인 국민전선의 후보 장마리 르 펜이 2차 투표까지 올라가면서 많은 프랑스인들이 충격에 휩싸였다. 극우파가 2차 투표까지 올라간 적은 처음이었기 때문이다. 함께 올라간 또 다른 후보는 당시 대통령이자 우파인 자크 시라크였다. 프랑스는 대통령의 연임이 가능하고, 시라크는 첫 번째 임기를 마쳐 가는 상황이었다. 결국 결선투표에 우파와 극우파가 올라간 꼴이었다. 그때는 둘 중 누구도 고르기 싫었지만, 공화국을 위해 어쩔 수 없이 시라크에게 투표하는 사람이 많았다. 시라크는 첫 재임 기간 동안 너무 많은 거짓말을 한 것이 밝혀졌기 때문에 그를 지지하는 사람들은 많지 않았다. 그래서 1차 투표에서도 19퍼센트의 지지율만을 기록했을 뿐이었다. 역대 최저 1위 지지율이었다. 그런데 2위를 극우파인 르 펜이 차지하는 바람에, 프랑스 유권자들은 극우파 아니면 거짓말쟁이를 뽑아야 하는 상황이 됐다. 당시 프랑스 사람들은 "코를 쥐고 투표하라"고 말했다. 그래도 르 펜이 당선되게 놔둘 순 없으니, 냄새나는 걸 참고서라도 시라크에게 투표하라는 의미였다.

2002년 프랑스인들은 대통령으로 극우파 르 펜보다는
'거짓말쟁이' 자크 시라크(가운데)를 뽑는 게 낫다고 생각했다.

나도 그때는 고민을 좀 많이 했는데, 결국 시라크에게 표를 던졌다. 하지만 시라크가 당선된 이후 진행된 정책들은, 시라크에게 표를 줬던 좌파 시민들의 의견을 깡그리 무시하는 것이었다. 자신의 정치색과는 다른 의견이라고 하더라도, 고민 끝에 자신에게 표를 준 사람들의 의견을 들으려는 노력은 하나도 하지 않았다. 그때의 악몽 때문에, 나는 지난 2017년 대선에서는 마크롱에게 표를 주지 않고 기권했다. 개인적으로는 르 펜의 딸인 마린 르 펜이 대통령이 될 수도 없고, 되더라도 그런 결과가 나오면 오히려 혁명이 벌어질 테니 괜찮을 거라고 생각했다.

시라크 이후로도 우파인 니콜라 사르코지가 대통령이 되면서, 거의 20년에 가까운 세월 동안 우파가 정권을 잡아 서민 입장에서는 힘든 시기가 지속됐다. 그다음은 중도 좌파라고 할 수 있는 프랑수아 올랑드가 집권을 했는데, 그 역시 평가가 좋지 않다.

다른 나라 사람들과 얘기해 보면 프랑스 사람들 다수가 좌파 성향을 가지고 있다고 생각하는 것 같다. 하지만 실제 다수를 차지하는 건 '말하지 않는 우파'다. 보수 성향을 띠고 있지만, 의견을 표현하지 않을 뿐이다. 그래도 젊은 사람 중에는 좌파가 많은 편이지만, 프랑스는 고령화가 진행된 '늙은 나라'이기 때문에 전체적으로 보수의 나라가 됐다. 나이가 많은 사람들은 이미 가진 것이 많고, 자기 손에 쥔 것을 잃을까봐 우파를 지지한다. 젊었을 때는 좌파를 지지했다가도 나이가 들면 변하기도 한다. 2007년에 사르코지를 뽑았던 사람들도 주로 나이가 많은 은퇴자들이었다.

비례 대표가 없는
프랑스 국회

국회의원 선거인 총선은 한국과 다른 부분이 많다. 일단 프랑스 국회는 상원과 하원으로 나뉘어 있다. 한국 사람들에게 익숙한, 국민이 직접 뽑는 의원은 하원 의원이라고 생각하면 된다. 반면 상원은 간접 선거를 통해 구성된다. 상원 의원들은 각 지역의 시장, 지방 의원, 하원 의원 등으로 구성된 선거인단에 의해 선출된다. 그래서 국민들도 관심을 크게 갖지 않고, 상원의 권한도 약하다.

　한국처럼 상·하원이 나뉘어 있지 않은 나라에 사는 사람들은 대체 상원의 역할이 뭔지 궁금해 한다. 사실 상원도 하원처럼 법안을 제출하고 의결하는 권한을 가지고 있다. 일단 법안이 제출되면, 상·하원이 서로 그 법안을 검토하고 조사하며, 수정하는 과정을 거쳐서 의결한다. 덕분에 법안이 상·하원을 오가느라 통과까지 시간이 좀 오래 걸린다.

만약 이 절차가 너무 소모적이고, 법안을 도입하는 게 시급하다면 정부가 특별한 방법을 사용할 수 있다. 바로 해당 법안의 표결을 하원에만 부치는 것이다. 이 경우 정부가 추진한 법안에 반대가 너 많으면 정부가 해산된다. 어떻게 보면 정부를 얼마나 신임하는지를 확인하는 재신임 표결이라고 볼 수 있다. 이 때문에 하원에만 표결을 부치는 행위가 민주주의적인 방법이 아니라는 비판도 있다. 협박이나 마찬가지라는 것이다. 프랑스는 2000년 헌법 개정을 통해 대통령의 임기가 7년에서 5년으로 바뀐 이후, 대통령 선거 직후에 총선으로 하원의원을 뽑게 됐다. 당연히 하원에는 대통령 소속 정당의 의원이 다수인 경우가 보통이다. 따라서 이 방법을 쓰면 정부의 이미지에 타격을 입기는 하지만, 안전하게 법안을 통과시킬 수 있다.

이렇게 보면 상원은 예산만 낭비하고 별 쓸모가 없다고 생각할 수도 있다. 드골 대통령도 상원을 없애려고 국민 투표를 시도한 적이 있다. 하지만 당시에는 드골을 반대하는 민심이 더 컸기 때문에 결국 실패했다.

프랑스 국민의회 의사당.

재미있는 것은 원래는 상원이 좀 더 보수적이었는데, 2000년대에 들어서면서 좌파 성향의 의원이 많아졌다는 점이다. 앞서 말했듯이, 대선과 총선은 보통 같은 성향으로 투표를 한다. 대통령이 좌파면 좌파 하원이, 우파면 우파 하원이 만들어지는 셈이다. 그런데 만약 정부와 의회가 국정을 잘 운영하지 못하면 여기서 생긴 불만을 2년 뒤 지방 선거에서 푼다. 그러다 보니 정부와 지방 의회는 대체로 반대 성향을 띠게 된다. 상원은 이런 지방 의원들이 모여서 선출하기 때문에, 결국 상원은 정부와 반대 성향을 띠는 것이 보통이다. 상원은 입법 말고도 정부 조치에 대한 감시, 보고서 작성 등을 하기 때문에 자연스럽게 정부를 견제하게 되고, 정부의 독주를 막는 안전망 역할을 톡톡히 하고 있다.

또 한 가지 한국의 총선과 다른 점은, 프랑스 총선에는 비례대표제가 없다는 것이다. 지역구 의원만 있다. 여기에도 결선투표제가 적용된다. 대선과는 약간 룰이 다르지만, 기본 틀은 비슷하다. 1차 투표에서 총 투표 수의 50퍼센트 이상, 그리고 동시에 총 유권자 수의 25퍼센트 이상의 지지를 받는 후보가 있다면 바로 당선된다. 그렇지 않을 경우는 총 유권자 수의 12.5퍼센트 이상의 지지를 얻었거나, 득표율 상위 2명에 오른 후보를 놓고 2차 투표를 한다. 2차 투표에 3명 이상의 후보가 오르게 되는 경우에는, 하위권의 후보가 비슷한 성향의 후보를 지지하면서 사퇴하는 경우도 있다.

지방 선거에는 비례 대표 제도가 있다. 시 의원과 지방 의원은 단독 출마가 아니라 '리스트'라고 하는 팀을 꾸려서 후보 등록을 한다. 만약 해당 후보자가 당선되는 경우, '리스트'에 이름이 오른 팀 전체가 의원이 된다. 어떻게 보면 선거에서 2등을 한 후보는 1등을 한 후보의 리스트 안에 들어 있는 사람들보다 더 많은 지지를 받았으니, 그 사람이 의원으로 활동을 해야 한다고 생각할 수도 있다.

이 제도에는 장점이 있다. 서로 성향이 비슷한 의원들이 모여 지역 정책을 맡을 수 있어서, 정책 추진이 쉽고 잡음이 없다. 사실 4공화국 때는 이렇게 일이 순조롭게 진행되지 않았다. 항상 내각이 바뀌고, 정부를 새로 구성해야 하는 일이 잦았다. 하지만 지금은 5년 동안 대통령과 같은 당의 국회의원들이 여당이 되고, 합의를 미리 한 리스트의 지방 의원들이 선출된다. 덕분에 그때와는 비교할 수 없이 정책 추진력이 좋아졌다.

물론 선거 제도에 문제가 있어 국민들의 의사가 제대로 대표되지 못한다는 의견도 지속적으로 제기되고 있다. (이 때문에 마크롱 대통령은 2017년 대선 때 선거 제도를 개혁하겠다는 공약을 걸기도 했다. 하지만 2022년 대선이 될 때까지 이 공약을 이행하지 않았다.) 실제로 국회 구성을 보면 프랑스 사람들의 성향을 적절하게 반영하고 있는 것 같지는 않다. 극우파나 극좌파가 대선에서는 25퍼센트 정도의 비중을 차지하고 있는데, 국회에서는 겨우 3퍼센트 정도만 차지하고 있다. 이런 결과가 늘 반복되니 국민들은 어차피 자기 의사가 제대로 반영되지 않을 것이라 생각해서 두표를 포기한다.

기본적으로 대통령의 소속 정당에 속해 있으면 국회의원에 당선되기도 쉽다. 하지만 이런 식으로 당선되고 나면 대통령의 의도를 거스르는 목소리를 내기가 쉽지 않다. 애초에 대통령의 후광을 업고 당선됐기 때문이다. 결과적으로 대통령과 정부가 막강한 권한을 가지고 휘두르며, 국회의원은 그 의도대로 움직일 수밖에 없는 구조이다.

"강력한 중앙 집권이 평등을 불러온다"

한국 사람들은 바로 옆에 일본이 있어서 그런지, 일본이나 영국처럼 입헌 군주제이면서 의원 내각제인 시스템에는 그럭저럭 익숙한 것 같다. 그러니까 상징으로서 왕이 있고, 대통령 없이 총리가 국무를 전담하는 시스템 말이다. 그런데 프랑스처럼 대통령도 있고 의원 내각제의 총리도 있는 정치 시스템은 낯설어하는 것 같다. 프랑스의 대통령과 총리는 한국의 경우와 무엇이 다르냐는 질문을 종종 받는다.

프랑스에서 대통령은 마치 왕처럼 국가가 나아갈 방향, 그러니까 비전을 제시하는 사람이다. 그러면 그에 맞춰 총리가 국정을 수행한다. 말하자면 국정의 실무선에서는 대통령에게 많은 권한이 주어지지는 않은 셈이다. 국가 운영의 세세한 부분을 일일이 신경 쓰는 것은 대통령의 역할이 아니다.

현재 프랑스 대통령은 5년 임기로, 1회에 한해 연임할 수 있다. 예전에는 대통령 임기가 7년이었고, 무한정 연임할 수 있었다. 그러니 장기적인 계획을 가지고 국가를 이끌어 갈 수 있었다. 드골 대통령이 처음 헌법을 만들 때 이렇게 분리된 역할을 염두에 두고 대통령과 총리의 역할을 나눈 것이 지금도 이어지고 있다.

총리의 선출 방식도 다르다. 프랑스에서는 대통령의 소속 정당인 여당이 국회 의석을 가장 많이 차지하면, 한국처럼 대통령이 총리를 임명한다. 하지만 야당이 다수당이 되면 야당 대표가 총리가 된다. 이런 상태를 '코아비타시옹cohabitation, 동거 정부'라고 부른다. 처음 동거 정부가 생긴 것은 미테랑 대통령 임기 중이었던 1986년이었다. 당시 정부는 좌파 성향이었는데, 총선에서 우파 국회의원이 다수를 차지하면서 자크 시라크가 총리가 됐다. 이후 1995년에 대통령으로 당선된 바로 그 시라크다. 이전까지는 이런 사태가 생기면 내통령이 사퇴를 해야 한나고 생각했다. 총선을 통해 국민들이 정부의 정책에 강한 불만을 표시한 것이기 때문이다. 하지만 미테랑은 물러나지 않았다. 대신 헌법에 정해진 대통령 고유의 권한, 즉 군대와 외교 쪽에 더 힘을 기울였다. 이런 방식이 호응을 얻었는지, 1988년에 치러진 대선에서는 미테랑이 시라크를 이기고 연임에 성공했다. 이후 프랑스에는 종종 '동거 정부'가 들어섰다.

솔직히 말하면, 프랑스 사람들이 동거 정부 상태를 좋아하는 것 같다. 뭔가 균형을 잘 맞춘 느낌이라고 하면 이해가 될까? 너무 한쪽 의견에만 치우치지 않고, 다양한 의견을 수렴할 수 있는 구조라고 생각한다. 하지만 이제는 동거 정부가 생기기 어려워졌다. 대통령의 임기가 5년으로 줄면서 총선과 같은 해에 치러지게 됐기 때문이다.

이렇게 임기가 줄어든 것은 시라크 대통령 때부터다. 2002

프랑수아 미테랑 대통령. 1981년부터 1995년까지 집권했다.

년에 시라크 대통령은 이미 7년의 임기를 마친 상태였다. 그는 재선에 성공해서 연임하고 싶었지만, 국민들이 자신이 7년 더 대통령직에 있는 걸 좋아하지 않는다고 생각했던 것 같다. 그래서 대통령 임기를 5년으로 줄였고, 당시 국민 대다수가 동의했다. 임기를 줄이는 게 좀 더 현대와 맞는 리듬이라고 생각했기 때문이다. 그러면서 총선도 대통령 선거 직후에 치르게 됐다. 결국 대통령 선거 때의 여론이 거의 그대로 총선으로 이어졌다. 어쨌든 대통령으로 뽑아 놓았으니 할 수 있는 만큼 밀어주고 어떻게 할지 지켜보자는 생각이 커졌다. 자연스럽게 대통령과 의회 다수당이 일치하게 되면서, 이제는 동거 정부가 생기기 어렵게 됐다.

이렇게 제도가 바뀐 이후로 대통령이 좀 더 총리처럼 행동하고, 사소한 일에도 관여하는 경향이 생겼다. 원래라면 총리가 장관들과 실무를 처리하고, 대통령은 임팩트 있는 큰일만 주도했다. 프랑스 헌법상 총리는 정부를 총괄하는 권한을 가지고 있다. 그래서 총리와 장관들이 실질적으로 정부를 운영한다. 대통령이 정부의 의사 진행에 반대를 해도 막을 수 없다. 하지만 이제는 대통령과 총리가 한 팀처럼 움직인다. 사실 프랑스 국민들은 대통령의 임기를 줄인다고 했을 때 이렇게 대통령과 총리가 가까워질 것이라고 미처 생각하지 못했다.

　프랑스 사람들은 대통령이 일반 국민들보다 위에, 정확히 말하자면 '싸움을 초월해서 au-dessus de la mêlée' 있어야 한다고 생각한다. 중세 시대 전쟁이 벌어지면 사람들은 진창 속에서 마구 섞여 싸웠다. 이럴 때 전장 한가운데 있으면 한 치 앞밖에 볼 수 없다. 그래서 왕은 높은 곳에서 상황을 조망하면서 초연하게 큰 그림을 봐야 했다. 대통령 역시 이런 위치여야 한다는 뜻이다. 또 '메레 mêlée'라는 단어에는 럭비 경기의 '스크럼'이라는 뜻도 있는데, 공을 사이에 두고 대치하는 상황을 말한다. 결국 대치 중인 혼란스런 상황만 근시안적으로 보지 않고, 넓고 멀리 보는 관점을 유지하라는 의미다. 사르코지 대통령은 본인이 직접 싸움의 한가운데로 뛰어드는 성향이었다. 멀리 보지 못하고 코앞만 바라본다는 느낌을 줬다. 프랑스 사람들은 상황을 한눈에 파악하고 적절한 조치를 내리는 지도자를 원한다. 직접 싸움에 뛰어들어 손에 흙을 묻히는 건 프랑스인들이 원하는 지도자상이 아니다. 하지만 이렇게 직접 나서는 사르코지나 카리스마가 부족한 올랑드 대통령은 그 기대에 부응하지 못했고, 덕분에 대통령의 이미지 자체가 예전에 비해 낮아졌다. 그래서인지 마크롱 대통령은 이를 극복하기 위해 마치 왕 같은 이미지를 주려고 노력하고 있다. 이런 성향 때문에 "프랑스 사람들은 혁명 때 왕의 머리를 잘라 놓고, 공화국에서는 왕을 원한다"는 얘기를 듣는다.

한국에서는 '제왕적 대통령제' 이야기를 하면서 대통령에게 권한이 많다는 문제 제기를 하는 것과 달리, 이제 프랑스는 동거 정부가 탄생하기 어렵게 되면서 의도하지 않게 자신들이 원하는 대로 강력한 대통령제 국가가 됐다. 대통령 권한의 확장은 자연스럽게 강력한 중앙 집권 체제를 불러왔다. 프랑스 사람들은 일반적으로 중앙 집권 체제가 평등을 불러온다고 생각한다. 국민 모두에게 똑같은 법이 적용되고, 누구나 똑같은 대우를 받으니 말이다. 역사적으로 프랑스는 오랫동안 통일되지 않은 나라였고, 왕이 있어도 지역마다 영주가 따로 있었다. 그래서 자기가 사는 지역의 영주가 누구냐에 따라 서로 다른 제도를 따라야 했다. 하지만 1 공화국을 구성하는 혁명이 일어난 후 사람들의 인식이 바뀌었다. 전국의 국민들은 똑같은 제도 아래 있어야 한다는 생각이 굳어졌다. 물론 중앙 집권 체제의 장점만 있는 것은 아니다. 국민들의 사정을 잘 알기 위해서는 가까이서 그들의 생활을 들여다봐야 하는데, 그렇게 하기 어렵다는 단점도 있다.

이를 보완하기 위해 지역 의원을 뽑는 등 지방 자치가 시행되고 있기는 하다. 하지만 행정 구역이 제대로 개편되지 않아 문제가 생기기도 한다. '레지옹Région'과 '데빠흐트망Département'이 바로 그런 경우이다. 레지옹이 가장 단위가 큰 지방 행정 구역이고, 여러 개의 데빠흐트망으로 쪼개지는 구조다. 레지옹은 옛날부터 있던 지역 구분이고, 데빠흐트망은 혁명 이후에 생겼다. 그런데 레지옹과 데빠흐트망의 의회가 따로 있어서 뽑아야 하는 의원 수가 늘어나고 운영비도 이중으로 들게 됐다. 오래 전부터 이 문제를 해결하기 위해 지방 의회를 간소화하자는 얘기가 나왔지만, 쉽게 개편이 이뤄지진 못하고 있다. 간소화를 한다는 건 결국 의원 수가 줄어든다는 얘기다. 그럼 자기 자리가 걸린 의원들은 반대를 할 수밖에 없다. 의원이 많으면 그만큼 민생에 더 많이 신경을 쓸 테니 좋은 거 아니냐는 의견도 있다. 하지만 '사공이 많아서' 의사 결정이 느려진다는 부작용도 있다.

한국도 중앙 정부의 힘이 굉장히 강한 나라 중 하나다. 서울 중심으로 정책이 돌아가는 모습이 프랑스와 비슷하다. 사고방식이 비슷하다고나 할까? 프랑스는 중앙 정부가 강한 권한을 쥐고 있지만, 지방에 제대로 지원을 해 주지 않고 책임을 유기하는 경향이 강하다. 모든 게 파리 중심이다. 나는 종종 "프랑스는 파리의 리듬으로 살고 있는데, 파리는 프랑스의 리듬으로 살지 않는다"는 말을 한다. 파리는 지방 없이도 자체적으로 운영이 가능하고, 지방의 의견을 신경 쓰지 않는다는 말이다. 이렇게 말하면 대부분의 사람들이 동의한다. 국가적으로 바람직한 현상은 아니다.

간단 요약한
프랑스 좌우파의 현주소

프랑스는 1958년에 제5공화국 헌법이 채택됐고, 1959년에 샤를 드골이 5공화국 첫 대통령으로 취임했다. 그가 처음 취임했을 때는 대다수의 국회의원들이 거부감을 드러냈다. 드골은 원래 제1, 2차 세계 대전에서 활약했던 군인이다. 군인 출신이 대통령이 되었으니 독재자가 되지 않을까 하는 우려가 많았다. 취임 당시 일흔 살에 가까웠던 드골은 "내가 이 나이에 무슨 독재자가 되겠냐"면서 여론을 달랬다. 자신은 독재를 하기 위해서가 아니라, 프랑스를 위해 뭔가 하고 싶을 뿐이라고 말이다.

　1900년대 초 총리 겸 내무장관이었던 조르주 클레망소는

좌우를 가리지 않고 존경을 받고 있는 샤를 드골 대통령.

"묘지는 없어서는 안 될 사람들로 가득하다"라는 말을 했다. 우리는 늘 어떤 사람이 "없어서는 안 될", "꼭 필요한" 사람이라고 주장하지만, 그 사람들이 죽고 난 다음에는 늘 그들을 대신할 사람이 생겼다는 말이다. 나 역시 이 말에 동의하지만, 드골 같은 사람이 흔치 않은 것 역시 사실이다. 드골 대통령 재임 당시에는 여론이 좋을 때도 나쁠 때도 있었지만, 지금은 프랑스 사람들 대부분이 그를 좋아한다. 좌파든 우파든 상관없이 말이다.

드골은 프랑스가 제2차 세계 대전 이후에도 나름의 역할을 하고 위상을 보전할 수 있게 만든 장본인이다. 프랑스 사람들이 좋아하는, 큰 그림을 그리고 비전을 제시하는 대통령의 역할을 정확히 수행한 대통령이기도 했다. 그리고 항상 프랑스가 국제 무대에서 독립적인 위치를 확보할 수 있도록 노력했다. 유럽 중심이었던 세계의 권력 질서가 미국 중심으로 재편되면서 미국은 끊임없이 유럽을 압박해 왔다. 드골은 여기에 굴하지 않고 북대서양조약기구North Atlantic Treaty Organization, NATO 에서 탈퇴하는 등 주체적인 활동을 이어 갔다. 무엇보다 청렴하고 사생활도 깨끗해서 스캔들이 없었다. 관저인 엘리제궁의 전기 요금이나 가스비도 직접 내고, 운영비도 최대한 검소하게 사용했다. 이런 모습 때문에 항상 자

프랑스 대통령의 공식 관저 엘리제궁.

신보다 프랑스를 먼저 생각하는 지도자란 느낌을 줬다. 우파이기는 하지만, 서민 생활에도 많은 관심을 기울였다. 지금까지도 프랑스 국민들에게 사랑받는 지도자로 남은 비결은 바로 이런 모습 때문이다.

하지만 드골을 제외한 다른 우파 대통령들은 이렇게 좋은 이미지를 주지 못했다. 대표적인 예가 바로 니콜라 사르코지 내동링이나. 사르코시는 사치를 하고 허세를 부리는 타입이었다. 보수적인 사람들도 이런 타입은 꺼린다. 프랑스에서는 사회 분위기상 돈 얘기가 일종의 금기에 가깝다. 부르주아지들도 가톨릭 전통이 깊어서, 사치를 하거나 부를 자랑하는 것을 좋게 보지 않는다. 무엇보다도 이런 행동이 센스가 없고 우아하지 못하다고 여긴다. 게다가 우파들은 주로 엘리트들로 부유한 사람이 많은데, 너무 일반 서민들과 동떨어진, 부유한 생활을 하는 모습을 보여 주면 국민들의 분노를 살 수 있다고 우려한다. 그래서 자신의 부유함을 드러내지 않는 것을 일종의 예의나 교양처럼 생각한다. 항상 겸손하고 소박하게 행동하고, 화려한 것은 피하려고 한다. 귀족들이 혁명으로 단두대에 섰던 역사를 잘 알고 있기 때문에 더욱 조심하는 것일지도 모른다.

사르코지의 행동은 정반대였다. 그는 당선되자마자 바로

'르 푸케츠Le Fouquet's'라는, 샹젤리제에 있는 초특급 레스토랑에 가서 연예인들과 축하 파티를 벌였다. 그다음에는 프랑스 재벌 뱅상 볼로레Vincent Bolloré와 요트에서 사흘 동안 휴가를 보냈다. 대기업 기업인과 연결되어 있다는 걸 대놓고 과시하니 당시에는 큰 논란거리가 됐다. 사르코지를 지지한 사람들도 결국 부자들이긴 했지만, 그의 이런 행보를 보면서 '누보 리슈nouveau riche, 졸부' 같다며 혀를 찼다. 프랑스에서는 갑자기 부자가 된 졸부들은 사치를 하고 허세를 부린다는 인식이 있다. 그래서 우파 내에서도 비판 여론이 높았다. 프랑스인들은 사르코지를 '요란한 대통령président bling bling'이라고 불렀다. 남들을 이끄는 리더가 아니라, 깡패나 래퍼 같은 이미지라는 것이다.

대통령 임기를 10년으로 제한한 것도 사르코지였다. 그는 연임을 한 번만 허용해서, 총 10년이면 충분하다고 주장했다. 원래 프랑스는 대통령 임기에 제한이 없었다. 국민들이 원하면 언제까지고 계속 대통령직에 있을 수 있었다. 나도 어렸을 때는 미국 대통령들에게 연임 제한이 있는 것을 보고 정말 말도 안 된다고 생각했다. 좋은 지도자가 있는데 연임 제한에 걸려서 국가를 위해 일할 수 없다면 너무 아깝지 않은가? 그 사람이 일을 아무리 잘해도, 국민들이 아무리 원해

리더가 아니라 래퍼 이미지가 강한 사르코지 대통령.

도 대통령이 될 수 없다니 이상했다.

그런데 사르코지는 무제한으로 연임을 허용한다면, 오로지 장기 집권하는 데 신경을 써서 당장 국민 생활을 보살피는 데는 신경을 안 쓸 것이라는 논리를 내세웠다. 사실 이런 그의 논리가 말이 안 된다는 의견도 많았다. 5년씩 2회, 10년으로 임기를 제한하면, 오히려 두 번째 임기에는 어차피 더 이상 대통령을 할 수 없으니 더 마음대로 할 가능성도 충분히 있다고 지적했다. 내 생각에는 사르코지가 미국에 환상을 가지고 있어서 미국 제도를 따라한 것 같다. 어쨌든 제도는 바뀌었고, 지금은 프랑스 사람들도 연임 제한에 익숙해졌다.

사르코지는 아직도 인기가 꽤 많다. 너무 튀는 성격과 행동 때문에 비판 여론이 있기는 하지만, 전통적인 보수층들은 여전히 그를 좋아한다. 나름대로 카리스마와 리더십이 있기 때문이다. 사르코지가 대통령 자리에 있을 때는 권력과 권한을 강하게 사용했다. 프랑스 사람들이 원하는 '왕' 같은 지도자는 아니었지만, '장군' 정도의 느낌은 충분히 줬다고 생각한다. 우리는 흔히 사르코지가 '족장chef' 같다고 말한다. 원래 프랑스 땅에 살고 있던 켈트족의 족장 같은 느낌이다. 지금 우파인 공화당에 사르코지만큼 강한 리더십을 보여 주는 인물이 없기 때문에, 프랑스 우파들이 더욱 그를 그리워하는 지도 모른다.

좌파인 사회당도 카리스마 있는 리더가 없기는 마찬가지다. 바로 전임 대통령이었던 프랑수아 올랑드는 너무 인기가 없었고, 실책도 많았다. 게다가 별명이 '보통 남자'나 '이웃집 아저씨'일 정도니, 프랑스 사람들이 좋아하는 지도자상도 아니었다. 사회딩 내에시는 중도파에 속하는 성항이라, 대통령으로 재임하면서 딱히 진보적인 정책을 펴지도 않았다. 덕분에 지지율은 거의 최악이었고, 임기도 단 한 번으로 끝났다.

그 여파인지 2017년 대선에서는 사회당 후보가 불과 6퍼센트밖에 득표하지 못했다. 사실 올랑드만 탓할 수는 없다. 사회당에 진보 성향 지지자들을 하나로 모을 만한 리더가 없었던 이유도 있었다. 게다가 대선이 치러지기도 전에 꼴불견을 보이기도 했다. 사회당은 2011년 처음 국민 참여 경선 제도를 도입했고, 지난 대선에도 경선을 진행했다. 경선에 나온 후보자들은 당연히 경선 결과에 승복하고, 당선된 후보가 대선에서도 많은 표를 얻을 수 있도록 최선을 다해 지지해야 했다. 당시 경선에서 승리한 이는 브누아 아몽. 원래 당내 비주류로, 다른 후보들의 성향이나 정책과는 큰 차이가 있었다. 그런데 함께 경선을 치렀다가 탈락한 후보 중 하나인 마뉘엘 발스가 경선에 불복하고 아몽을 지지하지 않겠다는 결정을 내렸다. 한술 더 떠서 다른 당 후보였던 마크롱을 지지한다는 선언을 하기에 이르렀다. 마크롱은 원래 올랑드 정권에서 경제 장관을 했었기 때문에, 발스의 입장에서는 마크롱이 자신과 더 비슷한 정책을 펼 것이라고 생각했던 것 같다. 하지만 이것은 발스를 지지했던 사회당 지지자들을 배신한 것이자, 경선을 치를 때의 합의를 뒤집은 것이었다.

결국 사회당은 유례 없는 수준의 낮은 지지율로 참패했다. 정치적으로 의미 있는 정당으로 존속하는 일 자체가 힘들지 않을까 싶을 정도였다. 온갖 잡음 끝에 대선 후보로 출마했던 아몽도 결국 사회당을 탈당해 새로운 정당을 만들었다. 당 내에서 중요한 역할을 했던 지도자들이 모두 당을 떠나 각자의 운동을 도모하고 있는 상황이다.

원래 프랑스 사회당은 한국의 민주당과 비슷한 위치라고 보면 된다. 정책 입장은 조금 다를 수 있지만, 한국 정당 중에서 그 위상을 비교했을 때 그렇다. 역대 최장기 집권을 했던 미테랑 대통령 등 여러 대통령을 배출한 정당이다. 항상 여당이거나 제1야당의 입장이었다. 한국의 민주당이 대선에서

6퍼센트밖에 득표를 못했다고 생각해 보자. 그럼 정말 심각한 위기 상황이 아닐까? 프랑스의 사회당이 지금 그런 상황에 처해 있다.

최근 유럽의 정치 얘기를 할 때 극우파에 대한 얘기가 많이 나온다. 실제로 극우파가 성장했기 때문인지, 아니면 워낙 과격한 행동을 하는 이들이기 때문에 더 눈에 띄는 건지 궁금해하는 한국 사람들이 많다. 대체로 2000년 이전보다는 극우파 지지자의 비율이 꽤 높아졌다. 2012년 대선 2차 투표에서는 극우파 후보는 아예 존재하지도 않았는데, 2017년에는 마린 르펜이 2차 투표에 올라 33.90퍼센트의 지지를 받았다. 2022년 대선에서는 다시 마린 르펜이 2차 투표에서 41.45퍼센트의 지지를 받았다. 극우파 대통령 후보 지지율이 가파르게 올라가는 추세다. 이런 분위기는 2022년 국회의원 선거에서도 나타났다. 투표 결과, 577명의 국회의원 중 87명(약 15퍼센트)이 마린 르펜이 이끄는 국민전선 소속이었다. 2017년 국회의원 선거 때는 단 8명(약 1.4퍼센트)이었으니 5년 사이에 의회에서도 극우파가 크게 성장한 셈이다.

어떤 사람들은 극우파가 힘을 얻은 게 좌파 정권들이 실패했기 때문이라고 말한다. 그러나 이런 설명만으로는 최근의 흐름을 모두 설명하기 어렵다. 사실 프랑스의 사회당은 진보 정당이라고는 해도, 진보적인 정책을 적극적으로 시행하지 않았다. 그래서 사회당 지지자들 중에서 극좌파인 '공산당'이나, '굴복하지 않는 프랑스'의 정책과 행보에 더 공감하는 경우도 많다. 예전에는 극우파를 저지하기 위해 극좌파 지지자들이 사회당 대표를 지지하는 경우가 많았는데, 이번 대선에서는 처음으로 사회당에서 극좌파로 표심이 옮겨 갔다. 그런 면에서 보면 사람들의 요구를 기성 정당들이 제대로 대변하지 못한 결과라고 봐야 할 것 같다.

원래 극우파 지지자들은 나이 든 사람들이 많았다. 하지만 지금은 젊은 사람들 중에서도 극우파 지지자의 숫자가 늘어나고 있다. 극우파의 주장은 주로 이민자 배제와 프랑스 정체성의 강화다. 이들은 자신들의 주장이 다른 나라에 가면 당연한 주장이라고 말한다. 프랑스는 너무 이민자에게 관대하고 개방적이기 때문에 다른 국가들의 기준에 맞추자는 것뿐이라고 말이다. 하지만 난민 수용을 무조건 금지해야 한다는 극우파의 주장이 프랑스 국민들 전반에게 받아들여지는 모양새는 아니다.

프랑스도
프렉시트Frexit를 할까?

하나가 된 유럽은 어떤 모습일지 상상해 본다면, 나는 1998
년의 영국을 떠올리게 된다. 당시 내 큰형은 교환 학생으로
영국에 가 있었는데, 나는 일주일 동안 영국에 건너가 형과
함께 생활했다. 형이 살았던 곳은 대단히 흥미로운 장소였
다. 영국, 프랑스, 독일, 스페인, 이탈리아 학생들이 모여 살
면서 매일 부엌에서 마주치고 같이 놀았다. 특히 술을 그렇
게 많이 마셔댔는데, 대부분은 자국에 있는 애인과 장거리
연애를 하다가 깨졌다는 이유 때문이었다. 겨우 일주일 동안
있었지만 여러 나라 사람들이 이렇게 금방 적응해서 잘 어울
릴 수 있다는 게 놀라웠다. 영국 친구들은 조금 데면데면했
지만 말이다.

　이런 경험을 한 뒤 세드릭 클라피슈Cédric Klapisch 감독의
〈스페니쉬 아파트먼트〉(2002)를 보고는 공감하지 않을 수 없
었다. 이 영화는 유럽의 교환 학생 프로그램인 '에라스무스
프로그램'을 통해 바르셀로나의 한 아파트에 모인 유럽의 여
러 나라 젊은이들이, 서로 부대끼면서도 화합하며 함께 살아
가고 성장하는 방법을 배운다는 이야기다. 이 영화의 내용이

1998년에 영국에서 겪은 일과 너무 흡사했다. 심지어 큰형 자비에Xavier와 영화 주인공의 이름까지 똑같아서 더욱 재미있게 봤다.

유럽 연합이 만들어질 무렵에는 〈스페니쉬 아파트먼트〉 같은 유럽을 기대한 사람들이 많았다. 유럽 연합을 찬성하든 반대하든, 이왕 유럽이 통합된다면 조화롭게 어울리면서 같이 성장하기를 원하는 게 당연하다. 하지만 이제 유럽 연합의 미래를 상상할 때 〈스페니쉬 아파트먼트〉를 이야기하는 사람은 많지 않다.

2020년 1월 31일, 영국은 유럽 연합을 탈퇴했다. 영국의 브렉시트Brexit는 세계적으로 큰 이슈였다. 이로 인해 유럽 세계가 흔들리지 않을지, 그리고 프랑스도 역시 프렉시트Frexit를 하지는 않을지 궁금해하는 사람들이 많았다. 결론부터 이야기하자면, 유럽 연합이 당장 해체될 일은 없을 거라고 생각한다. 그리고 프랑스가 유럽 연합에서 나가는 일도 없을 것이다.

이렇게 생각하는 이유는 유럽 연합이 만들어진 배경 때문이다. 유럽 연합은 프랑스와 독일, 두 나라를 구심점으로 만들어졌다. 특히 프랑스는 유럽 연합을 주도한 나라다. 유럽 연합이 만들어진 과정은 아주 복잡하고 재미없다. 간단히 요

프랑스가 유럽 연합을 탈퇴하는 일은 없다.

약하자면, 1950년대부터 유럽 연합을 만들자는 아이디어가 나왔고, 유럽의 지리적 중심이자 경제 강국이었던 프랑스와 독일을 중심으로 다른 나라들과 협력하는 관계를 만들었다고 이해하면 된다.

경제 공동체부터 시작해 정치 공동체로서 유럽 연합 정부를 세우자는 이 아이디어는 꽤 희망적으로 보였다. 국경을 없애고, 같은 화폐를 사용하면 시장은 커지고 인력 교류는 자유로워진다. 5억 명에 가까운 시장과 미국과 맞먹는 경제 규모를 가진다고 하니 긍정적으로 볼 수밖에 없었다. 이런 이유로 프랑스 정치인들은 좌우를 가리지 않고 유럽 연합을 성립시키려고 했다.

하지만 프랑스 사람들은 생각보다 호락호락하지 않았다. 가장 상징적인 사건이 2005년 유럽 헌법 국민 투표다. 이 투표는 유럽 헌법 조약을 받아들일지를 묻는 것이었지만, 프랑스인에게는 유럽 연합과 프랑스가 같은 가치를 추구하고 있는가를 묻는 투표였다. 유럽 연합 헌법은 2004년에 제정되었는데, 인권과 국민의 권리, 국가의 의무를 명기하는 국가의 헌법과는 개념이 조금 다르다. 유럽 연합EU은 물론 유럽 공동체EC, 유럽 경제 공동체ECC 등에서 체결된 조약과 의정서를 헌법 형태로 통합하는 개념이다.

정치권에서는 적극적으로 찬성했다. 유럽 연합 헌법 초안은 프랑스의 전 대통령인 지스카르 데스탱이 주도해서 만들었고, 프랑스의 좌우파 정당 모두 찬성하는 분위기였다. 프랑스의 미래를 위해서는 유럽 헌법을 받아들여야 한다는 주장이었다. 이를 통해 유럽 연합이 만들어지면, 전쟁의 위협을 없앨 수 있다는 명분도 있었다. 전쟁을 경험한 정치인들은 좌우를 막론하고 유럽 연합이 평화의 장이 될 것이라고 생각했다. 이를 위해서라면 다소 양보하더라도 유럽 연합을 성립시키는 게 우선이라고 봤다.

유럽 헌법을 받아들이자는 정치권의 캠페인도 불구하고 투표 결과는 압도적인 반대였다. 투표율 69.7퍼센트, 반대 54.87퍼센트, 찬성 45.13퍼센트였다. 프랑스인들은 유럽 연합 헌법이 위험하다고 생각했다. 유럽 연합 헌법이 너무 자유주의만을 추구한다는 이유였다. 사실 유럽 국가 간 조약과 의정서를 통합한 유럽 헌법은, 복지 제도나 사회 안전망을 보장하기보다는 경제적 자유 보장을 추구할 수밖에 없었다. 자유를 강조하고 사람을 보호하는 데는 헐거운 법이었다는 의미다. 또한 유럽 연합 헌법을 채택하면 프랑스의 정체성이 흔들릴지도 모른다는 우려도 있었다. 프랑스는 역사적으로 유럽의 강국이었다. 하지만 유럽 연합의 일원이 되면, 프랑스만의 독자적인 외교나 정책을 구사하기 어렵게 된다. 이제 정책이나 법안은 유럽 정부나 유럽 의회에서 만들어야 하고, 다른 나라의 동의를 얻어야 한다.

여기에 2000년대부터 유럽 연합에 들어오기 시작한 동유럽 국가들도 한몫했다. 임금과 물가가 싼 나라에서 온 노동자들이 눈에 띄기 시작했다. 트럭 운전을 하는 노동자를 비교해 보자. 프랑스의 물가는 폴란드보다 비싸다. 소득에 대한 세금도 훨씬 높다. 폴란드를 근거지로 두고 있는 운전 노동자와 프랑스인 노동자는 도저히 경쟁할 수 없다. 유럽 연합 가입국이 확대되면 프랑스인 노동자는 하루아침에 실업자가 될 수도 있다. 유럽 연합은 빛 좋은 개살구, 일종의 동화 같은 이야기라는 인식이 퍼지고 있었고, 극우 정당은 이를 파고들었다. 이런 이유로 프랑스인들은 유럽 연합 헌법을 반대했다.

프랑스는 찬반으로 갈라졌지만 소수 의견도 있었다. 나도 그때 투표를 했고, 무효표를 던졌다. 나처럼 무효표를 던진 다른 사람들이 어떤 생각이었는지는 잘 모르겠다. 내 경우는, 이 투표 자체는 프랑스의 미래와는 상관이 없다고 생각했다. 프랑스가 유럽 헌법을 받아들이든 말든 중요한 것은 정치인들의 '선의善意'라고 생각했다. 유럽 헌법을 비준하든 그렇지 않든 정치인들이 나서서 복지와 사회 안전망을 만든 다면 문제가 없다. 프랑스가 어떻게 하면 다 함께 살아갈 수 있는 공동체가 될 것인가가 중요하다고 생각했다는 말이다.

어쨌든 여러 가지 이유로 유럽 헌법 조약 비준은 부결됐 다. 그러나 정치인들은 포기하지 않았다. 유럽 연합은 국민 투표로 유럽 연합 헌법을 거부한 프랑스와 네덜란드를 다시 끌어들이기 위해 유럽 헌법 조약을 개정한 미니 소약인 리스 본 조약(2007년)을 만들었다. 그리고 대선에서 리스본 조약을 국회에서 비준하겠다고 공약한 사르코지가 대통령이 되면서 국회가 조약을 비준해 버렸다. 직접 민주주의가 대의 민주주 의에 밀린 셈이다. 이렇게 해서 프랑스는 유럽 연합의 일원 이 됐다. 그리고 2005년 이후로 프랑스에서는 국민 투표를 한 적이 없다. 앞으로도 정치인들은 자신들의 의도를 관철하 기 어려운 국민 투표를 피할 가능성이 높다.

프랑스인들은 영국의 브렉시트를 어떻게 생각할까. 2016 년엔 충격으로 받아들였지만, 2022년에 영국이 실제로 탈퇴 할 시점이 됐을 때는 관심이 거의 사라졌다. 지금은 '영국이 니까 그럴 수도 있지' 하는 반응이랄까. 프랑스에서는 '전갈 과 개구리'라는 우화가 유명하다. 우화의 내용은 이렇다. 전 갈이 개구리에게 강을 건널 수 있게 도와달라고 한다. 개구리는 전갈이 독침으로 찌를까봐 걱정하는데, 전갈은 그러면 자신도 강에 빠져 죽게 되니까 걱정하지 말라고 안심시킨다. 이를 믿은 개구리는 전갈을 태우고 강을 건너지만, 강을 중간쯤 건넜을 때 전갈이 갑자기 독침으로 개구리를 찌른다. 둘 다 죽게 됐고, 개구리가 전갈에게 이유를 묻자 전갈은 "나는 전갈이고 그게 내 본성이야"라고 답한다. 이게 무슨 말이냐 하면, 영국은 언제나 자국의 이익을 최우선으로 삼았던 나라이고, 우리도 그것을 알고 있었다는 말이다. 영국은 자국의 이익을 위해서라면 무엇이든 할 나라이니 유럽 연합을 뛰쳐나간다고 해서 새삼스러울 게 없다는 의미다.

영국은 유럽 연합 건설, 정치 공동체와 같은 데에는 관심이 없었다고 생각한다. 섬나라라서 독립성을 더욱 중요하게 여기는 것 같기도 하다. 프랑스는 여러 차례 전쟁을 겪으면서 힘의 한계를 느껴봤지만 영국은 그런 역사가 없어서일지도 모르겠다. 어쨌든 그들의 관심은 오로지 경제다. 어찌 보면 지금 유럽 연합이 자유주의에 너무 치우치게 된 데에는 영국의 영향이 크다고 본다. 적어도 내 나이 또래나 1990년대생들이라면 이런 성향이 강할 것이다. 영국은 오로지 큰 시장을 만드는 데에만 관심이 있었다. 복지나 사회 안전망, 안보 같은 이슈에는 관심을 주지 않았다. 유럽 헌법이 지나

영국이 브렉시트를 결정했을 때, 〈르 몽드〉와 〈르 피가로〉의 1면.
영국은 마치 전갈처럼 본성대로 행동했을 뿐이다.

치게 자유주의적이고 친시장적이 된 데에는 영국의 입김이 강했다는 이야기다. 그 결과가 조세 회피처가 된 아일랜드 같은 곳이다.

그런데 유럽 연합을 자기 입맛에 맞게 바꾼 영국은 유럽 연합에서 빠지게 됐다. 2016년에 브렉시트가 결정된 이후 세간의 눈길은 프랑스로 쏠렸다. 유럽 헌법을 부결시켰던 프랑스, 갈수록 극우 지지도가 높아지는 이 나라는 과연 프렉시트를 감행할 것인가에 대한 물음이었다. 물론 프랑스는 유럽 연합에서 나가지 않았다. 그리고 앞으로도 나갈 가능성은 매우 적다고 생각한다.

프랑스는 유럽 연합에서 탈퇴하기에는 부담이 너무 크다. 유럽의 사거리와 같은 지리적 요건을 갖춘 프랑스는 이미 유럽 연합과 너무 동화됐다. 여기에 브렉시트를 보면서 그 부작용을 확인한 것도 있다. 사람과 물건이 자유롭게 왕래하는 건 단점보다도 장점이 훨씬 크다. 하나의 유럽이라는 환상은 사라졌지만, 그래도 다른 나라와 연합하고 여러 문화가 융합하고, 다양성을 아주 쉽게 접할 수 있다는 장점은 남아 있다. 여전히 커다란 시장이 존재하고 이것을 어떻게 활용하느냐에 따라 프랑스에게 이익이 될 부분도 있다. 유럽 연합에서 나가게 되면 어떤 일이 벌어질지는 영국을 타산지석으로 삼을 수 있다. 노동력이 부족해지고 일부 서비스의 수급이 어려워진다. 영국은 북아일랜드와 아일랜드 사이에 다시 국경을 세워야 할 판이다. 겨우 잠재운 영국과 아일랜드 사이의 분쟁이 다시 수면 위로 떠오를지도 모른다.

유럽 연합에서 프랑스의 문제는 독일이다. 하지만 해결의 열쇠를 쥐고 있는 것도 독일이다. 독일은 유럽 최대의 산업 강국이고 유럽 내에서는 최고의 수출국이다. 수지가 항상 흑자인데도, 물가를 낮추기 위해 고금리 정책을 쓴다. 그래서 자본을 빨아들이는 나라이지만 국방비에는 돈을 쓰지 않는다. 영국이 빠지면서 이제 나토의 중심 국가는 프랑스가 됐다. 독일은 군대라고 할 만한 조직이 존재하지 않는다. 프랑스 입장에서 독일은 돈은 벌면서도 안보는 무임승차하는 나라다. 그래서 이제는 독일이 재무장해야 한다고 주장하는 사람들도 있다. 멜랑숑 같은 좌파 정치인들은 독일의 재무장을 반대하지만 지금 젊은 세대들은 다르다. 이미 70년 동안 평화로웠고, 독일의 젊은이들은 평화주의자가 됐다고 생각해서다. 나도 동의한다. 독일은 교육을 통해 제2차 세계대전의 과오를 알고 뉘우치고 있다고 생각한다.

이런 점에서 독일은 일본과 확실히 비교되는 부분이 있다. 내가 만나 본 일본 사람들은 역사를 잘 몰랐지만 제2차 세계

독일은 유럽 최대의 산업 강국이고 수출국이지만, 안보는 무임승차하는 나라다.

대전 때의 일을 알게 되면 큰 충격을 받고 반성하는 모습을 보여 줬다. 결국은 교육의 문제다. 독일은 전쟁 이후 교육을 통해 과오를 가르치고 반성해 왔다. 이제는 독일이 또 다시 전쟁을 일으킬 거라고 생각하는 사람은 별로 없다. 프랑스는 유럽 연합의 중심 국가로서, 독일이 이제는 덩치에 걸맞은 책임을 져야 한다고 생각한다. 지금의 프랑스는 힘이 별로 없다.

행정 지옥은 진행형, 복지 천국은 옛말

사람을 미치게 만드는
프랑스 행정

전 세계 어디를 가도 행정 서비스에 완전히 만족하는 사람은 없을 것이다. 그걸 감안해도 프랑스의 행정 서비스는 정말, 정말 최악이다. 그야말로 '지옥 같은 행정'이라고 할 수 있을 정도다. 이유를 들어 보면 누구나 납득할 것이다. 우선 일 처리가 너무 느리고, 행정 기관의 운영 시간도 짧다. 게다가 행정 기관이 너무 많고 복잡하다.

프랑스 사람들이 일을 못한다는 '속설'이 널리 퍼져 있기는 하지만, 행정 분야는 그중에서도 특히 심각한 것 같다. 일단 유능한 사람들은 행정 분야에서 일하지 않는다. 제2차 세계 대전 이후 프랑스는 약 30여 년 동안 부유한 시기를 경험했다. 도시를 재건하면서 미국의 지원도 받았다. 경제는 활성화됐고, 실업률도 아주 낮았다. 우리는 이 기간을 '영광의 30년Les Trente Glorieuses'이라고 부른다. 이 시기에는 사회 문제도 눈에 띄게 드러나지 않고, 이민자가 유입돼도 구성원으로 쉽게 받아들였다. 또한 어디에나 일자리가 넘쳐나서 사람들은 굳이 공무원이 되려고 하지 않았다. 이 때문에 그리 유능하지 않은 사람도 손쉽게 공무원이 됐다.

이 부흥기는 오래 가지 않았다. 1970년대부터 경제 위기가 시작됐고, 1980년대부터는 상황이 악화되기 시작했다. 하지만 이미 행정 기관에 대한 인식은 나빠진 뒤였다. 행정 직원들을 만날 때마다 나쁜 인식을 가지다 보니, 그쪽 분야에서 일하겠다는 생각을 갖지 않게 됐다. 결국 공무원은 직업으로서 인기가 없어졌고, 자연히 좋은 인재가 유입되지 않는 악순환에 빠졌다.

공무원에 대한 처우는 한국과 비슷하다. 어지간해서는 해고를 당하지 않고, 한번 채용되면 정년까지 일할 수 있다. 실적 압박도 일반 회사에 비하면 거의 없는 편이다. 하지만 프랑스 공무원 사회의 일하는 분위기는 완전히 다르다. 원래 부지런한 사람이더라도 프랑스 공무원이 되면 달라진다. 남들은 일을 안 하고 미루는데, 혼자 일 처리를 다 하다 보면 부당함을 느끼고 지레 포기하게 된다. 결국 적당히 게으르게 일하면서 휴가나 즐기는 방식으로 바뀐다.

친한 친구 한 명은 프랑스 국립 도서관 공무원으로 일하고 있다. 이 친구는 원래 부지런한데, 바로 그 점 때문에 적응에 어려움을 겪고 있다. 자기 눈으로 공공 서비스 분야에서 일하는 사람들이 얼마나 일을 안 하는지를 직접 목격하고 있어서 일할 때마다 괴로운 모양이다. 일반 기업에서는 수익을 내야 하니까 계속 무언가 개선하고, 인사 고과를 반영해서 승진을 하거나 징계를 당하기도 한다. 하지만 공무원 사회에는 그런 게 없어서 엉망이라고 한다. 나를 비롯한 친구들은 그냥 적당히 적응하고 편하게 일하라고 조언도 했다. 하지만 그 친구는 그걸 참을 수가 없나 보다. 아마 성미에 안 맞아서 오래 일하지는 못할 것 같다. 사실 공무원은 월급도 적어서, 더 열심히 일하고자 하는 마음이 생기지 않는 것일 수도 있다.

제일 나쁜 일은 시민들이 공무원을 대할 때마다 무력감을 느낀다는 점이다. 민원인들은 정말 완전한 '을'이 된다. 일이 틀어졌을 때 손쓸 수 있는 방법이 전혀 없다. 한국에서는 공무원들의 서비스에 불만을 느끼면 다른 루트로 해결할 수 있는 방안이 있고, 그 방법을 찾아 해결하는 것 같다. 하지만 프랑스에서는 그런 생각조차 할 수 없다. 공무원과 민원인의 관계를 보면, 공무원이 '갑'이다. 공무원이 모든 권한을 가지고 있기 때문이다. 어떤 일이든 꼭 그 공무원의 스타일로 해결해야 한다고 밀어붙인다. 담당 공무원의 심기를 거슬러서 일이 틀어지면, 모든 일이 그 자리에서 멈춘다. 그냥 끝이라고 봐야 한다. 그 사람이 내 일을 처리해 주지 않으면 민원인으로서는 해결 방법이 없다. 그래서 항상 공무원을 만날 때는 아주 밝은 미소를 짓고, 그 사람의 비위를 맞춰야 한다.

물론 그 공무원에게도 상급자가 있다. 하지만 그렇다고 해서 상급자가 하급 공무원과 민원인의 다툼까지 일일이 해결해 주지는 않는다. 민원인과 문제가 생겼다고 해서 인사상 불이익을 당하지도 않는다. 임금도 호봉제에 기반하기 때문에, 좋은 인사 평가를 받아서 승진을 한다는 식의 보상도 없다. 행정 서비스라는 것은 '어쩔 수 없는 것'. 그것이 바로 프랑스 사람들 안에 깊게 박혀 있는 인식이다.

구글 지도를 검색하면 지도에 표시되어 있는 장소에 평점을 매기고 평가를 남길 수 있게 되어 있다. 음식점뿐만이 아니라 공공 기관도 평가할 수 있다. 2010년대 말, 파리 서쪽에 위치한 낭테흐 도청 préfecture de Nanterre의 구글 평점은 정말 최악이었다. 평가 멘트를 읽어 보면 사람들의 분노가 절절이

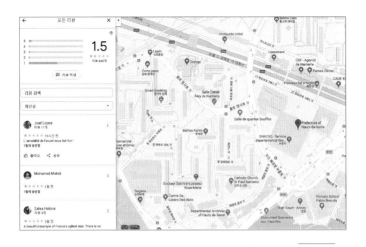

구글 지도를 검색하면 볼 수 있는 낭테흐 도청 평점.

느껴졌다. "별점을 0개만 주고 싶었는데, 최소 별점이 1개라서 1개를 준다"는 사람도 있었다. 이렇게 불만을 남긴 사람들이 엄청나게 많다. 도청에서는 면허증이나 외국인등록증을 발급해 주기 때문에 국적을 불문하고 정말 많은 사람들이 이용한다. 평가를 읽어 보면 면허증을 발급 받으러 갔는데 공무원이 자기 면허증을 분실했다든가 하는 피해 사례들이 끝없이 나온다.

2000년대 중반 쯤에 외국인 친구를 도와주기 위해 나도 여러 번 도청에 간 적이 있다. 그런데 아침 일찍 도청을 찾아가 보니 건물 밖에 기다란 줄이 보였다. 민원 때문에 밤새 줄을 서며 대기하는 사람들이었다. 심지어 매트리스까지 가져와 잠을 자는 사람도 있었다. 날씨가 춥건 덥건 사람들이 그렇게 밤을 새워 대기한다고 했다. 날이 밝고 도청의 문이 열리자 안에서 직원이 나와 표를 나눠 줬다. 그 표가 다 떨어지자 다음 날 다시 와야 한다고 했다. 얼마나 오래 대기했든 상관이 없었다.

나는 내가 프랑스인이기 때문에 이런 상황을 더 객관적으로 볼 수 있다고 생각한다. 만약 외국인이었다면 이렇게 만족스럽지 못한 행정 서비스를 받았을 때, '내가 외국인이라서 차별 대우를 하나?'라고 생각할 수도 있다. 하지만 그런 문제가 아니다. 프랑스인들도 프랑스의 행정 서비스를 대할 때마다 똑같이 답답한 기분이 든다. 예를 들어, 2021년부터 낭테흐 도청이 온라인으로 행정 서비스를 제공하면서 더이상 도청 앞에서 오랫동안 줄을 설 필요는 없어졌지만, 여전히 형편없는 프랑스 도청의 행정 서비스를 두고 프랑스인들의 불만이 터져 나오고 있다.

나는 한국에 산 지 오래돼서 한국과 프랑스의 행정 서비스를 비교할 기회가 많다. 비자를 갱신하거나 외국인 등록을 할 때가 대표적인 경우다. 처음 한국에 왔을 때는 인터넷으로 예약을 할 수가 없어서, 출입국사무소에 가서 대기표를 뽑고 기다렸다. 그래도 대기하는 장소가 실내이고, 그리 오래 걸리지도 않았다. 제일 오래 기다린 게 2시간 정도였다. 지금은 인터넷으로 예약해서 방문하니 더 처리가 빠르다.

물론 프랑스는 이민자 규모 면에서 한국과 차이가 나기는 한다. 엄청나게 많은 외국인들이 프랑스에 체류 중이니 일처리가 늦어지거나 불편한 게 당연하다. 하지만 그렇다고 해도 한국의 시스템이 훨씬 편하다는 사실은 변하지 않는다. 인터넷으로 예약해서 방문하면 헛걸음하는 일도 없다. 내가 친구의 외국인 등록을 돕기 위해 프랑스의 행정 기관을 방문했을 때에 비하면 아주 편하다.

외국인등록증이 필요한 사람이란 주로 투표권이 없는 외국인들이다. 그래서 프랑스 공공 기관들이 이런 사람들을 위한 서비스에 예산을 쓰지 않는지도 모르겠다. 외국인들을 위한 예산을 늘리자고 국민들을 설득하기도 어렵다.

행정 절차가 불편한 것은 단지 행정 서비스를 제공하는 사람들 때문만은 아니다. 제도 자체가 잘 정비되어 있지 않아 시민들이 몇 번씩 일 처리를 해야 하는 경우도 있다. 앞서 사르코지 대통령이 '자영기업가' 제도를 만들자 꽤 많은 사람들이 너도 나도 등록한 게 상징적인 장면이다. 오랫동안 프랑스 사람들은 개인 사업을 섣불리 하지 않고, 잠깐씩 하는 아르바이트를 할 때는 소득 신고조차 하지 않았다. 이런 걸 '오 누아흐au noir, 불법으로'라고 부르는데, 정부 입장에서도 제대로 세금을 걷을 수 없으니 손해다. 하지만 제도를 개선해서 어려운 행정 절차를 거치지 않아도 되니 불법으로 일하던 사람들이 양지로 많이 나왔다.

프랑스는 원래 소득세를 원천 징수하지 않았다. 다른 나라에서는 월급을 받으면 소득세 일부를 미리 떼고 주는데, 프랑스에는 그 제도가 없었다. 그래서 시민들은 얼마를 벌었다고 국가에 신고를 하고 세금을 내야 했다. 다른 나라에서라면 하지 않아도 될 일을 프랑스 국민들은 오랫동안 했던 셈이다. 드디어 2019년도 1월부터 원천 징수를 하게 됐지만, 유럽 국가들 중에서도 도입이 꽤 늦은 편이다.

〈아스테릭스〉애니메이션 중에 프랑스의 행정을 비판하는 에피소드가 하나 있다. 이 에피소드의 제목은 '아스테릭스의 12가지 시련Les 12 travaux d'Astérix'. 아스테릭스와 그 친구 오벨릭스가 헤라클레스처럼 12가지 시련을 통과해야 한다는 미션을 받는다. 그중에 '사람을 미치게 만드는 집La maison qui rend fou'이라는 시련이 있는데, 바로 행정 서비스를 풍자하는 내용이다. 주인공들은 어떤 탑에 서류를 하나 받으러 가는

'아스테릭스의 12가지 시련'의 한 장면.

데, 얼핏 간단해 보이는 이 일이 결코 쉽게 풀리지 않는다. 계속해서 어디로 가서 받으라, 그 서류를 받으려면 다른 서류가 필요하다, 하면서 주인공들을 '뺑뺑이 돌린다'는 이야기다.

프랑스 사람들은 카프카의 소설 《소송》에 나온 상황을 빗대어 "카프카적이다"라는 표현을 쓰기도 한다. 《소송》의 주인공 요제프는 갑자기 알지도 못하는 이유로 1년 동안 끝이 보이지 않는 소송에 휘말린다. 이 소설은 행정 절차를 일종의 괴물, 혹은 소통할 수 없는 대상으로 묘사한다. 주인공 요제프는 일반 시민을 대표하는 사람으로, 전혀 이해할 수 없는 행정 절차의 피해자다. 그래서 우리는 행정 절차가 잘 풀리지 않아 피해를 볼 때 "카프카적인 상황"이라고 말한다.

늘 예산 부족에 허덕이는 사법부,
극우파 소굴인 경찰

나는 살면서 아직까지는 소송에 휘말린 적이 없어 프랑스 사법부의 일 처리를 직접 체험한 적이 없다. 하지만 주변의 경험자들에게 들은 바로는, 일단 예산이 많이 부족해서 재판까지 오랜 시간 기다려야 한다고 한다. 일단 소송이 시작되면 2~4년은 기본이다. 법조 인력이 매우 부족하고, 국가가 예산을 쓰지 않는다는 점은 프랑스 사법부의 고질적인 문제다. 판사나 검사, 변호사 할 것 없이 모두가 입을 모아 인력과 예산이 부족하다고 말한다. 서기관도 부족하고, 비품을 구입할 예산도 모자라서 판사가 자기 돈으로 프린터 토너를 산다는 얘기도 들었다. 프랑스의 세율은 다른 나라에 비해서 결코 낮은 편이 아니다. 그런데 세금은 많이 걷어가 놓고 이렇게 공공 서비스에 예산이 적절히 분배되지 않아서 시민들의 불만이 많다.

소송 기간이 길면 오히려 꼼꼼하게 사건을 검토하기 때문에 판결을 잘 내릴 수 있지 않냐고 생각할 수도 있다. 하지만 기간이 너무 길어지면 사법 정의나 심판의 효용감이 잘 느껴지지 않는다. 범죄를 저지르면 바로 처벌을 받는다는 느낌을 줘야 하는데, 너무 시차가 생기면 판결이 소용없게 느껴진다.

판결 이후도 문제다. 감옥도 부족하고 시설도 열악하다. 국제앰네스티의 조사에 따르면, 프랑스 감옥은 유럽에서 튀르키예 다음으로 열악하다. 확실히 소득 수준과 맞지 않는 환경이다. 그래서 프랑스 사람들은 일반적으로 '감옥이 부족해서 감옥에 가야 할 사람이 안 간다'고 생각한다. 가벼운 범죄는 징역 말고도 다른 처벌과 교화를 생각해야 하는데, 그런 대안조차 마땅치 않다.

경찰도 마찬가지다. 경찰관들은 박봉에 시달리고, 생활도 어렵다고 한다. 그래서 좋은 서비스를 기대하기 힘들다. 대다수의 사람들이 법정에 설 기회보다는 경찰을 만날 기회가 많아서인지 경찰에 대한 이미지가 더 나쁘다.

이런 나쁜 이미지는 경찰 스스로가 만든 측면도 있다. 프랑스 경찰은 누구에게나 신분증을 보여 달라고 요구하고 검사할 수 있다. 모든 나라의 경찰에게 이런 권한이 있는 것은 아니다. 예전에 일본에 잠시 살았을 때, 일본 사람과 이런 얘기를 나눈 적이 있는데, 그 사람은 경찰이 아무나 붙잡고 신분증을 요구하는 건 상상할 수 없다고 했다. 하지만 프랑스에서는 누구나 어렸을 때부터 이런 일에 익숙하고, 당연히 신분증 검사에 응해야 한다고 생각한다.

나는 단 한 번도 신분증 검사를 당해 본 적이 없다. 하지만 아랍계 사람들은 정말 빈번하게 당한다. 지하철이나 공공장소에서, 혹은 사람이 많은 장소가 아니너라노 경찰을 마주칠 때마다 말이다. 하루에도 몇 번씩 길을 가다가 신분증을 보여 달라고 한다니, 당사자 입장에서는 정말 미칠 노릇일 것이다. 올랑드 대통령이 당선됐을 때 이 문제를 개선하겠다고 나선 적이 있다. 한 번 신분증 검사를 당하면 일종의 확인증 같은 걸 줘서, 다음번 신분증 검사 시 그 확인증을 보여 주면 되도록 한다는 것이다. 하지만 결국 이 제도는 너무 번거롭고 복잡해서 실제로 만들어지지는 않았다.

신분증 검사 문제가 심각해서 경찰의 행적을 쫓는 연구가 이뤄진 적도 있다. 기차역에 하루 종일 머물면서, 경찰들이 누구에게 신분증을 보여 달라고 하는지를 추적했다. 그 결과, 경찰들이 주로 백인이 아닌 사람을 붙잡고 신분증을 요구한다는 게 드러났다. 경찰들은 자신들이 인종 차별을 한 게 아니라, 옷차림을 보고 수상해 보여 검사한 것이라고 해

에펠탑 주위를 순찰하는 프랑스 경찰.

명했다. 하지만 인종 차별이 아니라면, 결국 계급 차별일 뿐이다.

경찰들이 게토 지역이나 파리 외곽의 저소득층 거주지에 사는 사람들과 이야기를 할 때는 존댓말을 쓰지 않는다는 얘기도 자주 나온다. 프랑스어에도 존댓말이 있고, 낯선 사람과 대화를 할 때는 존댓말을 쓰는 게 일반적이다. 하지만 경찰들은 저소득층에게는 빈말을 하고 험악히게 말한다.

프랑스 경찰은 확실히 정치적으로 우파, 특히 극우파 성향이 있다. 국민 전체를 놓고 보면 평균적으로 20~25퍼센트 정도가 극우파에 투표하는데, 경찰 직업군에서는 거의 그 두 배에 가까운 지지율이 나온다. 모든 경찰들이 인종 차별주의자인 것은 아닌데, 일단 극우파 비율이 높기 때문에 앞서 말한 부조리한 현상이 나온다. 그래서 백인인 프랑스 사람들조차도 경찰에 대해서는 대체로 나쁜 인식을 가지고 있다. 특히 젊은 사람들이나 좌파 성향인 사람들은 더욱 그렇다.

내가 아는 어느 좌파 성향의 경찰이 말하길, 경찰 집단은 극우파 성향을 숨기지 않고 거리낌 없이 표현할 수 있는 환경이라고 한다. 매일 주위에서 인종 차별적인 발언을 서슴없이 들어서 근무가 힘들 지경이란다. 좌파 성향인 사람이라면 직업을 선택할 때 이런 이유 때문에 경찰이 되기를 꺼려 할 것이다.

반면 군인의 경우에는 구성원이 좀 더 인종적으로 다양하다. 일반적으로 경찰보다는 군인에 대한 이미지도 좋고 더 친숙하다. 예전부터 테러나 사고 방지를 위해 간혹 기차역에 군인들이 배치되어 있곤 했기 때문이다. 무엇보다도 군인은 일반 시민에게 무언가를 강제하거나 검문할 수 있는 권한이 없다. 문제가 생기면 개입해서 시민들을 보호하지만, 불편하거나 거슬리게 할 일은 없다는 이미지가 굳어졌다. 내 또래 젊은 사람들이 경찰보다 군인이 더 낫다고 생각하는 이유다.

프랑스를 지탱하는
복지 시스템

프랑스는 '복지 제도가 좋은 나라'라는 이미지가 있다. 제2차 세계 대전이 일어나기도 전에 프랑스가 세계 최초로 노동자의 유급 휴가, 즉 연차 제도를 만들면서 이런 이미지가 생긴 것 같다. 제2차 세계 대전이 마무리된 이후에는, 여러 정치인들이 좌우를 막론하고 함께 머리를 맞대어 많은 복지 제도를 만들었다. 지금 프랑스를 지탱하고 있는 복지 제도는 바로 이때, 1945년을 전후해서 만들어졌다고 알려져 있다.

왜 하필 이 시기에 이렇게 많은 복지 제도가 만들어졌을까? 그건 이 무렵 프랑스 인구의 약 40퍼센트가 공산주의자였기 때문이다. 당시 정부는 만약 국민들이 불만을 가진다면 예전처럼, 혹은 러시아처럼 혁명이 일어나지 않을까 하는 위기감을 느꼈다. 그래서 민주주의에 불만을 깃지 않게 하기 위해 국민들에게 유리한 제도를 많이 만들어 줬다는 얘기다. 지금은 여기에 반박하는 의견도 있지만, 보편적인 인식이 그렇다. 하지만 이렇게 좋았던 복지 제도들이 이제는 많이 사라지거나 후퇴하고 있는 상황이다.

프랑스에서는 복지 제도, 특히 보조금 제도를 통틀어 '알로카시옹allocation'이라고 한다. 학생이거나 생활이 어려운 사람이라면 국가의 도움을 받을 수 있다. 문제는 지원받을 수 있는 알로카시옹의 종류가 아주 다양하고 복잡하다는 것이다. 그래서 받을 수 있는 복지 혜택을 알지 못해서 수혜를 받지 못하는 경우가 많다. 혹은 행정 절차가 너무 복잡해서 포기하는 경우도 있다.

가장 대표적인 복지 제도는 '적극적 연대 소득RSA, Revenu de Solidarité Active'이다. RSA는 만 25세 이상을 대상으로 하는

데, 수입이 아주 적거나 없는 경우에 지원받을 수 있는 제도다. 지원 금액은 한화로 약 70만 원 정도까지다. 1인 가구인지, 부부인지, 아이가 있는지, 그리고 다른 보조금을 받고 있는지 등에 따라 금액이 달라진다. 이 제도의 혜택을 받으려면 구직 활동을 하거나 교육을 받아야 한다. 일반적으로 대학생은 이 혜택을 받을 수 없고, 대신 25세 미만이라도 자녀가 있는 경우는 받을 수 있다. 예전에는 파트 타임이라도 일을 해서 소득이 생기면 바로 RSA 보조금 지원이 끊겼다. 그러다 보니 사람들이 적은 돈을 버느니 아예 일을 하지 않는 쪽을 선택하는 경우도 있었다. 지금은 이 점을 개선해서 소득이 있더라도 소득 수준이나 상황에 따라 계속 지원을 받을 수 있다.

'가족수당기금CAF, Caisse d'Allocation Familiale'은 RSA를 포함한 다양한 보조금을 담당하는 기관이다. 자녀 수당이나 주거 보조금 역시 CAF의 관할이다. 자녀 수당은 전 국민을 대상으로 지급되어, 소득 수준에 관계 없이 받을 수 있다. 한국 유학생들이 특히 관심을 가지는 것은 주거 보조금이다. 주거 보조금은 프랑스 국민뿐만 아니라 프랑스에서 체류하고 있는 유학생들도 받을 수 있다. 대신 보조금을 받으려면 프랑스의 지옥 행정을 먼저 맛봐야 하지만 말이다.

주거 지원 정책은 보조금뿐만이 아니다. 국가 소유의 공공 임대 주택도 많다. 2021년 기준으로 전체 주택의 15.6퍼센트를 차지할 정도다. 2014년 17퍼센트에 비해 다소 줄었지만, 그 수를 늘리려고 노력 중이다. 각 지방 자치 단체마다 공공 임대 주택을 일정 비율 이상 보유하고 있어야 한다는 법도 있다. 하지만 지방 자치 단체마다 정책이 약간 달라서, 국가에서 정한 비율을 어기는 경우도 있다. 파리 북부의 외곽 도시인 뇌이Neuilly는 상대적으로 부유층들이 많이 거주하고 있는 지역인데, 이런 곳은 그냥 벌금을 내면서 공공 임대 주택 비율을 아주 낮게 유지한다. 사람 사는 곳이 다 마찬가지여서 프랑스에서도 임대 주택이 들어오면 집값이 떨어진다고 반대하는 목소리가 있다.

공공 임대 주택은 임대료는 싸면서 거주 환경은 괜찮은 편이어서 인기가 높다. 입주하려면 대기자 명단에 이름을 올려야 할 정도다. 내 친구 한 명이 이런 임대 주택에 살고 있는데, 동네의 주거 환경은 별로이지만 집 자체가 넓고, 테라스도 있는 데다 햇빛도 잘 든다. 입주를 하기 위해서는 몇 가지 자격 조건을 갖추어야 하는데, 워낙 인기가 많아서 이 자격 조건이 변동되어도 신고하지 않고 가능한 한 그대로 계속 사는 경우가 많다고 한다.

니스 항구 인근의 집들.

해고를 당하거나 계약 만료가 되어 실업 상태가 되었을 때는 실업 급여도 받을 수 있다. 일반적으로 실업 급여는 기존에 받던 월급의 평균 57퍼센트 수준으로, 실직 후 최대 2년까지 받을 수 있다. 몇 년 전 지인 커플이 한국에 왔는데, 이 사람들이 실업 급여의 혜택을 받는 사람들이었다. 커플 중 남자가 은행에서 오랫동안 일을 해서 실업 급여 액수 자체가 컸다. 덕분에 이들은 1년간 한국어학당을 다니며 편히게 공부할 수 있었다. 한국에서는 정년 퇴임을 하더라도 실업 급여를 받을 수 있다고 들었다. 하지만 프랑스에서는 정년 퇴임한 경우에는 받을 수 없다. 다만 퇴직금이 너무 적거나, 생활이 어려운 상황이라면 다른 보조금 제도를 통해 최소 생활비를 지원받을 수 있다.

이외에도 학생들이나 실업자, 저소득층을 위한 문화 생활 지원 정책이 있다. 찾아보면 박물관이나 극장, 미술관 등에 저렴하게, 혹은 무료로 입장할 수 있는 기회가 있다. 오페라 극장도 마찬가지다. 오페라는 고급문화라는 이미지가 있어서 사람들이 거리감을 느끼는데, 사실 가 보면 멀리서 볼 수 있는 저렴한 좌석이 항상 있다. 마음만 먹으면 언제든 싸고 손쉽게 관람할 수 있다. 다른 문화 콘텐츠도 문화적 혜택을 받기 힘든 취약 계층을 위한 특별 가격이 있다.

바로 걷어 바로 주는
국민연금

프랑스 국민연금은 한국과 운용 방식이 다르다. 한국은 국민연금기금이 있어서, 국민들에게 받은 연금을 운용해 그 수익으로 연금을 지급한다. 그런데 프랑스는 이런 식으로 모은 돈을 운용하는 기금이 없다. 정부가 걷은 세금에서 일정 부분을 당장 연금을 받아야 하는 사람들에게 바로 보낸다. 사실 이런 방식에 대한 문제 제기도 여러 번 있었다.

국민연금을 이렇게 운영하는 건 프랑스 사람들의 성향 때문인 것 같다. 프랑스 사람들은 주식 투자를 잘 하지 않는다. 한국과는 큰 문화 차이다. 한국에서는 회사원이든 가정주부든, 심지어 학생들까지도 주식 투자를 하는 모습을 봤다. 우리는 그렇게 보이지 않는 무언가에 돈을 투자하는 행위를 이해하지 못한다. 눈앞에 보이는 물건이나 건물은 돈을 줄 만하지만, 주식은 믿을 수 없다고 생각한다. 우리는 흔히 "돌pierre은 믿을 수 있다"고 말한다. 생각해 보면 좀 농부 같은 사고방식이다. 그래서 여윳돈이 생겨도 어딘가에 투자하지 않고, 열심히 모아서 집을 사는 것을 최우선 목표로 삼는다. 개인들이 이렇게 투자를 꺼릴 정도니 국가는 더하다. 정부도 "국가는 투자하지 않는다"고 말한다. 프랑스 사람들이 유독 투자를 낯설어 하니, 세계적 트렌드에 뒤떨어지거나 손해를 보는 경우도 생긴다. 다만 2008년 금융 위기 때는 이런 사고방식과 연금 운용 방식이 오히려 전화위복이 됐다. 당시 주가 폭락으로 연금 운용에 위기를 맞은 국가들이 많았지만, 프랑스는 거의 타격을 받지 않고 연금을 지급할 수 있었다.

정부는 항상 "우리는 세대 간에 상하게 연결된 하나의 국가다"라고 말한다. 젊은 사람들은 은퇴자들을 위해 세금을 내지만, 이들 역시 늙었을 때는 다음 세대의 부양을 받는다. 이런 연결 고리가 국민들 간의 연대를 더 강하게 만들어 준다는 얘기다. 개인적으로는 좀 오글거리는 말이라고 생각한다. 하지만 인구가 줄어들고 있기 때문에 이 방식도 언제까지나 안전하지는 않다. 연금 제도를 처음 만들었을 때는 청년들이 은퇴자들보다 더 많았고, '영광의 30년' 기간이었기 때문에 경제도 계속 성장하고 있었다. 그래서 이런 방식으로 연금을 지급해도 국가 재정에 큰 부담이 되지 않았다. 하지만 이제는 사정이 달라졌다. 경제 활동 인구는 나날이 줄어 가고, 고령화로 연금을 받는 인구는 계속 늘어 간다. 게다가 경제 성장도 정체된 상태다.

어렸을 때부터 나는 항상 정부가 연금 개혁에 의지를 보이고, 실제로 거듭해서 개혁하는 것을 여러 번 봤다. 공무원의 처우를 조정하는 것과 연금 개혁은 항상 정부가 바뀔 때마다 화두다. 평균 수명이 길어졌기 때문에 개혁이 필요하다는 의견이 계속 제기되어, 거의 5년마다 개혁을 한다. 항상 개혁 이후에는 정부가 "아, 이제 개혁했으니까 더 이상 걱정할 필요 없다"고 말한다. 하지만 결국 또 부족한 부분이 생겨서 시민들이 거리로 나와 시위를 한다. 사실 국민도 정부도 보수화되어 제도를 크게 바꾸기 어려운 측면도 있다. 결국 기본 틀은 그대로 놔둔 채 조금씩 우회적으로 손을 보고 있는 상황이다.

물론 국민연금 외에 개인연금 상품도 있다. 사람들이 스스로 금융 회사에서 만든 연금 상품을 선택해서 가입하는 것이다. 국가에서도 국민연금만으로는 부족한 사람들이 있으니 더 장려하고 있다는 느낌이 든다. 어떤 연금 상품은 축구 선수 지네딘 지단을 광고 모델로 내세우기도 했다.

한국에서는 공무원연금과 군인연금, 사학연금 등 국민연금보다 조건이 좋은 연금 제도들이 있다고 들었다. 프랑스도 마찬가지다. 철도 회사 같은 국영 기업이나, 공무원들은 연금이 따로 있을 뿐 아니라, 좀 일찍 은퇴할 수도 있는 등 유리한 조건이 있어서 일반 시민들의 불만이 있다. 유달리 혜택이 좋은 직업에 대한 질투가 있는 건 어느 나라나 마찬가지다.

연금 제도가 잘 운영된다고 하더라도, 문제는 노령 계층의 실업이다. 연금을 받을 수 있는 나이가 되면 연금을 받으면 되고, 그 전까지는 노동을 하면서 급여를 받으면 된다. 하지만 그 연령이 되기 전에 실업자가 되면 생활이 어려워진다. 게다가 그 나이에 해고를 당하면 다른 회사에 취직하기도 어렵다.

간혹 회사나 개인 사정상 조기 은퇴를 할 수도 있는데, 이러면 예정된 연금을 100퍼센트 받을 수 없다. 프랑스에서는 42년간 근속을 해야 연금을 완전히 받을 수 있다. 이 근속 연수를 다 채우지 못하면, 상대적으로 적은 연금을 받을 수밖에 없다. 사실 42년 근속은 말이 쉽지, 누구나 할 수 있는 일이 아니다. 정년이 65세이니 23세부터 일해야 하고, 이후로는 거의 쉬지 않고 일해야 하기 때문이다. 23세를 훌쩍 넘겨서 취업하거나, 정년까지 일하지 못하고 실업 상태가 되면 근속 기간을 다 채울 수가 없다. 그래서 정부가 국민들에게 연금을 100퍼센트 주지 않으려 한다는 의심까지 나온다. 실제로 우리 세대의 젊은 사람들은 연금을 100퍼센트 받을 수 있을 거란 기대가 거의 없는 편이다.

우리 부모님 세대의 프랑스인들은 왜 젊은 세대가 안정적

지금 노인 세대까지는 연금으로 그럭저럭 생활할 수 있다

인 삶을 선택하지 않는지 의아해한다. 공무원이 되면 일단
안정적으로 살 수 있고, 연금도 충분히 받을 수 있기 때문이
다. 하지만 우리 세대는 우리가 은퇴할 나이가 되었을 때 프
랑스라는 국가가 지금 수준의 삶을 보장해 줄 거라고 기대
하지 않는다. 지금도 이미 프랑스의 국제적 지위는 많이 떨
어졌고, 더 이상 세계를 선도하는 압도적인 강대국이 아니
다. 앞으로 더 잘할 것이다? 세계적인 경쟁에서 살아남아 앞
으로는 더 나아질 것이다? 프랑스 청년들에게는 그런 희망
이나 신뢰가 없다. 국가를 믿기보다는 그냥 우리끼리 알아서

살아남아야 한다는 생각을 많이 한다. 그러니 박봉인 공무원이라는 직업을, 장래에 보장이 될지 안 될지 모르는 연금을 믿고 택할 수 없는 노릇이다.

우리가 어렸을 때는 지금 같지 않았다. 많은 사람들이 공무원이나 교사가 되는 게 나쁘지 않은 선택이라고 생각했던 적도 있다. 일이 힘들고 급여가 좀 적을 수는 있지만, 어쨌든 안정적으로 일할 수 있는 직장이있기 때문이나. 더구나 은퇴 이후에는 일반 기업에 다닌 사람보다 좀 더 좋은 연금 제도의 혜택을 받으며 자유롭게 살 수 있었다. 이런 사고방식 때문에 프랑스에 왔던 미국인 친구나 러시아인 친구 들이 "프랑스 사람들이 너무 은퇴 이후만 바라보고 산다", "은퇴 이후에 진짜 삶을 시작한다고 생각하는 것 같다"는 말을 했다. 그때는 그 말이 '프랑스 사람들은 현재를 살지 않는다'는 부정적인 느낌의 지적이라고 생각했다. 하지만 이제는 '은퇴 이후를 바라볼 수도 없게 된 상황'이라 더 악화된 것 같다.

지금 은퇴자들이 지급받는 평균적인 연금도 온전히 연금에만 기대어 생활하기에는 충분한 액수가 아니다. 직업에 따라 사정이 많이 달라서, 은퇴자들이 생활고 때문에 시위를 하며 정부에 항의를 하기도 한다. 하지만 그래도 청년층이 받을 연금보다는 많고, 특히 은퇴 공무원의 경우에는 꽤 많은 액수의 연금을 받는다. 그래서 실업 문제가 심각한 젊은 세대들은 "우리가 세금을 내서 은퇴자들에게 연금을 주기보다 오히려 은퇴자들에게서 돈을 걷어 청년들에게 줘야 한다"고 말할 정도다.

프랑스 국적자가 아니라
거주자여야 받는 의료 보험 혜택

프랑스의 의료 보험은 보장이 잘되어 있기로 유명하다. 2000년대 초반에 뉴스에서 본 이야기인데, 영국에서 의료 보험 혜택을 받을 수 없어서 프랑스로 치료를 받으러 온 사람들도 있다고 했다. 기본적으로 의료 행위 전체가 의료 보험 보장 범위에 들어가고, 보장 횟수 제한 같은 것도 없다. 다른 나라보다 좀 더 폭넓게 보장이 되는 편이다.

하지만 이제는 의료 스태프나 의료 시설이 많이 부족해졌다. 그래서 대기가 길어지기도 하는데, 이런 경우 인맥으로 진료 순서를 앞당기거나 하는 사람들이 생겼다. TV에 자주 나오는 유명한 철학자도 자신이 큰 병을 앓았을 때 아는 의사가 있어서 일찍 수술을 받을 수 있었다고 털어놓은 적이 있다. 그러면서 당시에는 다행이라고 생각했지만, 시스템에 허점이 생겼다는 얘기이기 때문에 문제를 바로잡아야 한다고 했다.

기본적으로 저소득층은 무료로 의료 서비스를 받을 수 있고, 그 외의 프랑스 거주자들은 대부분 의료비의 70퍼센트까지 보장을 받을 수 있다. 나머지 30퍼센트는 보통 민영 의료 보험에 가입해서 보완하곤 한다. 의료 보험 혜택을 받기 위해서 꼭 프랑스 국적일 필요는 없다. 합법적으로 프랑스에서 거주하고 있는 이라면 누구나 보장이 된다. 나는 프랑스 사람이지만 한국에 거주하고 있기 때문에, 2018년 여름 프랑스에서 발목 골절을 당했을 때 혜택을 받지 못했다. 하지만 불법 체류자라도 돈이 없으면 국가가 의료비를 부담해 준다. '국가 의료 지원AME, Aide Médicale d'Etat'라는 제도인데, 불법이라도 3개월 이상 거주한 사람이라면 이 혜택을 받을 수 있다. 인권을 위해서이기도 하지만, 불법 체류자라도 프랑스에 거주하고 있는 한 그 사람이 병에 걸렸을 때 공공 위생을 해칠 우려가 있기 때문이다. 만약에 전염성이 강한 병이라면 그 병이 다른 이들에게 퍼질 가능성도 있다. 사회 전체를 놓고 봤을 때는 불법 체류자가 프랑스에 거주하는 한 건강하게

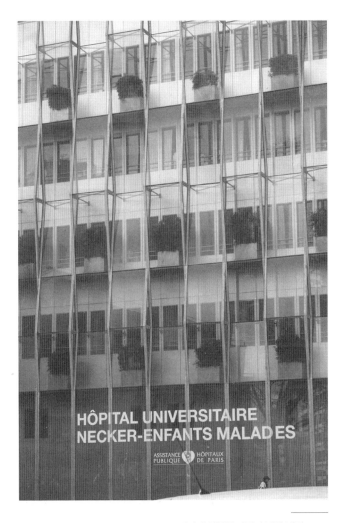

파리에 위치한 어린이 병원 넥커 Necker.

사는 게 더 이득이다.

다만 AME의 혜택을 받으려면 자신이 불법 체류자라고 직접 신고를 해야 해서 좀 아이러니한 상황이 생긴다. 다행히 프랑스에서는 행정 기관끼리 서로 서류를 공유하지 않아서, 치료를 받고 나서 다른 행정 처분을 받지는 않는 것 같다. 프랑스인들은 제2차 세계 대전 당시 유대인을 신고하거나 색출했던 역사가 있다. 그래서 아무리 공공 기관이리도 개인 정보를 공유하는 데 좀 더 조심스럽다. 제2차 세계 대전 이전에는 신분증에 얼굴을 자세히 묘사하고 인종을 적었다. 하지만 지금은 민족이나 인종 정보를 포함한 통계를 내는 게 불법이다. 그 정도로 제2차 세계 대전 당시의 기억은 프랑스인들에게 깊은 트라우마를 남겼다. 프랑스인들은 아직도 정부 기관끼리 개인 정보를 주고받을 경우 악용될 여지가 있다고 생각한다. 정치 상황이 앞으로 어떻게 바뀔지 모르기 때문이다. 프랑스에는 '정보자유국가위원회 CNIL, Commission Nationale Informatique et Liberté'라는 기관이 있다. 1970년대에 만들어진 기관인데, 정보 통신 기술과 관련된 개인 정보 감독 기구다. 간단히 말하면, 시민들의 개인 정보 보호를 위한 심의를 하는 곳이다. 이런 기구가 따로 있을 정도로 프랑스인들은 개인 정보에 민감하다. 이외에 일상 생활에서도 금기가 생겼다. 이웃들이 서로를 나치에게 신고했던 기억 때문에, 이웃이 불법적인 일을 해도 이걸 공공 기관에 밀고하는 것을 아주 나쁜 짓으로 여긴다. 신고 자체를 꺼리는 현상이 생긴 것이다. 물론 가정 폭력이나 아동 학대 같은 큰일은 신고를 한다. 하지만 그 외에 사소한 불법은 신고하지 않는 것이 암묵적인 룰이다.

원래는 프랑스도 한국처럼 환자들이 원하는 의사를 마음대로 선택해서 상담할 수 있었다. 하지만 사르코지 정부 당시 공식적으로 주치의를 따로 정하도록 제도를 바꿨다. 원래도 개인적으로 자주 찾는 의사를 정해 놓고 상담하는 사람들이 있었지만, 이제는 의무 사항이 되었다. 공식적으로 반드시 주치의 한 명을 지정해서 일차적으로는 그 의사와 상담해야 한다. 주치의를 통하지 않고 바로 상급 병원으로 가거나 다른 의사에게 진료를 받으면 의료 보험 적용이 되지 않는다. 그리고 주치의에게 진료를 받을 때마다 의료 보험으로 공제되지 않는 1유로를 낸다. 사람들이 너무 무분별하게 자주 의사를 찾지 않도록 하기 위해서다. 주치의를 고를 때는 가족을 계속 진료한 의사를 선택하거나, 주변 평판에 의지해 고를 수밖에 없다. 그 때문인지 특정 의사에게 환자들이 몰린다거나 하는 일은 없는 편이다.

한국에서는 발목을 다쳤다면 바로 정형외과를 갈 것이다. 하지만 프랑스에서는 일단 주치의를 만나야 한다. 주치의가 먼저 진료를 보고 전문의를 볼 수 있게 처방을 해 주면 상급 진료 기관으로 간다. 조금 뻰 정도라면 그냥 바르는 약을 처방해 줄 것이다. 다른 나라 사람 입장에서는 프랑스의 의료 절차가 답답할 수 있다. 발목을 다친 건 확실한데 그냥 바로 전문 병원으로 가면 되지, 괜히 질차 하나가 더 끼어서 번거롭다. 게다가 처음 방문했을 때는 진료 후에 간단한 약만 처방하는 편이다. 그다음에도 똑같은 증상이 계속 나타나서 재방문해야 엑스레이 등 본격적인 처치를 한다. 성격이 급한 사람이라면 아마 분통을 터트릴지도 모른다. 하지만 이 절차를 건너뛰고 바로 상급 병원으로 간다면 말했다시피 추가 요금을 내야 한다.

최근 프랑스 사회에서 큰 이슈가 되고 있는 문제 중 하나는 시골 동네의 의사 부족이다. 의사들은 오랜 기간 공부를 하고, 공부를 하면서 일을 한다. 그래서 의사가 되고 난 이후에는 좀 편안한 환경에서 살고 싶어 하는 경향이 있다. 우리 아버지 세대의 의사들은 거의 종교에 귀의한 사람처럼 의료인으로서 직업 정신을 가지고 일했다. 자신의 인생을 의료에 바치고, 밤 늦게라도 환자가 있다면 일을 하러 가곤 했다. 하지만 이제는 달라졌다. 대략 2000년대부터는 의사라도 자기 삶을 더 챙기는 방향으로 바뀌었다.

프랑스에서는 국가가 병원을 다수 운영해서 시골에도 병원이 있다. 하지만 의사가 적어져서 지방에서는 차츰 병원 문을 닫고 있는 추세다. 진료를 받기 위해 차로 수십 킬로미터씩 가야 하는 경우도 많다. 특히 산부인과가 문제다. 의사의 실력은 산모의 출산을 경험한 것에 비례할 텐데, 1년 동안 극히 적은 횟수만 경험한다면 실력에 문제가 생기는 것이다. 또한 출산하는 산모가 줄어들어 늘 비품을 갖춰 놓을 수 없으니 급한 상황에서 제대로 대처할 수 없을 때도 있다. 그래서 위험성이 높다는 판단을 내리고 어쩔 수 없이 닫아야 하는 경우가 있다. 외과 수술도 마찬가지다. 경험이 너무 적으면 평이 나빠질 수밖에 없다.

실은 시골 병원만이 아니라, 프랑스 곳곳에 의료진과 스태프가 많이 부족하다. 2018년 여름에 내가 프랑스에서 발목을 다쳐 응급실에 갔을 때도 그 병원에 정형외과 의사가 없어서 원격으로 다른 병원에서 처방을 해 줬다. 얼굴을 맞대고 진료를 한 후 처방하는 게 아니다. 내가 간 병원에서 엑스레이를 찍어 그 정보를 다른 병원의 의사에게 보내면, 그 의사가 깁스를 하라고 처방을 내린다. 그러면 그제서야

요즘 프랑스에서는 의료진이 많이 부족해
응급실에 가도 담당 의사가 없는 경우가 있다.

다른 스태프들이 적절한 조치를 취한다. 병원 응급실이 그렇게 운영될 정도로 인력이 부족하다.

한국에서 진료를 받으면서 문화 차이를 느낀 게 하나 있다. 한국에서는 의사에게 진료를 받을 때 가끔 진료실 문을 닫지 않고 열어 놓은 채 진료를 받는 경우가 있다. 프랑스 사람 입장에서는 문이 조금만 열려 있어도 불안하다. 심지어는 진료를 받을 때 간호사가 옆에 서 있는 경우도 있다. 프랑스에서는 진료할 때 오로지 의사와 환자, 단둘이 대면해서 이런 상황이 도무지 익숙해지지 않는다.

그뿐만이 아니다. 접수대에서 어디가 아파서 왔냐고 묻는 경우가 대부분인데, 처음에는 너무 당황했다. 완전히 열린 공간에서 다른 사람도 있는데, 내가 어디가 아픈지 얘기해야 한다는 게 좀 껄끄럽다. 굉장히 개인적인 얘기이기 때문이다. 의사에게 상담하러 온 것이지, 병원에 있는 다른 모든 사람들이 내 병에 대해서 알게 되기를 원하지는 않는다. 그래서 아직도 병원에 갈 때마다 좀 어색하다.

프랑스에서는 의사가 진료를 해야 하니 옷을 좀 벗어달라고 하면 거리낌 없이 벗는다. 의사가 이성이라도 전혀 개의치 않는다. 여자들도 마찬가지다. 의사는 전문 직업인이고, 당연히 진료에 필요하니까 요구하는 거라고 생각한다. 진단을 위해 신체 접촉이 필요하다면 그런 부분도 아무렇지 않게 생각한다. 정비공이 자동차를 살펴 보는 것과 마찬가지다. 그런데 외국인들은 오히려 이걸 어색해 하는 것 같다. 만약에 프랑스에서 진료를 받을 일이 있는데 이런 상황에 처한다면 문화 차이 때문에 어색하다는 걸 설명하는 편이 좋다. 프랑스 사람들이 아주 개방적인 편은 아닌데, 특수한 상황에서는 개방적인 경향이 두드러진다. 노출이 심한 옷을 입거나 길에서 너무 심한 애정 행각을 하는 건 꺼리지만, 드라마나 영화에서 노출

장면을 보여 주는 것에는 개방적이라거나, 의사에게 맨몸을 보여 주는 것은 거리낌이 없다.

코로나가 바꾼
풍경

코비드19에 대한 대응은 전 세계 국가들의 역량을 고스란히 보여 주는 지표가 됐다. 대한민국은 세계에서 코로나 바이러스에 대한 대처를 가장 잘한 나라 중 하나로 주목받았다. 반면 프랑스는 예상 외로, 혹은 예상 그대로의 모습으로 팬데믹을 맞았다.

나는 코로나가 퍼지던 시기, 프랑스가 코로나에 효율적으로 대응하기 쉽지 않을 것으로 생각했다. 그 이전부터 이미 의료 시스템이 무너지고 있었기 때문이다. 그런데 정작 뚜껑을 열어 보니 총체적 난국 그 자체였다.

팬데믹 초기, 프랑스도 다른 나라들처럼 마스크가 없어서 효율적으로 방역을 하는 데 어려움을 겪었다. 문제는 실제로는 마스크가 있어야 했다는 것이었다. 프랑스는 2000년대 초반에 재난을 대비해서 마스크를 비축해 놓고 있었다. 하지만 예산 때문에 시스템을 유지하지 못했다. 막상 재난이 일어났을 때 마스크는 유통 기한이 지나 있었다. 프랑스에도 마스크 생산업체가 있었지만 정작 전염병이 돌 때는 찾아볼 수 없었다. 중국산 제품에 밀려 마스크 생산업체가 사라졌기 때문이었다. 기껏 만들어 놓은 예방 시스템은 무용지물이 됐다.

여기에 정부는 갈팡질팡하며 혼란을 자초했다. 정부 대변인이나 보건부 장관은 마스크를 쓸 필요가 없다는 거짓말을 했다. 이렇게 말한 이유는 정부가 마스크를 공급할 수 없었기 때문이었다. 이게 무슨 말이냐 하면, 정부가 마스크를 공급할 수 없으니 아예 마스크가 무용지물이라고 거짓말을 해서 책임을 회피하려고 했다는 것이다. 감염자에 대한 추적은커녕 격리 조치조차 없었다. 정부는 뒷짐만 지다가 면피하기에 급급했다.

결국 코로나 바이러스가 급격하게 확산되었고, 정부는 락다운lockdown을 선언할 수밖에 없었다. 한국에서는 락다운을 경험해 본 적이 없으니 실감하기 어려울 것이다. 다행히 나도 한국에 있었기 때문에 락다운을 직접 겪어보진 않았다. 하지만 프랑스의 친구나 지인을 통해 들은 상황은 끔찍했다. 도저히 이해할 수 없는 프랑스식 행정 때문이었다. 락다운은 감염을 막기 위해 모든 외부 활동을 중단하고 감염이 잠잠해질 때

2020년 4월 락다운이 된 파리에 소독약을 뿌리고 있다.

까지 사회적인 희생을 감수하는 조치다. 그런데 프랑스는 프랑스다운 방식으로 락다운을 했다. "하루에 1시간은 산책 가능. 장보기 가능. 단 허가서가 필요함." 즉, 허가서만 있으면 외출할 수 있었다는 말이다. 그런데 이 허가서는 누가 발급하는가. 스스로 발급한다. 손으로 쓰거나, 워드로 작성해서 프린트하거나, 그냥 자기가 만들어서 갖고 나간 다음에 경찰관을 만났을 때 보여 주면 된다. 이 허가서가 없으면 벌금(135유로)을 내야 한다. 물론 허가서가 있다고 해서 어디든 갈 수 있는 건 아니었다. 집에서 반경 1킬로미터를 벗어나도 벌금을 내야 한다. 그렇지만 슈퍼마켓에서 일하는 사람은 예외다. 셀프 허가서의 논리는 이렇다. 허가서를 쓸 때마다 다른 사람을 만나면 안 된다는 것을 상기할 수 있다. 그러므로 시민들은 타인과의 접촉을 자제할 것이다.

팬데믹이 한창일 때 한국에 있었던 나로서는 경악할 조치였다. 락다운을 걸어 놓고 정작 시민들의 자발적인 참여에 맡기다니 믿어지지 않았다. 프랑스에서는 "법은 다른 사람들이 지키는 것이고, 골루아는 법을 지키지 않는다"는 인식이 있다. 선입견이긴 하지만 남부 사람들은 법을 잘 안 지키고 북쪽 사람들은 상대적으로 법을 잘 지킨다는 인식도 있다. 이런 나라에서 락다운을 개인의 자율에게 맡기다니, 골루아를 비판하는 골루아 입장에서는 정부의 조치를 비웃지 않을 수 없었다. 시민들이 정부를 믿고 의지해야 할 시점에, 정부는 '성숙한 시민 의식'을 믿고 의지하는 상황이 된 것이다.

무려 55일간 지속된 락다운은 결과적으로 보면 나름의 성공을 거두었다. 프랑스 시민들은 프랑스인들이 생각하는 것보다는 훨씬 법을 잘 지키는 모습을 보여 줬다. 패닉도 없었고, 폭동도 없있다. 여기에는 셀프 허가서를 통해서라도 최소한의 외부 활동을 보장해 준 락다운 정책의 공도 있을 것이다. 하루 종일 집에서 두 달 동안 생활하라고 하면 대부분의 사람들은 정신적으로 큰 고통을 겪을 것이다. 정부의 세심한 배려였는지 즉흥적인 판단이었는지는 알 수 없지만 결과적으로는 융통성을 허용한 것이 사람들의 책임감을 더욱 높여 준 것 같기도 하다. 펜데믹이라는 초유의 상황에서 사람들은 공동체를 이루는 시민으로서 희생하며 견디어 냈다.

하지만 락다운 이후의 정부는 역시 기대를 저버리지 않았다. 전 세계적으로 팬데믹이 끝나지 않았는데도 곧바로 일상생활로 돌아갔다. 사람들은 마스크를 벗고 광장에 모이고, 모임을 가졌다. 감염자 관리는 전혀 안 됐고 백신 수급은 늦어졌다. 결국 다시 감염자가 급격히 늘어났지만 마크롱 정부는 다시 락다운을 걸 수 없었다. 다시 락다운을 걸면 경제적인 피해를 감당하기 어려웠던 데다가 성급하게 봉쇄를 풀었던 판단이 잘못이었음을 인정하는 꼴이 된다. 그래서 이상한 조치가 나온다. '저녁 7시부터 아침 7시까지 통행금지.' 이 정책은 시민들에게 한 가지 자유, '일하러 나갈 수 있는 자유'를 보장해 주었다. 내게 이 내용은 '메트로-불로-도도metro-boulot-dodo'라는 예전부터 있었던 표현을 떠올리게 했다. 출근해서metro 일하고boulot 잠dodo만 자는 재미없는 일상이라는 의미다. 오로지 일할 권리만을 보장해 주는 통행금지 조치는 45일 동안 이어졌다. 프랑스 정부는 팬데믹 기간 동안 국민들에게 큰 빚을 졌다.

팬데믹 기간 동안 프랑스는 영화 〈컨테이전Contagion〉 (2011)을 그대로 현실로 옮겨 놓은 것처럼 보였다. 프랑스의 디디에 라울Didier Raoult이라는 의사는 코로나가 독감 같은 질병이며, 말라리아 치료제인 클로로퀸으로 치료할 수 있다고 주장했다. 정부에 반대하는 사람들이 그의 주장을 지지하며 '앙티박스Antivax, 백신 거부자'를 자처했다. 나라가 분열되었다. 여기에 어리석게도 대통령이 디디에 라울을 직접 만나기까지 했다. 간접적으로 그의 주장을 정부에서 인정해 주는 결과가 되어 버린 것이다. 〈컨테이전〉에서 주드 로가 거짓 약을 팔아 사기를 치는 장면이 오버랩됐다. 이렇게 된 데에는 정부의 책임이 크다. 팬데믹 초기부터 마스크가 소용없다는 등 면피성 거짓말을 남발하면서 신뢰가 사라졌다. 정부에 대한 신뢰가 사라진 자리에는 음모론이 꽃을 피웠다.

한국에서는 이러한 장면이 무척 이상하게 보일 것이다. 데카르트의 나라, 합리적인 이성의 나라에서 어떻게 이런 일이 벌어질 수 있냐고 생각할지 모른다. 그러나 프랑스인은 생각보다 이성적이지 않다. 의외로 과학을 무시하는 경향이 있다. 시골에 가면 트렁크에 수맥을 찾을 수 있다는 엘로드를 싣고 다니는 사람들도 많다. 하지만 의외로 규칙을 잘 지키는 면도 있다. 이런 의외성은 어느 나라에나 다 있다. 한국도 마찬가지라고 생각한다. 다양한 사람들이 다양한 가치관을 가지고 살아가는 건 똑같다.

팬데믹에서 프랑스와 한국의 대응에 차이가 난 이유는 정부의 능력과 정부에 대한 신뢰였다고 생각한다. 여기에 정부를 믿고 따르는 한국인들의 성향도 큰 영향을 미쳤다. 사실 정부와 맞서 싸우며 의심의 눈초리로 보는 프랑스인의 입장에서 보면, 한국인들의 태도는 전체주의에 가깝다고 느껴진다. 특히 코로나 초기에 보여준 완벽에 가까운 감염자 관리와 세계 최고 수준의 백신 접종률을 보면 경이로울 정도다. 한국인들은 위기 상황에서 올바른 길을 제시하는 정부를 만나면

2020년 5월. 두 달 간의 봉쇄가 부분적으로 풀린 어느 날 파리.

정말 큰 힘을 발휘할 수 있다. 하지만 프랑스 국민들 역시 제대로 된 정부를 만나면 나름의 방식으로 힘을 발휘할 수 있다고 생각한다. 골루아들은 락다운 기간 동안 뛰어난 시민이 될 잠재력이 있다는 것을 증명했다. 다만 정부를 제대로 뽑지 못했을 뿐이었다.

누가 프랑스인인가?

이민자의
나라

"프랑스는 이민자의 나라다."

프랑스 미디어에서 자주 나오는 발언이다. 실제 대다수의 사람들이 이렇게 생각하는지, 아니면 그냥 수사적인 표현인지는 모르겠다. 역사적으로 보면 프랑스는 애초부터 여러 민족이 섞여 만들어진 나라였다. 고대 중세를 거치며 켈트족이나 로마인, 프랑크 왕국을 건설했던 게르만족은 물론 비교적 나중에 유입된 아프리카계나 아랍계, 아시아계까지 정말 많은 인종이 섞여 있다. '프랑스'라는 국가명은 프랑크 왕국에서 유래했지만, 내부 구성원은 어떤 특정 인종을 주류라고 말하기 어려울 만큼 다양하다.

프랑스에 '이민자'가 본격적으로 들어오기 시작한 것은 19세기 말부터다. 이탈리아나 벨기에, 폴란드 같은 가까운 유럽 국가의 사람들이 프랑스에 들어왔다. 스페인 내전 때는 스페인 사람들도 내전을 피해 프랑스로 왔다. 내가 살던 북쪽 지역도 광산에서 일하던 이민자들이 아주 많았다. 제1차 세계 대전 이후 프랑스령 식민지에 있던 사람들이 프랑스로 강제 이주를 당하기도 했다. 이후 '영광의 30년'간 아프리카와 아랍 국가에서도 많은 사람들이 건너왔다. 이들이 거의 마지막 '이민자의 파도'였다고 본다.

물론 이렇게 이민을 온 사람들은 온갖 인종 차별을 겪었고, 때로는 잔인한 일을 당하기도 했다. 하지만 미국과는 근본적으로 다른 부분이 있다. 노예 제도의 희생양이 되어 프랑스에 끌려온 사람들은 없다는 점이다. 그렇기 때문에 노예의 후손으로 살아남은 사람들도 없다. 자연히 미국처럼 '국가 제도'에 의한 인종 차별은 없었다. 물론 잘못된 인식을 가진 개인들이 인종 차별을 하기는 했다. 과거의 기록을 살펴보면, 아프리카계 미국인들이 프랑스에 와서 '신세계'를 경험했다고 하는 내용이 있다. 미국에서처럼 버스에서 백인과 흑인의 좌석이 분리되어 있다거나, 특정 가게에는 들어갈 수 없다거나 하는 식의 노골적인 제도적 차별이 없었기 때문이

《삼총사》의 작가
알렉상드르 뒤마의 어머니는
아이티 출신의 혼혈이었다.

다. 그렇다고 프랑스 내 이민자들이 편안한 삶을 살았다는
것은 결코 아니다. 반성해야 할 인종 차별의 역사 역시 분명
하다.

놀랍게도 국회의원으로 활동한다거나 저명 인사가 되는
등 프랑스 사회에서 활약한 아프리카계 인물들이 여럿 있었
다. 예를 들면 《삼총사》의 작가인 알렉상드르 뒤마는 어머니
가 아이티 출신의 혼혈이었다. 슈발리에 드 생조흐즈Chevalier
de Saint-Georges라는, 작곡가이자 펜싱 지도자로 널리 알려진

인물 역시 아프리카계 혼혈로, 귀족 신분이었다. 프랑스 대혁명 때도 프랑스 사회 구성원 중에 아프리카계가 있었고, 함께 역사를 만들었다. 하지만 이런 자세한 이야기는 역사 수업에서 빠지기 때문에 지금은 많이 잊혀졌다.

우리는 지금도 프랑스 국민의 25퍼센트는 이민자의 후손이라는 얘기를 한다. 흥미롭게도 이렇게 다양한 민족이 같이 살아도 해외에 가면 프랑스인들끼리는 서로를 알아본다. 많은 경우에는 그냥 보는 것만으로도 상대가 프랑스인이란 걸 안다. 한국 사람들이 해외에서 아시아 사람 중 한국인을 알아볼 수 있는 것과 마찬가지다. 멀리서부터 미국 사람인지 프랑스 사람인지 구분할 수 있다. 그 이유를 콕 짚어 말하기는 어렵지만, 그저 느낌이 다르다고 말할 수밖에 없다.

이민자들의 역사를 보면, 항상 '마지막 파도'에 속한 사람들이 가장 힘들게 산다. 지금 프랑스에서 제일 마지막 파도에 해당하는 사람들은 아랍계와 흑인 이민자들이다. 게다가 프랑스는 예전과 달리 실업률이 워낙 높아서 상대적으로 더 힘들 수밖에 없다. 위기 때 더 고통 받는 이는 가진 게 적은 사람들이기 때문이다. 경제가 힘들면 사람들의 마음도 각박해져서 인종 차별 같은 소수자 혐오 현상도 더욱 두드러진다.

특히 지금의 노인 세대는 자신이 어렸을 때의 프랑스와 지금의 프랑스가 너무 달라졌다고 느낀다. 그래서 보통 이들이 문화의 변화를 따라가지 못하고 인종 차별을 더 많이 한다. 우리 세대는 이미 어렸을 때부터 이민자가 가득한 프랑스를 경험했기 때문에 이민자에 대한 거부감이 크지 않다.

도시와 시골의 격차도 있다. 대도시에서 살다 보면 다양한 인종을 접하기 때문에 자연스럽게 여기는데, 시골에 사는 사람들은 좀 더 거부감을 느낄 수 있다.

프랑스 대도시에서는 정말 인종적인 거리감을 찾아보기 어렵다. 프랑스 국적을 가진 사람이라 해도 다양한 인종적 배경을 가진 사람들이 많이 모여 있기 때문이다. 2000년대 초반부터 중국인 유학생이 많이 오기 시작했는데, 그 이후로는 아시아인 비중도 높아졌다. 그래서 아시아계 사람을 보면 중국인이라고 생각하는 경향이 있다. 2017년에 한국인 여자 친구와 함께 프랑스의 백화점에 간 적이 있다. 요즘은 테러 때문에 백화점에 들어갈 때 꼭 짐 검사를 해야 한다. 그런데 짐을 검사하는 직원이 여자 친구의 가방을 검사하고는 "씨에씨에 감사합니다"라고 중국말로 인사를 했다. 당하는 입장에서는 '왜 중국인도 아닌데 중국말로 인사를 하지?' 하며 기분 나쁘게 생각할 수 있는 부주의한 말이었다. 그 직원은 아프리카계여서 인종 차별 피해자인 경우가 많을 텐데, 오히려 그런 사람이 별 생각없이 인종 차별적 발언을 한다는 게 더욱 아이러니했다. 물론 그 사람 입장에서는 차별을 하려는 의도는 아니었을 것이다. 백화점에는 가격도 중국어를 함께 표기할 정도로 중국 관광객이 많이 오니까 으레 중국인이겠거니 하고 인사했을 것이다.

반면 도시를 벗어난 지방에서는 백인이 아닌 사람은 당연히 프랑스인이 아니라고 생각하는 사람들의 비율이 높은 것 같다. 기본적으로 이민자나 그 후손들은 도시나 도시 외곽 지역에 많다. 이런 격차가 인식의 차이를 더 벌리고 있는지도 모르겠다.

프랑스인의 자격은
무엇인가

한국 사람들은 의식적으로든 무의식적으로든 인종적 정체성이 상당히 강한 것 같다. 모델 한현민 씨가 '한국인 같지 않은 외모' 때문에 차별받았다는 얘기를 들을 때나, 다문화 가정의 고충을 들을 때면 더욱 그런 생각이 든다. 하지만 프랑스, 특히 도심 지역에서 자란 사람이라면, 한현민 씨나 다문화 가정의 자녀들이 자신을 프랑스인이라고 말하는 데 1초의 망설임조차 없을 것이다.

또 다른 예로, 지난 2018년 월드컵 당시 한국 방송에서 프랑스와 크로아티아의 결승전 경기를 중계할 때였다. 중계 화면 위쪽에 조그맣게 '이민자의 힘'이라는 문구가 떠 있었다. 사실 이건 프랑스에서라면 문제가 될 수 있는 표현이다. 아마 다양한 인종이 통합된 팀이라는 긍정적인 이미지를 주고 싶었겠지만, 프랑스 사람들은 애초에 사회적으로 이민자와 아닌 사람을 구분하지 않기 때문에 이런 멘트 자체가 부적절하다고 여긴다.

2018 러시아 월드컵에서 프랑스가 우승했을 때, 스포츠 소셜 커뮤니티 'SPORF'가 트위터 계정에 우승을 축하하는 트윗을 올렸다. SPORF는 프랑스 축구 국가대표팀 선수들 중 이민자 가정 출신이거나 인종이 다른 선수들의 이름 옆에 그 선수들이 '원래 속해 있던 나라'의 국기를 달아 놓고 '모두 프랑스를 위해 하나가 되었다'라는 코멘트를 붙였다. 그런데 여기에 반발하는 프랑스 사람이 많았다. 이 트윗에 달린 댓글 중 하나에는 선수들 이름 옆 국기를 모두 프랑스의 삼색기로 바꾸고, 이들이 전부 그냥 '프랑스 사람'일 뿐이라는 것

2018 러시아 월드컵 당시 'SPORF'가 각 선수들의 원래 국적을 표기한
이미지(왼쪽)를 올리자, 이에 반발한 프랑스 대표팀 선수가
선수들의 국적을 모두 프랑스로 바꿔 게재했다.

을 강조했다. 놀랍게도 그 트위터리안은 프랑스 축구 국가대
표팀 선수인 벵자맹 멘디였다. 벵자맹의 행동은 국적에 대한
프랑스다운 접근이다. '국적은 핏줄과 상관이 없다. 문화로부
터 물려받은 것이다'라는 개념 말이다.

　그래서 프랑스에는 이민자들을 사회 구성원으로 '재교육'
하거나, 프랑스인으로서의 정체성을 심으려는 교육 프로그

램이 없다. 다른 나라에서는 이런 프로그램을 꽤 운영하는 것 같다. 하지만 프랑스에서는 이런 프로그램 운영 여부 자체가 첨예한 논쟁을 야기한다. 이민자들을 프랑스에 완전히 '아시밀라시옹assimilation, 동화'시켜야 한다는 주장과, 문화는 다르게 유지할지라도 '앙테그하시옹intégration, 통합' 정도만 하면 된다는 주장이 서로 맞서고 있다. 최근에는 이들을 사회 구성원으로 받아들이는데 완전히 실패했다는 주장도 나오고 있다. 정부가 적극적으로 나서서 이민자들을 위한 정책을 만들지 않았기 때문에, 이들이 게토를 형성하고 자기들만의 커뮤니티를 만들 수밖에 없다는 것이다.

하지만 프랑스 사람들이 기본적으로 갖고 있는 인식 때문에 '이민자를 위한 정책'을 만들기 어려운 측면도 있다. 프랑스 사람들은 굳이 사회 구성원들에게 특별한 정체성을 부여하거나 통합할 필요를 느끼지 않는다. '동화시켜야 한다'는 표현 자체를 약간 모욕적으로 느끼기도 한다. 만약 이민자 출신인 프랑스인에게 이런 말을 한다면 "프랑스인으로 만든다고? 난 이미 프랑스인이야"라는 반응이 돌아올 것이다.

거꾸로 다른 나라 사람들에게 묻고 싶다. 어떤 나라 사람이 '된다'는 것은 무엇인가? 한국인에게 '한국인이 된다'는 것은 무엇인가? 한국 사람이 되기 위해서는 어떤 자격을 갖추어야 하나? 나는 프랑스인의 자격은 '프랑스어를 할 줄 알고, 프랑스 여권이 있는 사람'이라고 생각한다. 그 이상은 필요하지 않다. 물론 이건 내 개인적인 생각이지만, 프랑스 사람들 다수가 이 생각에 공감할 거라고 생각한다.

그럼 이민자 1세대들은 어떻게 프랑스 국적을 취득할까? 우선 부모 둘 중 한 명이 프랑스인이거나, 프랑스에서 태어나서 자라면 프랑스 국적을 얻을 수 있다. 원래는 부모의 국적을 따라가는 '속인주의'만 인정했는데, 1998년부터는 속지주의도 인정하고 있다. 다만 조건이 있다. 11세에서 18세까지의 기간 동안 5년 이상 연속으로 프랑스에 거주해야 한다. 외인부대에 지원하고 일정 기간 이상 복무해도 프랑스 국적을 얻을 수 있다. 성인이 되기 전까지 프랑스와 관계 없는 삶을 살았다면, 군대에 지원하는 게 프랑스 국적을 얻는 가장 빠른 방법이다.

새로운 이민자나 난민을 받아들이는 문제에 대해서는 프랑스도 예전과 다른 입장이다. 예전에는 좀 더 '열린' 나라였다면, 이제는 많이 '닫히는' 추세다. 1980년대 말 미테랑 정권 때 총리를 지낸 미셸 로카르가 한 말이 있다. "프랑스는 세계의 모든 빈곤을 받아들일 수 없다… 하지만 그 일부

내가 생각하는 프랑스인의 자격 조건은 두 가지다.
프랑스어를 구사할 줄 알고, 프랑스 여권이 있으면 된다.

는 자기 몫으로 받아들여야 한다La France ne peut pas accueillir toute la misère du monde … mais elle doit en prendre sa part"라는 말이다.

난민 관련 토론을 할 때, 많은 사람들이 앞의 말만 인용하면서 난민 유입 반대의 근거로 사용한다. 하지만 로카르는 난민 배척론자들이 "자기 몫을 받아들여야 한다"는 부분을 생략해 자신의 의도를 왜곡했다고 주장한다. 그래서 이젠 이 문제로 도론할 때 이민자 유입을 반대하는 사람은 앞의 절반을 인용하고, 그래도 받아들여야 한다는 사람은 뒤의 절반을 인용하는 웃지 못할 상황까지 벌어지고 있다.

프랑스 국민들의 일반적인 인식을 따져 보면, 내전 등의 이유로 국가 상황이 불안정해서 난민 신청을 한 사람이라면 받아들여도 된다는 인식이 더 강하다. 이건 진보냐 보수냐를 떠나서 대부분 비슷하다. 하지만 단순히 경제적인 이유로 직업을 구하기 위해 유입되는 이민자는 이제 막아야 한다는 생각이 보편적이다. 이민자와 난민 문제는 프랑스 사회도 어떻게 풀어야 할지 논의가 진행되고 있는 주제다.

확산되는 무슬림
늘어나는 문화 충돌

이민자 문제는 경제적인 이슈뿐만 아니라, 문화적인 이슈도 있다. 프랑스는 기본적으로 정교분리가 되어 있고, 무교인 사람이 많은 국가인데, 무슬림들이 유입되면서 문화 충돌이 생겨나고 있다. 대다수의 프랑스 사람들은 이 문제를 크게 신경 쓰지 않는다. 하지만 이슬람교를 격렬하게 반대하는 소수의 사람들이 큰 목소리를 내고 있다.

한국에서는 정교분리가 특정 종교를 국가의 공식 종교로 삼거나 지원하지 않는다는 의미지만, 프랑스의 정교분리란 공공 기관이나 정치적인 의미를 가진 자리에서 종교색을 드러내지 않는, 좀 더 적극적인 의미에서의 분리를 의미한다. 학교는 조금 상황이 특수해서, 학생들도 종교색을 드러내지 않는 것이 권장된다. 종교는 개인의 자유지만, 가능한 한 사생활에 남겨야 한다고 생각하기 때문이다.

프랑스 사회가 이슬람교와 갈등이 있는 건 차별 때문이 아니라, 정교분리에 대한 인식 차이라고 주장하는 사람도 있다. 하지만 인종 차별주의자들이 정교분리를 핑계로 자신들의 혐오를 드러낸다. 상당히 복잡한 문제다.

프랑스에서 정교분리란 국가 소유의 건물이나 정치적인 자리에서
종교색을 드러내지 않는 것을 의미한다.

정교분리가 이슈이기는 하지만, 별다른 종교가 없던 프랑스 사람들이 이슬람교로 개종하는 사례도 생각보다 흔하다. 우리 이모는 1남 2녀를 두었는데, 그중 첫째 딸이 영국에서 만난 파키스탄계 사람과 결혼했다. 그러면서 이슬람교로 개종했고, 이후에는 오랫동안 런던에서 일하다가 지금은 중동에서 살고 있다. 그리고 이모의 둘째 딸 역시 본인 의사로 이슬람교로 개종했다. 이후에 계속 자신과 종교가 같은 사람을 찾다가, 몇 년 전에 무슬림과 결혼했다. 이처럼 프랑스에서는 인종과 관계없이 이슬람교가 점차 퍼지고 있다. 금발에 파란 눈을 한 무슬림도 종종 볼 수 있다. 오히려 유대교나 기독교에 비해 인기가 있다. 프랑스에서 유명한 어느 여성 래퍼도 이슬람교로 개종했는데, 개종하면서 래퍼 활동도 중단했다. 이전의 삶은 '의미 없는 삶'이었다며, 종교에 충실한 삶을 살고 있다고 한다.

하지만 그렇다고 해서 부정적인 인식이나 차별이 사라지는 것은 아니다. 앞서 말한 나의 이종사촌은 얼마 전 아이를 낳았는데, 아이 이름을 어떻게 붙여야 할지 상당히 고민했다. 이슬람식 이름 때문에 차별을 당하는 일이 빈번하기 때문이다. 집을 구할 때도 차별이 있다. 마르세유에 집을 구할 때 아랍계 프랑스 사람인 남편 이름이 아닌 자기 이름으로 집을 빌려야 했을 정도였다. 남편은 전형적인 아랍계 성과 이름이기 때문에, 집을 구할 때 차별을 받을 수 있다고 생각했다. 취업할 때도 차별이 있다. 아랍계, 아프리카계 이름을 갖고 있던 사람이 이름을 바꾸고 나서 직업을 구할 때 정말 큰 차이를 느꼈다든가 하는 경우도 심심치 않게 볼 수 있다.

인종 차별뿐만 아니라 지역 차별도 있다. 예를 들어 주소가 게토 지역이면 서류 심사에서 달락하는 경우가 종종 있다. 이사를 하고 나서 갑자기 면접을 볼 수 있게 됐다는 사례도 들었다. 사실 게토 지역이라고 해도 다 사람 사는 곳이고, 자기 지역에 애착을 가지고 있는 사람들도 많다. 이런 사람들은 지역 차별 때문에 자존심이 상하곤 한다.

외국인은 잘 모르는
프랑스인의 습관

한국에도 프랑스에 있는 사람들과 일 때문에 소통해야 하는 사람들이 늘고 있다. 이런 사람들은 프랑스의 리듬을 알아두면 좋다. 한국은 공식적으로 음력과 양력, 두 번의 설을 쉰다. 프랑스에도 이런 '설날 느낌'이 나는 날이 두 번 있다. 진짜 새해를 맞이하는 1월 1일과 9월 1일이다. 1월 1일은 이해할 수 있겠지만, 9월 1일이 왜 설날 느낌인지 의아할 것이다. 실은 학교의 개강과 여름 휴가에서 복귀하는 날이 이날이기 때문이다. 8월엔 대다수의 프랑스 사람들이 여름 휴가를 가서, 실제로 업무가 거의 마비가 된다. 이때는 각종 대금 지급까지도 멈추는 경우가 있다. 그러다 보니 9월 1일이 되면, 오래 서로 못 봤기 때문에 안부를 묻고 새로 시작하는 느낌이 든다. 학교의 경우, 여름 방학이 2개월 정도로 엄청 긴 데다가, 한국처럼 3월에 학년을 시작하는 게 아니라 9월에 시작해서 더 그렇다. 그래서 성인들도, 학생들도 9월 1일이 새해 같은 느낌이다.

내 친구 중에 프리랜서로 일하는 친구가 있는데, 이 친구도 8월에는 정말 어려움을 겪는다. 그 친구가 함께 일하는 회사는 직원들이 휴가 가기 전인 7월 말까지 온갖 피드백을 보낸다. 친구가 수정을 해서 보내면 8월에는 감감무소식이다가 9월에서야 직원들이 휴가에서 돌아와 피드백을 보낸다. 친구는 9월에 휴가가 계획되어 있는데 말이다. 이처럼 여러모로 곤란한 상황이 종종 발생한다.

한국 사람이 프랑스에 방문했을 때 느낄 수 있는 차이도 있다. 일단 공중도덕에서 인식의 차이가 있다. 프랑스에도 길거리에서 쓰레기를 쉽게 버리고 가는 사람들이 많다. 한국과의 차이라면, 한국에서는 주택가는 깨끗하고, 홍대 같은 번화가가 더 지저분하다는 점이다. 프랑스에서는 다른 사람 앞에서 쓰레기를 마구 버리는 것에는 거부감을 갖고 있어서 조심한다. 하지만 한국에서는 오히려 반대인 것 같다. 아마 애초에 깨끗한 곳에는 쓰레기를 버리기 더 힘들어서 그린 게 아닌가 싶다. 반면 번화가는 사람도 쓰레기도 많다 보니 슬쩍 버려도 쓰레기가 하나가 더해진 티가 나지 않는다. 어떤 한국 사람들이 편의점 바깥 테이블에 쓰레기를 잔뜩 남기고 가는 모습을 봤을 때는 정말 놀랐다. 쓰레기통이 바로 옆에 있는데도 말이다. 자리를 사용하고 떠날 때는 그래도 깨끗하게 치워 주는 게 예의라고 생각한다. 나는 길에 쓰레기를 버리는 것이나 공공장소를 어지럽히는 걸 싫어한다. 프랑스에서도 그런 행동을 하는 행인과 몇 번 말다툼을 한 적이 있다. 그래서 더 예민하게 받아들이는 것일지도 모른다.

개의 배설물은 오히려 한국 사람들이 잘 치우고, 프랑스 사람들이 더 무심한 것 같다. 이건 아마 묘한 자존심 때문인 것 같다. 개의 배설물을 치우는, 그러니까 '시중'을 드는 게 못마땅한 것이다. 도대체 누가 누구의 주인인지 모르겠다는

프랑스 사람들은 개를 시중드는 느낌을 싫어해 배설물을 잘 안 치운다.

느낌을 받는 모양이다. 반면 한국에서는 지금까지 치우지 않은 개의 배설물을 딱 한 번 본 정도다. 프랑스에서는 길을 가다 보면 방치된 개의 배설물을 쉽게 볼 수 있다. 내가 어렸을 때는 인도와 차도의 경계에서 개가 볼일을 보도록 했다. 비가 오면 하수구로 자연히 쓸려 내려가도록 한 것이다. 하지만 그마저도 사람들이 잘 지키지 않아서 인도가 더러워졌다.

'퍼스널 스페이스personal space, 남에게 침범받고 싶지 않은 일정한 물리적 공간'도 한국 사람들보다 약간 더 넓다. 한국에서는 간혹 여러 사람들이 함께 길을 가며 길을 막아서 곤란한 적이 있다. 좀 과장해서 말하자면, 바짝 다가가서 뒷목에 숨을 쉬어도 비켜 주지 않을 기세였다. 프랑스 사람들은 기본적으로 퍼스널 스페이스가 넓어서, 뒤에서나 맞은편에서 사람이 다가오면 미리 일른 비켜 준다. 거의 몇 미터 앞에서부터 설대 스치지도 않게 비킨다. 사람이 붐비는 장소에서 어쩔 수 없이 조금 스치라도 하면 재빨리 사과한다.

인사도 중요하게 여긴다. 만약 프랑스 여행을 간다면 "봉주흐bonjour, 안녕하세요", "메흐시merci, 감사합니다"라는 인사말 정도는 배울 필요가 있다. 가게에서도 이렇게 인사를 하면서 말을 거는 것이 예의다. 그렇지 않으면 직원 기분이 상할 것이고, 서비스를 받는 입장에서는 결코 달갑지 않은 상황이 된다. 아시아권 국가에서는 손님이 왕인데, 프랑스에서는 직원이 왕인 느낌이 있다.

또 프랑스인들은 체크, 즉 수표를 많이 쓴다. 체크를 쓰는 건 유럽에서도 유독 프랑스에서 고수하는 관행이다. 독일 같은 다른 유럽 국가들은 많이 쓰지 않는다. 한국에서는 현금을 많이 들고 다니기 부담스러울 때는 계좌 이체를 많이 하는데, 우리는 그 대신 수표를 쓴다. 프랑스는 몇 년 전까지 신용 카드를 사용하려면 일정 금액 이상을 써야 하는 규제가 있었다. 10유로 이하는 카드 결제가 되지 않았는데, 최근에는 이 제한이 1~2유로 정도로 낮아졌다. 물론 수표 사용에 문제가 있을 수 있다. 수표를 돈으로 바꾸러 은행에 갔는데 그 사람 계좌에 돈이 없을 수도 있지 않나? 우리는 이걸 '나무 수표chèque en bois, 부도 수표'라고 부른다. 하지만 수표 사용은 일종의 습관 같은 거라서 고치기가 쉽지 않다.

마지막으로 프랑스 사람들은 차를 깨끗이 관리하지 않는 편이다. 한국 사람들이 보면 차가 지저분해서 깜짝 놀랄 것이다. 프랑스 사람인 내 입장에서는 오히려 한국 차들이 너무 반짝거려서 놀랐다. 프랑스 사람들에게 자동차는 그저 잘 굴러가기만 하면 된다는 인식이 강하다. 흠집이 조금 나도 별로 신경 쓰지 않는다. 한국에서는 흠집은커녕 먼지를 뒤집어쓴 자동차조차 별로 없다. 차 문에 '문콕방지용' 스폰지를 붙이는 것도 한국에서 처음 봤다. 내가 프랑스에서 본 어떤 차에는 먼지가 가득했는데, 누가 손가락으로 창문에 '더럽다'라고 써 놓았을 정도였다.

갈랑트히는
페미니즘의 적인가?

프랑스 사회에 널리 퍼진 '갈랑트히galanterie'라는 문화가 있다. '여자에 대한 친절'을 의미하는 용어로, 일종의 교양이나 예의로 여겨진다. 여성에게 자리를 양보하거나, 앉기 편하도록 의자를 빼 준다거나, 문을 잡아 준다거나 하는 행동들 말이다. 갈랑트히 때문에 프랑스 남자가 로맨틱하다는 이미지가 생겼을지도 모르겠다.

사실 나는 어렸을 때 갈랑트히가 여성 혐오의 시작이라고 생각했다. 여성을 동등한 인격체로 보지 않고 지켜 줘야 할 약한 존재로 보기 때문에 갈랑트히가 있는 것이라고 말이다. 하지만 지금은 인식이 조금 바뀌었다. 과거에 어떤 이유로 갈랑트히가 생겼는지 모르겠지만, 현재 프랑스 대다수의 남자들은 그냥 여성에게 잘해 주고 싶어서, 친절한 태도를 취하고 싶어서 이런 행동을 한다.

궁극적으로는 갈랑트히마저 없어지고 모두가 그냥 인간 대 인간으로 편하게 대하면 가장 이상적일 것이다. 하지만 페미니즘 이슈에서 갈랑트히 같은 전통을 바꾸는 것은 우선 순위에서 조금 밀린다고 생각한다. 임금 차별이나 유리 천장 같은 더 중요한 문제를 먼저 해결하고 좀 더 평등한 사회가 만들어지면, 그때는 이런 걸 없애자고 논의해 볼 수 있을 것 같다.

나는 어렸을 때 남녀가 평등하다고 생각해서, 중학교 3학년 때 여학생과 치고받고 싸운 적이 있다. '남녀는 평등하고, 재가 나를 먼저 공격했으니까 나도 때려도 돼'라고 생각했다. 어릴 때는 남학생과 여학생의 체격이나 체력이 큰 차이가 없어서 그렇게 생각했던 것 같다. 하지만 그 일로 선생님께 엄청나게 혼이 났다. 선생님은 "여자는 장미로도 때리지 말라"고 말씀하셨다. 어린아이는 언젠가 자라서 성인이 된다. 나처럼 생각했던 남자아이가 그대로 자라서 성인이 된다면 체격과 힘의 차이를 미처 생각하지 못하고 폭력을 휘두를 수도 있다. 선생님은 아마 그런 이유로 엄격하게 가르치셨을 것이다. 그 이후로 나도 인식이 바뀌었다.

프랑스는 성 평등이라는 관점에서 보았을 때, 아직 북유럽 나라들과 비교할 만한 수준은 안 된다. 아직도 평등은 멀고, 더 노력해서 나아가야 하는 상황이다. 1960년대까지는 여성이 혼자 은행 계좌를 열 수도 없었고, 1946년 이전에는 투표도 할 수 없는 등 지금과는 비교할 수도 없이 심각한 상황이었다. 지금은 여성들이 경제적으로 독립을 해서 자유롭게 이

혼할 수도 있고, 피임약이나 임신 중절 시술도 발전해서 예전보다는 많은 권리를 누릴 수 있게 됐다. 하지만 아직도 갈 길이 멀다.

내가 어렸을 때는 브루타뉴에 있는 할머니의 여동생, 그러니까 이모할머니의 집에서 여름마다 휴가를 보냈다. 이모할머니는 옛날 분이셔서 성 역할에 대한 고정 관념이 뚜렷하셨다. 부엌은 자기만의 왕국이기 때문에, 아이나 남자는 접근하지 못하게 했다. 이모할머니는 집안의 주방이 자신의 통제 하에 있다는 데 자부심을 가지고 계셨다. 이건 일종의 문화 차이이자 세대 차이다. 고작 몇십 년의 세대 차이인데도, 마치 다른 나라 같았다.

프랑스의 20~30대 젊은이들 얘기를 들어 보면, 남자들도 성 평등을 원하는 경향이 강하다. 이들은 가정이나 사회에서 남자라고 해서 특별히 우월한 지위를 누리고 싶어 하지 않는다. 가정에서 아이를 돌볼 때도 오히려 더 적극적으로 참여하고, 가족과 많은 시간을 보내고 싶어 한다. 사회적인 분위기도 많이 바뀌어서, 요즘은 남성 가정주부도 그렇게 이상하게 여겨지지 않는다. 아직도 여성에 비하면 드물긴 하지만, 인식 자체는 변했다. 우리 작은형은 예전에 연극 관련 일을 했다. 연극 일은 수입이 적었고, 당시 형수는 작은형보다 수입이 많았다. 그때 나는 작은형이 주부로 일해도 괜찮을 것 같다고 생각했다. 가사나 육아가 형의 성격과도 맞는다고 생각했기 때문이다. 그리고 집안일은 체력이 좀 필요한 경우가 많은데, 형수는 체력이 약해서 가사를 힘들어했다.

그러나 아직도 완전한 남녀평등까지 가는 길은 요원한 것 같다. 우리 큰형수는 여장부 스타일이다. 큰형도 성격이 강해서 둘이 아주 잘 맞는다. 그런데 큰형 부부의 딸은 소위 '여성스러운 스타일'에 가깝다. 아마 학교에서 영향을 받은 것 같다. 아무리 부모가 평등한 인식을 심어 주려고 애를 써도, 아이가 학교에서 시간을 더 많이 보낸 탓에 부모의 의도와는 다른 생각을 갖게 될 수 있다. 학교나 다른 아이들이 모이는 공동체에서는 여전히 남녀를 다르게 대우하는 편이다. 주변 사람들도 옷을 물려줄 때 어쩐지 죄다 핑크색 옷을 물려준다. 큰형 부부는 전혀 그렇게 키우고 싶지 않았지만, 결과적으로 지금 조카를 보면 완전히 공주님 같다. 젊은 세대는 큰형 부부처럼 평등한 인식을 가지고 아이를 대하려고 하는데, 아직 사회 환경이 그 의식을 따라오지 못하는 모양새다. 매체에서도 고정된 성 역할을 보여 주기 때문에 이런 영향도 무시할 수 없다.

프랑스 페미니즘의 조류는 크게 두 갈래다. 한쪽은 '여자는 인간일 뿐, 남자와 완전히 동등하다'고 주장하고, 다른 한쪽은 '여자는 동등한 권리를 누려야 하기는 하지만, 여자만의 특징이 있다'고 주장한다. 프랑스 정부 부처에는 양성평등부가 따로 있는데, 2019년 현재 장관은 마를렌 시아파다. (2023년에는 이자벨 롬이 장관직에 올랐다.) 시아파는 페미니스트로 널리 알려져 있는데, 둘 중 어느 입장이냐는 질문에 "모른다"고 대답했다. 정치인이 모른다는 대답을 하기는 어렵다. 하지만 그는 자신도 진리를 알고 있는 것은 아니라며, 양쪽 다 존중하면서 "두 배에 탄 것처럼" 행동하겠다고 했다. 시아파 본인은 여자를 그냥 인간으로 보고 싶은데, 다른 사람의 시선 때문에 '여자'라는 것을 느끼게 된다고도 했다. 나는 그 인터뷰를 보고 시아파가 대단한 사람이라고 생각했다.

성 평등 이슈 중에는 성 중립 철자법인 '포괄적 맞춤법écriture inclusive' 논쟁도 있다. 남성 중심의 프랑스어 철자법과 문법을 바꿔 글쓰기에서 남녀평등을 이루자는 주장이다. 프랑스어에는 명사에도 남성 명사, 여성 명사가 따로 있다. 직업을 가리키는 단어에도 성별이 부여돼서 언어에서부터 차별이 시작된다. 어떤 직업은 남자 직업, 어떤 직업은 여자 직업으로 단어 자체가 성별을 규정짓는다.

프랑스어에는 직업을 의미하는 단어에도 성별이 부여돼서
이를 바꾸려는 움직임이 있다.

문법상으로도 문제가 있다. 예를 들면, '남성 명사는 여성 명사를 이긴다', '한 문장 안에 남성 명사와 여성 명사가 동시에 들어간다면 남성형에 맞춰서 동사를 써야 한다'는 법칙이 있다. 언어에서부터 차별적인 인식이 뿌리내릴 수밖에 없다. 이건 미국에서 'fireman 소방관'을 'firefighter'로 바꾸는 것 같이 중성적인 단어를 만드는 움직임과는 다르다. 우리는 애초에 없었던 여성형 난어를 만들어야 한다. 문법도 여성형으로 연결할 수 있게 해야 한다는 주장이다. 성 중립적인 단어를 새로 만드는 게 아니라, 남성형-여성형 언어를 둘 다 같이 병기하자는 흐름에 가깝다.

한국은 2019년 4월 11일, 헌법재판소에서 낙태죄 헌법불합치 판결이 나오면서 드디어 여성의 성적 자기결정권을 인정받았다. 프랑스에서는 일반적으로 낙태를 여성의 권리라고 생각한다. 1970년대에 보건부 장관이었던 시몬 베유가 낙태법을 통과시킨 이후로, 프랑스에서는 합법적으로 낙태가 가능하다. 물론 종교적인 이유나 개인적인 가치관으로 낙태를 반대하는 사람도 있다. 하지만 그건 자신의 신념이고, 남의 선택을 아예 법적으로 막는 것은 불합리하다는 인식이 보편적이다.

아시아인 여성이 프랑스에 갔을 때 흔하게 겪는 불쾌한

경험 중 하나가 '캣 콜링 cat calling, 길에서 여성에게 추파를 던지는 형식의 성희롱'이라고 한다. 이건 인종을 떠나서 프랑스 여성들도 흔하게 겪는 일이다. 캣 콜링은 소수의 남자들이 하지만, 모든 여자들에게 해대니까 과대 대표된다고 생각한다.

몇 년 전에 어떤 캠페인 포스터를 본 적이 있다. 지하철 노선도처럼 라인을 그려 놓고, 역명 대신에 사람들의 말을 써 놨다. "아가씨!", "너 예쁘다", "전화번호 뭐야?", "이 짧은 치마는 날 위해 입은 거야?", "대답 좀 해, 이 창녀야!" 같이, 여성들이 듣는 폭력적인 말들을 나열했다. 역을 하나씩 지날수록 점점 더 심해지는 말의 수위를 보면서, 여성들이 일상적으로 어떤 폭력을 당하고 있는지 깨닫게 하는 캠페인이었다.

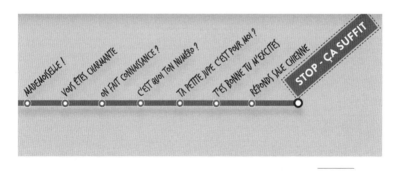

캣 콜링을 자제할 것을 요구하는 캠페인.

이런 걸 볼 때마다, 여자아이들에게 어렸을 때부터 무술을 가르쳐야 하는 게 아닌가 하는 생각이 든다. 꼭 자기 몸을 스스로 지키라는 의미가 아니다. 다만 무술이나 스포츠를 배우면 자기 몸을 어떻게 써야 할지 알게 되고, 자신감도 키울 수 있다. 슬픈 얘기지만 프랑스 사회도 약자에게 더 공격적인 사회다. 그래서 여자아이라고 마냥 약하게 키우면 나중에 힘들 깃 같다. 위기에 내쳐하는 공격력도 함께 키울 필요가 있다.

파리의 원심력과 구심력

서울과 닮았지만
확연히 다른 파리

파리는 세계인들이 사랑하는 아름다운 도시다. 파리에는 고층 빌딩이 많지 않다. 보존을 위한 규제가 있어서 고층 빌딩 건설을 할 수 없기 때문이다. 많은 나라에서는 고층 빌딩이 도시 발전의 상징이지만, 프랑스에서는 그렇지 않다. 오히려 파리 외곽 지역에 높은 빌딩들이 모여 있다. 서울의 스카이라인은 부의 상징이지만, 프랑스에서는 외곽 지역의 상징이다.

파리의 외곽 지역은 '방류banlieue'라고 부르는데, 주로 저소득층 노동자들이 거주하고 있다. 방류 지역에도 일자리가 모여 있는 구역이 있어 파리를 보조하는 역할을 한다. 한국

사람들에게는 이런 환경이 좀 생소할 수 있다. 대부분의 일
자리가 서울에 밀집되어 있고, 경기도가 베드타운bed town에
가깝기 때문이다. 하지만 행정 구역상 파리의 면적은 서울의
5분의 1도 되지 않기 때문에, 동일하게 놓고 비교하기는 어
렵다. 이런 이유로 파리를 주변 지역과 합쳐서 넓히자는 주
장도 있다. 서울이 예전엔 사대문 안만 지칭했지만, 지금은
훨씬 넓어진 것처럼 말이다.

파리의 면적은 서울의 5분의 1도 되지 않는다.

파리 시내에는 이미 어느 정도 기반을 다진 사람들이 거주한다. 그래서 시간이 지날수록 점점 젊은 사람들이 외곽으로 빠져나가는 경향이 있다. 젠트리피케이션도 심하다. 자금 사정이 여유롭지 않지만 파리에 살아야 하는 사람들은 '샹브흐드 본느Chambre de bonne, 하녀방'라고 하는 아주 열악한 집에 산다. 하녀방은 과거에 다른 집에서 고용살이를 하던 하녀들이 쓰던 방을 말한다. 주로 지붕 바로 아래에 있고, 방 크기도 턱없이 작아서, 프랑스의 최소 임대 면적 기준을 위반하는 경우가 대부분이다.

한국 사람들은 서울의 집중화를 얘기하면서, 너무 많은 인구가 서울에 집중되어 문제라고 말한다. 하지만 내 입장에서 보면 부산이나 광주 같은 대도시들도 프랑스 파리를 제외한 다른 지역보다 훨씬 인구가 많다. 릴 같은 경우는 파리에서 가깝고, 한국으로 치면 광역시에 해당하는 도시나. 그런데도 인구 규모로 보면 광주와는 비교할 수 없을 만큼 적다. 릴과 주변 지역 도시를 다 합쳐야 간신히 비슷하다. 프랑스 기준에서 보면 한국의 광역시들은 정말 인구가 많은 편이다. 한국 광역시 중 가장 인구가 적은 울산도 프랑스에 가면 파리를 제외하고 가장 인구가 많은 도시가 될 것이다. 몇 년 전에 울산에 가 본 적이 있는데, 도시가 너무 커서 깜짝 놀랐다. KTX로 울산에 도착했는데, 울산에 있는 일산해수욕장에 놀러 가려고 버스를 정말 오랫동안 탔던 기억이 난다. 프랑스에서는 울산 중심부와 일산해수욕장 정도의 거리라면 아마 하나의 도시가 아닐 것이다.

프랑스에는 워낙 예전부터 있어 온 작은 도시들이 많고, 대체로 행정 구역을 통폐합하는 일 없이 유지한다. 그래서 프랑스와 한국은 도시 개념 자체가 아예 다르다고 느낀다.

개인적으로 한국 방식도 나쁘지 않다고 생각한다. 행정 시설 같은 걸 좀 더 효율적으로 만들 수 있을 것 같다. 하지만 프랑스인들은 원래 있던 마을이나 도시를 그대로 유지하는 편을 선호한다. 이렇게 말하면 한국 사람들이 어떻게 생각할지 모르겠는데, 한국 사람들은 예쁜 건물은 지어도 예쁜 도시를 만들지는 않는 것 같다. 개인적인 추측이지만 전쟁을 겪고 나서 경제성이나 효율성, 실용성 같은 것에 우선순위를 둔 것 같다. 이런 이유로 점점 도시를 어떻게 예쁘게 만들어야 하는지 모르게 된 것이 아닌가 싶다.

프랑스 도시에 영향을 많이 준 것은 '하이퍼마켓' 문화다. 우리는 대형 마트를 하이퍼마켓이라고 부르는데, 한국으로 치면 이마트나 홈플러스 같은 대형 마트 체인과 비슷하다. 하이퍼마켓이 나타나기 전에는 규모가 크든 작든 과일 가게, 빵 가게 등 소규모 가게들이 따로따로 있었다. 그런데 1970년대부터 미국의 대형 마켓을 보고 벤치마킹을 하더니 하이퍼마켓을 만들기 시작했다. 오샹Auchan은 이런 식으로 설립된 하이퍼마켓 체인의 선구자격인 브랜드다. 오샹의 계열사 중에 스포츠용품 전문 판매점인 '데카트론Decathlon'이 있는데, 현재 인천 송도에도 진출해 있다. 다양한 스포츠 관련 용품이 갖춰져 있어서, 나처럼 스포츠를 즐기는 사람에게는 마

프랑스의 대표적인 하이퍼마켓 '오샹'.

치 천국 같다. 처음 송도에 오픈했을 때는 한국에 사는 프랑스인 친구들과 환호성을 질렀다. 오샹의 대표는 프랑스에서는 3대 자산가에 꼽힐 정도다.

이런 하이퍼마켓은 주로 도시 외곽에 짓는다. 작은 도시의 소매점들은 이런 하이퍼마켓과 경쟁 자체가 안 된다. 모든 물건이 대부분 소매점보다 싸고, 한곳에서 모든 쇼핑을 해결할 수 있기 때문이다. 이제는 하이퍼마켓 근처에 극장이나 볼링장 같은 오락 시설도 생기기 시작했다. 결국 이 영향으로 중소 도시는 다 죽어 가고 있다. 도시 내에 있던 가게들은 하나씩 문을 닫고, 가게가 없어질수록 손님은 더 오지 않는다. 프랑스에는 하이퍼마켓 브랜드도 많아서 마트끼리 경쟁도 심하다. 외국 마트 브랜드가 들어오지 못했을 정도다.

파리에 살지 않으면
서러운 이유

프랑스의 파리 집중화를 얘기할 때 기차를 비롯한 교통, 도로 인프라 얘기를 빼놓을 수 없다. 테제베 TGV, 프랑스의 고속 철도 라인은 모두 파리 위주로 짜여 있고, 다른 지역들은 대도시 사이라고 해도 열차 라인이 잘 갖춰져 있지 않은 경우가 대부분이다. 승객이 많지 않은 노선까지 모두 테제베로 운영할 수 없다는 것까지는 이해할 수 있다. 그렇다면 테제베 이외의 완행 노선을 만들어서 서비스를 해야 하는데 그렇지 않다. 완행 노선을 찾기도 어려울 뿐더러, 있더라도 한참을 돌아가야 한다.

프랑스의 열차 노선을 곰곰이 살펴보면, 테제베를 제외한 일반 열차를 의도적으로 없앴다는 느낌이 들 정도다. 내가 2000년도에 릴에서 파리행 열차표를 구입하려 한 적이 있다. 테제베 표는 아무래도 비싸고, 마침 시간 여유가 있어서 저렴하고 느린 다른 열차표를 사고 싶었다. 릴에서 파리까지는 테제베로 1시간 정도 거리다. 그런데 기차 시간표를 보니 완행열차를 타고 가면 6시간이 걸렸다. 한국의 무궁화호 같은 완행열차였는데, 한 번에 목적지까지 가는 게 아니라 빙 돌아가는 노선이었다. 게다가 정차를 할 때마다 대기까지 했다. 단순히 운행 속도가 느린 게 문제가 아니었다. 그때 일부러 테제베 이외의 열차 노선을 없앴다는 인상을 받았다.

그러다 보니 지방에서는 지역에서 지역으로 움직이려면 너무 힘들다. 한국에서 부산-광주 간 이동이 불편하듯이, 프

프랑스의 대중교통 수단은 얼마 전까지도 테제베 위주였다.

랑스에서도 마찬가지다. 보르도에서 마르세유까지 자동차로 6시간 정도 소요되는데, 철도도 비슷하게 걸린다. 하지만 파리에서 마르세유까지는 자동차로 7시간 30분이 걸릴 만큼 훨씬 더 먼 거리인데, 철도로는 3시간 30분밖에 걸리지 않는다. 정부가 테제베를 집중 지원하는 것은 열차 분야의 기술 발전을 위해서일 것이다. 그 성과로 프랑스는 최고 수준의 고속 열차 기술을 갖게 됐다. 하지만 이런 집중 지원 때문에 다른 교통수단이 불편해진 것 역시 사실이다.

또 한 가지 놀라운 점은, 프랑스에는 얼마 전까지 고속버스가 없었다는 점이다. 예를 들면, 릴과 파리는 가까운데도 두 도시를 잇는 고속버스가 없었다. 오래 전부터 대중교통은 모두 국영 철도 회사 SNCF가 독점했기 때문이다. 이 회사가 모든 대중교통을 전부 다 운영할 수 있고, 그 외의 대중교통 운송 수단은 불법이었다. 이 철도 회사는 테제베를 발전시키고 이용객을 늘리기 위해서 버스 노선을 만들지 말자고 결정했다. 그래서 프랑스의 장거리 대중교통 수단은 오로지 철도뿐이었다.

몇 년 전까지만 해도 이런 상황이었는데, 마크롱 대통령이 경제부 장관으로 재임할 때 고속버스를 만들었다. EU와 시장 자유주의 때문에 더 이상 공영 철도 회사가 운송 수단을 독점할 수 없게 됐다. 문제는 원래 없던 고속버스가 생긴 지얼마 되지 않아서 시설이 제대로 갖춰져 있지 않다는 것이었다. 2023년 현재도 고속버스 터미널이 없다. 다른 나라 사람들이 이 얘기를 들으면, 대체 어디서 버스를 타냐고 물을 것이다. 릴에서는 기차역 앞에 그냥 고속버스들이 늘어서 있다. 버스를 기다릴 때도 그냥 노상에서 기다려야 한다. 춥거나 더울 때는 아주 고역이다. 언제까지 버스를 타기 위해 추위 또는 더위와 맞서야 할지 알 수가 없다.

이렇게 철도에 치중해서 발달이 되어 있으면 도로 사용이 적을 것 같지만 그렇지도 않다. 유럽 내 물류를 담당하는 화물 트럭들도 있고, 승용차로 이동하는 사람들도 많다. 정확한 파악은 어렵지만, 유럽에서 화물 트럭들이 가장 많이 지나는 나라 중 하나가 프랑스일 것이다. 화물 운송에 철도를 이용할 수도 있을 것 같은데, 운송비 문제 때문에 철도를 사용하는 화물 물량이 많지 않다.

SNCF의 독과점은 프랑스에서도 불만이 많았다. 합리적인 운영이 안 되고, 소비자들이 피해를 본다는 인식이 강했다. 1990년대에는 기차표를 미리 사 둔 상태에서 기차를 놓쳐도, 기차 출발 이후 1시간까지는 100퍼센트 환불을 받을 수 있었다. 하지만 2000년대에 들어오면서 많이 변했다. 가격도 많이 오르고, 혜택도 줄었다. 그리고 가격도 오락가락 천차만별이라서 소비자 입장에서는 여간 불편한 게 아니다. 오늘 사는지 내일 사는지, 아침에 사는지 저녁에 사는지에 따라 같은 기차표 가격이 달라진다. 이제는 버스도 생기고 더 이상 독점도 아니라서 좀 더 합리적인 운영을 하기 시작했다.

방송국 역시 파리나 파리 외곽 도시에 몰려 있다. 그 외에는 지역 방송뿐이다. 방송국이 파리에 몰려 있다는 건 언론인들의 관심 역시 파리에만 몰려 있다는 걸 의미한다. 그러다 보니 지역의 목소리는 묻히는 경우가 많다. 그런데 오히려 이를 역이용하는 경우도 있다. 민영 방송 〈TF1〉에는 점심 때 진행하는 유명한 앵커가 있는데, 프로그램 마지막에 항상 지역 뉴스를 짤막하게 전한다. 〈TF1〉은 전통을 중시하고 보수적 색채가 강한 방송국이라 나 같은 사람은 거의 안 본다. 특히 이 프로그램은 사회적으로 문제가 되는 시사 이슈도 잘 다루지 않는다. 호불호가 갈리지만, 좋아하는 사람은 아주 좋아해서 시청률이 높고 인기가 많다. 그런 프로그램에서 파리 중심 이슈를 다루다가 한 꼭지만 이렇게 지역 뉴스를 다루는 것인데, 이것만으로도 지방 사람들에게 인기를 얻고, 자기들이 지역의 목소리를 전한다는 자부심이 대단하다.

파리고

텟 드 보

한국에서 '서울 깍쟁이'라는 말이 있듯이, 프랑스에도 파리 사람들을 가리키는 '파리고parigot'라는 단어가 있다. 그냥 '파리 사람'이라는 뜻인데, 주로 얕잡아보거나 조롱하는 의미로 사용한다. '파리고 텟 드 보parigot tête de veau'라고 사용하기도 한다. 텟 드 보는 '송아지의 머리'라는 뜻인데, 특정한 의미가 있다기보다는 그냥 조롱의 의미다. 그래서 '파리고 텟 드 보'라고 하면 잘난 척하고 무례한 파리 사람을 뜻한다.

파리지앵과 지방 사람의 관계를 보여 주는 경험담이 하나 있다. 2006년에 나는 장학금을 받아서 러시아에 한 달 동안 어학연수를 갈 기회가 있었다. 거기에는 프랑스 전역에서 모인 학생들이 있었다. 당시 나는 사정이 있어 비행기를 놓쳤고, 그 때문에 뒤늦게 합류를 했다. 내가 합류했을 때는 이미 처음부터 모인 사람들이 그룹을 만들어 끼리끼리 다니고 있었다. 나는 기본적으로 출신을 가리지 않고 두루두루 잘 지냈고, 전에도 러시아에 가 본 적이 있었기 때문에 그들 사이에서 '선배' 이미지가 있었다. 덕분에 파리 출신과 지방 출신, 양쪽의 얘기를 들을 기회가 있었다. 지방 사람들은 파리 사람들이 너무 도도하고 잘난 척해서 친해지기 어렵다고 불평했고, 파리 사람들은 지방 사람들과 잘 안 맞는다고 불평했다. 그래서 '아, 정말 파리와 지방 간에 서로 이해하기 어려운 점이 존재하는구나'라는 걸 알게 됐다.

프랑스에서는 파리가 수도라고 해서, 다른 지방에 사는 사람들이 자주 상경해서 볼일을 보거나 하지 않는다. 나 역시 릴이 파리와 꽤 가까운데도, 10대 때까지 서너 번 정도 가 봤을 뿐이다. 중학교 때 소풍 때문에 갔고, 그 외에는 가끔 공연을 보러 가는 정도? 하지만 파리와 좀 거리가 있는 지역, 예를 들면 프랑스 남부 지역에서는 가까운 큰 도시로 가지 굳이 파리까지 가지 않는다. 파리와 다른 지역의 주도 간에 문화 시설이나 인프라의 차이는 물론 있다. 그러나 지방에 살고 있는 사람들은 굳이 파리로 가려고 하지는 않아서 어느 정도 차이가 나는지 알 수 없다. 별로 부족하다고 느끼지도 않는다. 대학 진학도 마찬가지다. 큰 도시에서 대학을 다니고 싶다면 굳이 파리가 아니라 자기 지역의 주도로 간다. 경상남도에 사는 한국 사람이 서울로 진학하지 않고 부산으로 가는 셈이다.

지방에서 온 사람들이 파리나 파리 사람들을 무조건 좋게 보는 것도 아니다. 파리는 도로도 더럽고, 사람도 너무 많다.

파리 사람들의 운전 습관은 거칠기로 소문이 나 있다.

파리 사람들의 운전 습관도 좋은 편이 아니다. 릴은 좀 얌전하고 예의 바른 운전자가 많고, 항구 도시인 마르세유는 평판이 아주 나쁘다. 파리도 마르세유 정도는 아니지만 거칠다. 이렇게 차이가 나니 지방에서 올라온 사람들은 스트레스를 많이 받는다. 잠깐 방문했을 때도 스트레스를 느끼는데 살고 싶다는 생각을 하기는 더더욱 어려울 것이다.

아무래도 일자리는 파리 근교가 가장 많다. 그런 까닭에 지방에서 파리로 취직을 하러 상경하는 젊은이들이 많다. 하지만 월세나 생활비가 너무 비싸서 정착하기는 쉽지 않다. 물론 분야에 따라, 예를 들면 예술이나 방송 분야라면 반드시 파리에 가야 한다. 이런 분야에서는 정말 성공하고 싶으면 파리만이 답이다. 연극 일을 했던 작은형은 파리로 가지 않았었는데, 결국 연극 쪽 진로를 포기하고 다른 일을 하게 됐다. 하지만 일반 사무직이라면 굳이 파리에 갈 필요가 없다. 어쩌면 이런 프랑스 사람들의 특성이 더욱 파리와 지방 간의 거리를 멀게 느끼도록 만드는 것일지도 모르겠다.

프랑스의 밥벌이 고민

머리만 남은
프랑스의 산업

프랑스는 1980년대부터 국가 내부에서 공장을 없애는 정책을 시행했다. 정부 주도하에 제조업 공장은 다른 나라에 싼값에 외주를 주기 시작했다. 대신 프랑스는 고도의 기술이 필요한 제조업만 일부 남기거나, 금융 및 고부가가치 3차 산업 등을 발전시키고자 했다. 지금 돌아보면 결과적으로는 실수였다. 제조업 중에도 기술집약적인 산업, 즉 비행기 생산을 비롯한 군수 산업 등은 여전히 프랑스에 일부 남아 있다. 하지만 지금도 매년 일반 제조업 공장은 계속 폐쇄되고 있다. 기술집약적인 산업을 발전시킨다고 해도 모든 사람들이 그런 기술을 습득한 엔지니어가 될 수는 없는 노릇이다. 결

과적으로 이 정책은 실업률이 높아지는 한 요인이 됐다. 이
건 그야말로 오만한 정책이었다. 사람의 몸으로 따지면 프랑
스는 머리 역할만 맡고 팔다리는 다른 나라에 맡기겠다는 것
이나 다름 없다. 하지만 프랑스의 팔다리 역할을 수행하던
나라라고 머리가 없겠는가? 결국 프랑스 제조업을 뒷받침하
던 나라들도 기술 발전을 이룰 것이고, 그러고 나면 프랑스
의 기술이 필요 없어질 것이나.

우리가 남기고자 한, '머리'에 해당하는 산업 역시 위기를
맞고 있다. 몇 년 전, 미국 회사인 GE가 알스톰이라는 프랑
스 회사의 에너지 부문을 인수했다. 매각할 때, 프랑스 정부
와 알스톰은 기존 인력의 고용 유지와 프랑스 내 신규 고용
을 조건으로 달았다. 그런데 알스톰을 살 때는 그러겠다고
한 GE는 이후 경영이 어렵다는 이유로 약속을 지키지 않았
다. 결국 원천 기술만 빼앗기고 말았다. 알스톰 에너지는 원
래 프랑스 원자력 발전소에 납품하던 회사였다. 그런데 이
제는 GE에 인수 합병됐으니, 프랑스의 원자력 발전소를 유
지하고 보수하는 데 미국에 의존하는 상황이 됐다. 원래 원
자력 발전을 프랑스의 주 에너지원으로 삼은 것은 1970년대
석유 파동 때문이다. 석유 자원에 얽매이지 않는 에너지 독
립을 외치며 원자력으로 선회했는데, 이제는 미국 기업에 종

뷔제 Bugey 지역의 원자력 발전소.

속된 셈이다.

프랑스에도 원자력 발전에 반대하는 사람들이 있다. 동일본 대지진 사태 이후에 특히 그렇기는 한데, 원래도 그린피스 같은 환경 보호 단체들이 지속적으로 반대 운동을 해왔다. 이들은 테러 위험을 일깨우고자 원자력 발전소에 들어가서 불꽃을 쏘아 올리는 퍼포먼스를 벌이기도 했다. 일개 환경 운동가인 자신들도 이렇게 쉽게 침입할 수 있는데, 테러리스트들 역시 쉽게 들어와 테러를 감행할 수 있지 않겠냐는 메시지다. 일반 시민들 중에도 원자력 발전을 반대하는 사람들이 있는데, 우리 아버지도 그런 사람 중 하나다. 아버지는 차에 탈원전 스티커를 붙이기도 했다. 어쨌든 프랑스는 다양성을 존중하는 사회라서 여기에 대한 의견도 다들 제각각이다.

대부분의 사람들은 원자력을 에너지원으로 삼는 것에 대해 깊이 생각하지 않지만, 일부 프랑스 사람들은 원자력 발전에 대한 자부심이 있다. 프랑스 전력청 EDF의 경우 광고를 할 때 에너지 독립성이 큰 나라라는 자부심을 내세운다. 또한 원자력 발전을 지지하는 사람들은 이것도 일종의 산업이고 일자리 창출이라고 주장한다. 하지만 '어떤 발전을 하든지 고용은 똑같이 창출되는 것 아닌가?' 하는 생각이 들 때도 있다.

원자력 발전을 위한 기술도 계속 개발 중인데, 2023년 말에 3세대 원전 기술을 적용한 원자력 발전소가 가동될 예정이다. 이 발전소는 프랑스 내 원자력 발전의 흐름이 고스란히 담겨 있다. 원래 독일과 협력해 극단적인 안전 조건을 적용하여 2010년에 건립될 예정인 발전소였지만, 계획 마무리 단계에서 독일이 빠졌고, 2011년에는 일본 후쿠시마 원전 사고가 터지는 바람에 발전소의 건설 동력을 잃었다. 그 과정에서 원전 건설에 필요한 노하우와 인적 자원을 잃었고, 결국 12년이 지나고 10억 유로의 추가 비용을 들어서야 원자력 발전소 완공을 앞두고 있다. 3세대 원전 기술이 적용된 원자력 발전소 가동이 현실화되자, 마크롱 대통령은 앞으로 원자력 발전소 6기를 더 만들자고 제안한 상태다. 요약하면 프랑스 원자력 발전의 토대가 조금씩 무너져 가는 상황에서 간신히 3세대 원전 기술이 완성되었고, 이를 기반으로 다시 원전 산업을 활성화시키고자 하는 셈이다.

프랑스에서도 재생 에너지에 대한 투자는 계속 되고 있다. 조수 간만의 차로 발전을 하는 조력 발전이나 수력 발전도 꾸준히 해 오고 있다. 브르타뉴의 경우, 환경에 신경을 많이 쓰는 지역이라 따로 풍력 발전소를 만들었다. 마을 사람들끼리 자금을 모아서 풍력 발전소를 세워 전기를 생산한다. 국가에서는 원자력 발전을 기본으로 하는 에너지 정책을 바꾸지 않으니까 뜻이 있는 사람들끼리 풍력 발전소를 세운 것이다. 그러면 국가가 거기서 생산된 전기를 사들인다. 개인이 발전을 해서 직접 사용하면 원래는 불법이다. 다만 그렇게 발전된 전기를 국가에서 사들이고, 개인은 원래대로 국영 회사에서 전기를 다시 사서 쓰는 방식을 취한다. 국가에서는 이렇게 개별적으로 생산된 전기를 얼마에 사는지 가격을 공개하고 있다.

프랑스를 생각하지 않는 자본가, 프랑스 대기업

어느 나라나 국가 경제에 대기업이 중요한 역할을 하고 있고, 이는 프랑스도 마찬가지다. 이건 인정해야 하는 사실이다. 대기업이 무너지면 국가 경제에 실제로 큰 영향을 미친다. 하지만 대기업들도 국가에게 많은 혜택을 받고 있다는 사실을 인정해야 한다. 극단적인 사례이기는 하지만, 군수 산업이 좋은 예가 될 수 있다. 프랑스의 군수 산업은 국가 주

다쏘 아비아시옹이 제작한 프랑스 전투기 미라주.

도 산업이 아닌 민간 산업이다. 전투기나 탱크 등을 만드는 다쏘 아비아시옹Dassault Aviation 그룹이 대표적이다. 사실 군수 산업은 국가 대 국가 채널로 홍보를 하거나 영업을 하는 경우가 많다. 그럼 국가의 정치인이나 관료가 다른 나라에 가서 다쏘의 생산품을 많이 사달라고 해야 한다. 그런데 일개 민간 기업의 이익을 위해 국가가 움직이는 게 과연 적절한 일인지 의문이 든다. 물론 그 회사 공장에서 일하는 노동자들은 프랑스 국민이지만, 그래도 민간 기업이다. 이 정도까지는 아니더라도, 대기업들은 정부에게 직간접적으로 막대한 혜택을 받고 있다.

따라서 대기업들은 국가에게 받은 혜택에 책임감을 가지고, 국가와 국민들에게 기여해야 한다고 생각한다. 하지만 프랑스 대기업들은 그럴 생각이 없는 것 같다. 항상 이윤만을 좇아서 인건비가 싼 나라에 공장을 짓고, 프랑스 내에서는 사람들을 고용하지 않는다. 그래서 프랑스 사람들은 대기업을 좀처럼 믿지 않는다. 국가가 직접 투자하고 지분을 가지고 있는 경우가 아니면, 대부분의 기업이 이런 식으로 행동한다. 한국 대기업을 보면, 상대적으로 프랑스 대기업보다는 사회 공헌을 더 많이 하는 것 같다. 설령 기업에서 스스로 원해서 하는 게 아니라 규제 때문이라고 해도 말이다. 일단 프랑스 기업과 비교했을 때, 자국 내에서 더 많은 고용을 책임지고 있다. 프랑스 대기업들은 애국심 없는 자본가 마인드에 가깝다.

회사는 수익을 배당, 투자, 임금 세 분야로 배분한다. 파리 증권거래소에 상장된 주식 중 우량 주식 40개를 꼽은 주가 지수가 CAC 40, 시가 총액 상위 120개 주식을 꼽은 주가 지수가 SBF 120이다. 그런데 CAC 40뿐만 아니라 SBF 120에 속하는 회사들이 거의 대부분 약 30년 전부터 수익 분배 시 임금 비율을 대폭 줄였다. 대신 배당을 늘리고 있다. 회사가 수익을 올려도 직원들의 월급은 오르지 않고 주식을 가지고 있는 주주들의 재산만 늘어나는 상황이다. 직원들의 월급을 올려줘 봐야 회사 입장에서는 당장 눈에 띄는 이득이 없다. 대기업들은 노동자를 '가치를 창출하는 존재'가 아니라 임금을 지불해야 하는 '비용'이나 '부담'으로만 보고 있다. 노동자를 줄이면 이득을 얻는다는 생각뿐, 노동자 없이는 이윤을 낼 수도 없다는 걸 생각하지 않는다. 하지만 배당을 늘리면, 주식 가격이 올라가니까 기업 가치를 올릴 수 있다. 이 현상은 프랑스가 미국보다 더 심각하다. 주식 가격이 올라간다고 해서 프랑스 국민들이 이득을 보는 것도 아니다. 앞서 말했다시피 프랑스 사람들은 주식 투자를 거의 하지 않는다. 그럼 이 돈은 다 어디로 갈까? 주로 프랑스 회사의 주식을 가지고 있는 외국인들에게 간다. 프랑스 기업을 열심히 키워서 외국인들의 재산을 늘려 주는 아이러니한 상황이다.

게다가 기업 차원에서뿐만이 아니라, 기업을 운영하는 개인 차원에서도 비양심적으로 행동한다. 프랑스는 한국에 비해 세율이 높은 편이다. 그런데 상류층은 회계사나 변호사를 고용해서 세금을 회피할 방법을 악착같이 찾는다. 재산이나 소득이 많은데도 중산층보다 오히려 더 세금을 적게 내는 경우도 있다. 제도상으로는 소득이 높을수록 많은 세금을 내야 하는데, 이걸 회피하는 것이다. 주로 미술품을 사면 그 금액만큼 면세를 해 주는 제도 등을 이용한다. 결국 일반 회사에 다니는 중산층보다 대기업 회장이 세금을 적게 내는 놀라운 일도 벌어진다.

그래서일까? 프랑스에서는 대기업과 그 경영진에 대한 이미지가 나쁘다. '항상 이기적이고 돈만 밝힌다', '공장 폐쇄를 해서 자기들 이익만 챙긴다'는 인식이 널리 퍼져 있다.

왜 프랑스에는
구글 같은 기업이 없나?

많은 사람들이 프랑스를 와인과 치즈의 나라로 떠올린다. 실제로 프랑스는 세계에서도 식량 자급률이 높은 나라 중 하나로 손꼽히는 농업 강국이다. 북쪽에서는 밀과 리넨을 많이 생산하고, 브르타뉴에서는 돼지를 기르는 대농장이 많다. 하지만 이제는 농업도 예전에 비해 운영 방식이 많이 달라졌고, 농부들의 삶은 점점 어려워지고 있다. 농기계나 농약의 발달로 점점 사람의 일손이 덜 필요해지고, 소농들은 버티기가 어려워졌다.

무엇보다 농부들이 일하는 양에 비해서 충분한 소득을 얻지 못하는 게 가장 큰 문제다. 직업별로 나눴을 때, 농부들의 자살률이 1위일 정도로 심각하다. 하이퍼마켓을 운영하는 대기업들이 멋대로 가격을 정해서 수매하기 때문에 농부들은 어쩔 수 없이 손해를 많이 본다.

최근에는 소비자와 직접 연결하는 직거래로 농부들에게 정당한 대가가 돌아가게 하자는 움직임이 있다. 국가적으로도 농업 규모를 유지하려고 애를 쓰고, EU를 통해서 지원금을 많이 주는데도 사정이 그리 좋지 못하다. 더구나 농부들의 사고방식은 좀 완고한 데가 있다. 땅에서 작물을 키워서 먹고살아야지, 국가의 지원금을 받아서 생활을 유지하는 것은 기꺼워하지 않는다.

국가의 지원 정책이 농업에만 치우쳐 있는 것은 아니다. 중소기업이나 새로 창업하는 이들을 지원하기 위한 프로그램도 따로 마련되어 있다. 프랑스에는 중소기업이 많고, 대부분 대기업보다는 중소 및 중견기업에서 일하고 있다. 프랑스에 중소기업이 많은 것은 대기업에 대한 규제가 많고 더 복잡한 행정 업무를 해야 하기 때문일 수도 있다. 내 지인 중 한 명은 프랑스와 폴란드에서 회사를 운영하고 있다. 그의 말에 따르면, 프랑스에서 50인 이상의 회사를 운영하려면 너무 부담스럽다. 세금도 많아지고, 적용되는 규제도 많아진다는 것이다. 그래서 프랑스에 있는 회사는 50인 미만 사업장으로 남겨 두고, 폴란드에서 회사 규모를 키우고 있다고 한다. 이런 사람들은 나중에 회사를 물려줄 때, 상속세가 너무 높아서 그냥 매각해 버리기도 한다. 그러면 주로 외국 자본이 회사를 사들인다. 어쩌면 이런 식으로 프랑스에 있던 회사가 외국으로 다 빠져나가 프랑스의 실업률이 더 높아지는지도 모른다.

첨단 산업 역시 소규모 창업이 활발하다. 프랑스에는 '에

프랑스 뤼베롱 지역의 포도 농장.

콜42 Ecoles 42'라는, 스타트업 창업이나 IT 기업 취업을 꿈꾸는 청년들을 위한 민간 교육 기관이 있다. 프랑스 이동통신사 '프리 Free'의 자비에르 니엘 Xavier Niels 사장이 2013년에 설립한 곳이다. 이곳은 일반적인 교육 기관과는 완전히 시스템이 다르다. 강의가 있는 게 아니라, 실제 업무 상황이 과제로 주어지고 팀을 꾸려 이를 해결한다. 교수도, 교재도, 학비도 없다. 졸업생들은 대부분 글로벌 IT 기업에 취직한다. 학생 선발 방식도 독특하다. 지원자들을 모은 후, 학력이나 경력과 무관하게 잠재력을 보고 선발한다.

민간 단체뿐만 아니라 국가에서도 IT 산업 지원에 힘쓰고 있다. 프랑스는 오랜 기간 '디지털 후진국'으로 불렸는데, 이런 이미지를 바꾸고자 마크롱 대통령이 AI 연구를 위한 정부 데이터를 개방했다. 덕분에 구글이나 삼성 같은 주요 글로벌 기업들이 프랑스에 인공 지능 센터를 만들고 있다.

마크롱 정부는 이렇게 첨단 기업 유치를 위해 갖은 노력을 하고 있지만, 정작 프랑스에서 세계적인 기술 기업이 나오지 않는 게 고민거리다. 이제부터 열심히 좋은 IT 기업을 만든다고 하더라도 아마존이나 구글 같은 큰 기업을 따라가기는 힘들 것이다. 프랑스의 한 사업가가 프랑스 스타트업의 문제점을 지적한 적이 있다. 투자자들이 막 창업하는 젊은이들에게 5년 후의 비전을 물어 보면, 대부분이 좋은 기업을 만들어서 구글이나 페이스북 같은 큰 기업에 팔고 이익을 실현하는 것을 목표로 삼는다는 것이다. 농담으로라도 구글이나 페이스북 같은 큰 기업을 만들겠다는 포부를 말하지 않는다. 그래서 암담해졌다고 한다. 자기만의 것을 만들고 장기적인 비전으로 기업을 키우겠다는 게 창업을 할 때는 가장 이상적인 마인드다. 그런데 회사를 키워도 어차피 아마존같은 기업이 될 수 없으니, 그런 큰 기업에 팔겠다는 것이다. 일종의 패배주의나 콤플렉스라고 할 수 있다.

과도한 팀워크는
사양합니다

한국 사람이 프랑스 회사에 취직해서 출근한 첫날, 아무도 점심을 함께 먹자고 하지 않아서 놀랐다는 얘기를 들은 적이 있다. 심지어는 어디서 밥을 먹어야 하는지도 몰라 우왕좌왕했다고 한다. 나는 이 에피소드가 프랑스의 기업 문화를 가장 잘 보여 주는 얘기라고 생각한다.

프랑스는 68혁명 무렵부터 개인주의가 아주 심화됐다. 하지만 한국은 사실 아직 가족주의에 가깝다고 본다. 그래서 어딘가의 구성원이 되는 것을 중요하게 여기는 것 같다. 소속감이 중요하고, 단독 행동을 그리 좋게 여기지 않는다. 이 가족주의에 잘 적응한 사람들이 더 성공할 가능성이 높다. 놀 때도 일할 때도 그룹으로 행동한다. 개인 행동은 이기적이라는 사회적 압박이 있는 것 같다. 프랑스에서는 그런 문화가 진혀 없다. 대학교 짐퍼 같은 '유니폼'도 거의 없다. 이렇게 개인주의적인 나라라서 직업 선택에서도 '대기업의 구성원이 되고 싶다'는 개념이 전혀 없는 것 같다.

미국도 개인주의적인 나라라고 하는데, 사실은 교회나 회사, 소모임 같은 커뮤니티가 굉장히 중요시된다. 회사에서도 매니저가 팀 빌딩을 하고 리더십을 발휘해 구성원들을 뭉쳐서 이끌어 나간다. 프랑스에서는 매니저가 그렇게 행동하면 코웃음을 치고, 거리감을 느낄 것이다. 결속력을 강조하는 매니저는 "구성원을 너무 아이 취급한다. 억지스럽다"라는 소리를 듣는다. 성장 과정에 소속감을 느끼는 경우가 많지 않아서, 이런 일체감을 강요하면 낯설어한다. 회사에서 점심을 대부분 따로 먹는 분위기가 형성된 이유이기도 하다.

'프랑스는 파업이 많은 나라'라는 이미지 때문에 회사 구성원들이 단합을 잘할 것 같다고 생각할 수 있다. 하지만 그

2014년 프랑스 민간 회사의 야간 근무와 주말 근무 이슈를 놓고
노동자들이 파리 시내에서 시위를 벌이고 있다.

렇지 않다. 파업은 일단 다른 방법이 없을 때 할 수 없이 하는
것이고, 그 외에는 기본적으로 개인 플레이다. 공장 폐쇄 같
은 극단적인 상황을 제외하면, 파업은 주로 공무원들이 많이
한다.

프랑스 사람들도 파업에 대해서는 정치 성향에 따라 의견
이 갈린다. 공공의 이익을 위해 파업을 한다면 지지를 많이
얻고, 자신들의 혜택을 위해 파업을 하면 반대한다. 하지만
반대한다고 해도 파업이 있을 때는 불편을 참는다. 프랑스
사람들은 '지옥 행정'을 통해 인내심을 배웠다. 어쩔 수 없는
것이 있다는 것을 안다. 투덜투덜 불평을 하면서도 말이다.

나는 한국관광공사의 공익 광고를 봤을 때 한국 기업의 가
족주의 문화가 사회 전반적인 분위기라는 걸 새삼 느꼈다.
한국을 방문했던 가족이나 친구들도 그런 느낌을 받았다는
것으로 보아, 프랑스 사람들 대부분이 비슷하게 생각하는 것
같다. 한국의 공익 광고는 사람들이 어떻게 행동해야 하는지
를 가부장적으로 가르치는 듯한 인상을 준다. 이 느낌은 미
국과도 좀 다른데, 한국이 아버지의 이미지라면, 미국은 매
니저 같은 이미지다.

가장 인상적이었던 것은 극장 같은 공공 장소에서 과도한
애정 행각을 하지 말라는 광고였다. 이외에도 두 줄 서기, 우

측 통행 같은 캠페인도 마찬가지로 "~합시다"라며 가르치는 듯한 메시지였다. 영상 광고의 목소리도 아이에게 말하듯이 '귀엽게' 말했다. 메시지의 빠른 전파를 위해서 효과적인 방법일 수 있는데, 프랑스에서는 잘 먹히지 않을 것 같다. 프랑스 사람들은 너무 아이 취급한다며 정색할지도 모른다.

프랑스의 공익 광고는 조금 다른 방식으로 접근한다. 몇 년 전에 파리의 지하철에 캠페인이 있었다. 나무늘보나 물소, 닭 캐릭터를 활용해서 공중 예절을 권장하는 캠페인이었다. 메시지 내용은 주로 '내리면 탑시다', '러시아워 때 비상 접이식 의자를 펴지 맙시다', '시끄럽게 떠들지 맙시다' 같은 평범한 것들이다. 그런데 이런 메시지를 직접적으로 표현하지 않았다. 대신 잘못 행동하는 사람을 상징적인 동물로 표현했다. 폭력적으로 행동하는 사람은 물소, 시끄럽게 행동하는 사람은 닭으로 표현했다. 이 캠페인 광고를 게시함과 동시에 온라인으로 대중교통 이용 중에 겪은 황당한 사례를 수집했다. 그래서 위트 넘치는 글들이 많이 모였다. "네 친구 ㅇㅇ에게 내 안부 전해 줘. 나는 한 번도 만난 적 없지만 네가 통화를 하도 크게 하는 바람에 이제 내 친구 같아" 하는 식이다. 프랑스 사람들은 이렇게 간접적으로 전달하는 걸 더 좋아한다.

기후 변화로 위협받고 있는
프랑스의 밥벌이

프랑스에서는 최근 몇 년 사이에 환경에 대한 관심이 커지고 있다. 급격한 기후 변화로 인한 '에코앙시에테éco-anxiété, 생태 불안'가 일상에 퍼지고 있어서다. 한국에서도 최근 기후가 예년과는 달라졌다고 느끼는 사람이 많을 것이다. 프랑스도 마찬가지다. 어쩌면 한국보다도 더 민감하게 반응할 수밖에 없는 상황이다.

2022년에 프랑스 남부는 더위와 가뭄이 극심한 와중에 우박까지 내렸다. 혹서로 인해 포도가 예년보다 빨리 익게 되면 수확도 일찍 해야 한다. 이렇게 수확한 포도는 향이 덜하다. 그런데 가뭄은 포도의 생육을 저해한다. 여기에 우박이 쏟아지면 포도 생산은 극심한 타격을 받게 된다.

알다시피 프랑스에서 와인은 대단히 중요한 산업이다. 2023년 프랑스와인수출협회에 따르면, 2022년 기준으로 프랑스에서 두 번째로 수출을 많이 하는 품목이다. 와인 산업에 50만 명이 종사하며, 매년 1,000만 명이 프랑스 와이너리를 방문하고 그중 39퍼센트는 외국인이다. 이런 프랑스의 와인 산업이 흔들리고 있다. 기후 변화로 인해 프랑스의 상징

1884년 이래 가장 높은 기온을 기록하며 프랑스 전역이
극심한 더위와 가뭄과 싸워야했던 2022년 여름.
설산이 보이는 샤모니 지역에서조차 물 절약을 위해 공공 분수대를 폐쇄했다.

과도 같은 산업이 어쩌면 무너지거나 이탈리아나 다른 나라에 추월당할지도 모른다는 위기감이 감돌고 있다. 지금 프랑스의 이상 기후는 앞으로는 '일상의 기후'가 될 가능성이 높다. 기후 변화가 산업과 경제 전반에도 영향을 미친다는 것을 몸으로 직접 느끼면서 관심이 커지게 된 것이다.

물론 모든 사람들이 기후 문제에 관심을 가지고 환경을 지키기 위해 노력하는 것은 아니다. 2022/23 시즌 프랑스 프로 축구팀인 파리 생제르맹은 축구 외의 이슈로 화제가 됐다. 유럽축구연맹 챔피언스리그 조별 리그 1차전을 치르기 전에 열린 인터뷰 때문이었다. 인터뷰에 참가한 크리스토퍼 갈티에 감독과 스타 선수인 킬리안 음바페는 한 기자에게 '지속 가능한 여행'에 대한 질문을 받았다. 기자는 고속 열차 테제베로 2시간 거리에 불과한 낭트를 굳이 기차보다 탄소 배출량이 40배에 달하는 제트기로 가야만 했느냐고 물었다. 이 질문에 음바페는 웃었고, 갈티에 감독은 앞으로 '모래 요트'로 여행하는 걸 고려해 보겠다고 대답했다. 물론 이 경솔한 발언에는 작은 대가가 뒤따랐다. 미디어의 비판에 갈티에 감독은 자신의 발언에 대해 사과해야만 했다.

또 다른 사례도 있다. 인스타그램에 '베르나르의 비행기'라는 뜻을 가진 '라비옹드베르나르(@laviondebernard)'라는 계

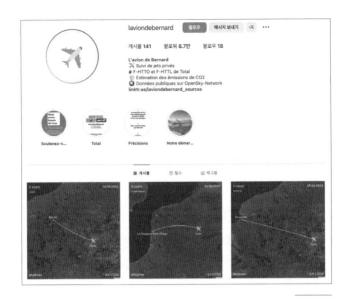

베르나르 회장의 제트기를 추적하고 이를 공개한 인스타그램 계정.

정이 있다. 루이비통, 크리스챤 디올, 지방시 등 럭셔리 제국을 이끌고 있는 LVMH 그룹 회장 베르나르 아르노의 제트기를 추적하고 이를 공개하는 계정이다. 게시물을 살펴보면, 베르나르 회장은 프랑스 전역과 가까운 유럽 국가를 전용 제트기를 이용해 다니고 있었다. 그것도 매우 자주! 지구 반대편에 위치한 일본 도쿄나 아랍에미리트의 아부다비를 비행기로 이동하는 것은 어쩔 수 없겠지만, 대체 교통수단이 있음에도 프랑스를 비롯한 유럽 지역 내 이동을 굳이 화석 연료가 많이 소모되는 제트기로 해야 했을까.

결국 이 계정 때문에 2022년 여름 프랑스가 들끓었다. 여기에 장관 몇 명이 기름을 부었다. 제트기 이용을 제한하거나 과세를 하는 게 환경 보호 차원에서 의미가 없을 뿐만 아니라, 상대적으로 오염이 적다고 상식적으로 이해할 수 없는 발언을 한 것이다. 일반 프랑스인들에게는 경유나 휘발유를 사용하는 자동차의 이용을 자제할 것을 요구하면서 말이다.

아르노 회장은 세간의 관심이 부담스러웠는지 제트기를 팔았다. 그러고는 더이상 추적당하지 않도록 제트기를 렌트해서 다니기 시작했다. 정치권에서는 자신들의 실언을 만회하고자 그동안 기차 운용에 들어가는 전기에만 세금을 매겼던 것에서 나아가, 제트기 등유에도 과세하는 법안을 통과시키려고 했다. (참고로 1944년부터 등유에는 세금이 매겨지지 않았다.)

일련의 사건들을 보며 씁쓸함을 감출 수 없었다. 이것이 우리의 현실인 걸까. 우리가 환경을 보호하기 위해 1년 동안 일상생활에서 아무리 노력해도 자가용 제트기가 한 번 뜨고 내리면 무용지물이 된다. 누군가는 "환경을 생각해서 잘 때 와이파이를 끄고, 샤워할 때 오줌이나 싸자"라고 자조 섞인 말을 할 때, 다른 한 편에서는 환경에 대한 무관심이 모여 프랑스의 와인 산업이 흔들리고, 나라가 천재지변을 겪는다.

의외의 분야에서 환경론이 힘을 발휘하기도 한다. 대표적인 게 원자력 발전이다. 한때 프랑스에서는 원전이 환경을 오염시킨다고 생각하는 사람들이 많았다. 하지만 지금은 탄소 배출을 줄이고 기후 변화를 줄이기 위해서는 원전을 가동해야 한다는 논리가 퍼지고 있다. 더 안전하게 만들고, 폐기물도 확실히 처리하는 게 전제이긴 하지만 급격한 기후 위기에 대응하기 위해서는 원전이 대안이 될 수밖에 없다는 이야기다. 공학자이자 기후 전문가인 장마르크 장코비시 Jean-Marc Jancovici 같은 사람들의 영향도 있다. 환경론자를 자처하는 기후 전문가인 그가 원전을 옹호하니 그를 따라 친환경주의자이지만 원전에 찬성하는 사람들이 늘고 있다.

기후 위기는 단순히 환경에만 영향을 미치는 게 아니다. 의외의 곳에서 뜻밖의 나비효과를 일으켜 우리 삶을 바꾼다. 앞으로 프랑스의 밥벌이는 기후 변화에도 큰 영향을 받게 될 것이다. 그것이 몇십 년 후일지 몇 년 뒤일지는 알 수 없다. 어쩌면 영국 와인을 마시는 날이 올지도 모르겠다.

지극히 사적인 여행지

호빗족과 비슷한
프랑스 사람들

데이터 분석 및 컨설팅 회사인 글로벌데이터GlobalData에 따르면, 2022년 기준으로 외국인 여행자들이 가장 많이 찾는 국가 1순위가 바로 프랑스라고 한다. 2018년 UN 세계관광기구 조사에서도 프랑스는 전 세계인들이 방문하고 싶어하는 나라 중 1등이었다. 그에 비해 프랑스 사람들은 해외여행보다는 국내 여행을 더 선호하는 편이다. 국경 옆에 산다면 바로 건너편 국가를 가는 정도랄까? 물론 요즘은 저가 항공 노선이 많아지면서 젊은 사람들 사이에서 해외여행이 늘어나는 추세다. 나이가 많다고 해도, 경제적으로 여유가 있다면 가까운 곳으로 해외여행을 간다. 이집트 여행이나 북유럽 여행 같은 코스가 인기다.

프랑스 사람들은 여행을 할 때도 '여행을 간다면 꼭 ○○를 해야 한다', '○○에는 꼭 가야 한다'는 식의 개념이 전혀 없다. 한국 사람들은 '대학생 때 배낭여행은 꼭 해 봐야 한다'는 생각을 하는 것 같다. 프랑스인들의 여행 트렌드와는 아주 다른 양상이다.

한국 사람들은 고등학교 때까지는 공부뿐이고, 취직한 이후에는 오랜 기간 쉴 수가 없다. 상대적으로 마음과 시간의 여유가 있는 때가 대학생 시절밖에 없는 게 아닐까 싶다. 반면 프랑스인들은 남들이 다 경험하는 것을 나도 꼭 해야 한다고 생각하지 않는다. 여행을 가도 친구나 친척이 있는 곳을 방문하는 경우가 많고, 그 외에 개인적으로 관심이 있다면 한 나라씩 방문하는 편이다.

영국 사람들이 프랑스를 두고 이런 농담을 한다. "신이 프랑스를 만들 때 그곳에 세상에서 가장 아름답고 좋은 것들만 모여 있도록 만들었다. 하지만 만들고 나니 다른 나라들에게 공평하지 않다는 생각이 들었고, 그래서 프랑스 사람들을 만들었다." 프랑스 땅은 정말 아름다운데, 프랑스 사람들은 불친절하다는 농담이다. 다른 한편으로는 그만큼 프랑스에 볼거리가 많다는 표현이기도 하다. 굳이 해외로 나갈 필요성을 못 느낀다는 얘기다. 등산을 좋아하면 피레네 산맥이나 알프스 산맥으로 가면 된다. 느긋하게 쉬고 싶으면 남프랑스의 휴양지가 있다. 국토 안에 아름다운 호수도, 멋진 바다도 있다. 스포츠가 취미라면 스키를 즐길 수도, 서핑을 할 수도 있다.

나는 항상 아시아처럼 먼 곳에 흥미가 있었지만, 사실 프랑스 사람치고는 좀 특이한 성격에 속한다. 프랑스는 방학도 길고 휴가도 많지만, 대개는 휴가 때마다 같은 장소에 가는 습관이 있다. 예전에 내가《반지의 제왕》을 읽었을 때, 거기에 나오는 호빗족을 보면서 꼭 프랑스 사람들 같다고 생각했다. 익숙한 자기 마을에만 머물고, 가 봤던 곳에만 가려는 습성이 정말 닮았다. 게다가 뭔가 열심히 하지 않고 즐겁게 먹고 마시는 모습까지 더하면 딱 전통적인 프랑스 사람이다. 작가 톨킨은 영국 시골 사람을 생각하고 썼을지 모르지만, 나는 정말 프랑스 사람들과 닮았다고 생각했다. 알고 보면 영국인과 프랑스인 사이에 어떤 공통점이 있는 것일지도 모르겠다. 물론 젊은 사람들은 이전 세대보다 더 활발히 여행을 다닌다. 저가 항공을 이용해 유럽과 가까운 나라에 쉽게 갈 수 있다. 나처럼 '더 먼 곳'에 관심을 가지고 여행을 다니는 사람도 늘어나고 있다.

프랑스 사람들은 여행을 가면 그 지역의 옛날 건물을 보는 걸 좋아한다. 어딜 가든 해변에서 유유자적 놀았다면, 역사적인 유적지에 가서 지식을 습득해서 균형을 맞춰야 한다고 생각한다. 당연히 모든 프랑스 사람이 이런 건 아닌데, 다른 나라 사람들보다는 좀 더 그런 경향이 강하다. 일상생활에서도 역사학이나 인문학적인 지식을 중요시하는 사회 분위기가 여행 습관에서도 나타나는 깃 같다. 힉교에서는 수학, 과학 성적을 잘 받는 것이 중요하지만, 일상생활에서는 이과보다는 문과 지식이 더 인정받는다. 이과 지식은 전문적이기는 하지만, 즐거운 대화를 이어가기엔 너무 어렵지 않은가? 정치인들을 볼 때도 마찬가지다. 인문학적 소양이 있는 정치인이 더 인기가 있다.

프랑스에서 역사나 인문학적인 이슈가 얼마나 인기 있는지를 보여 주는 에피소드가 있다. 11월 11일은 프랑스에서는 제1차 세계 대전 종전일로서 공휴일이다. 프랑스에서 이 날은 한국의 현충일처럼 엄숙한 분위기다. 참전했던 모든 국가가 다 마찬가지이지만, 당시 프랑스에도 피해자와 전사자가 아주 많았다.

2018년은 제1차 세계 대전 종전 100주년이 되는 해였다. 그런데 100주년 기념 행사를 하기 몇 주 전부터 논란이 있었다. 과거 육군 원수였던 필립 페탱Philippe Pétain에 관한 것이었다. 페탱은 제1차 세계 대전에서 눈부신 활약을 보여 국가적 영웅으로 추앙받던 인물인데, 이후 육군 원수에 임명되고, 정계에도 진출했다. 약 20년 후, 제2차 세계 대전이 발발했을 때는 독일 군대가 프랑스에 빠르게 진입했기 때문에 프랑스는 심각한 위기에 놓였다. 그래서 국회의원들은 은퇴했던 페탱을 다급히 불러, 전권을 주고 국가 수반으로 삼았다. 그런데 페탱은 나치 독일과 휴전 협정에 나섰고, 국토의 절반 이상을 독일이 점령하도록 합의해 버렸다. 이 사건 이후로 프랑스 사람들은 페탱을 완전히 배신자라고 생각한다.

하지만 이번엔 제1차 세계 대전 관련 기념일이기 때문에, 1차 세계 대전 당시까지만 해도 어쨌든 전쟁 영웅이었던 페탱을 함께 기념해야 할지 말아야 할지를 두고 논란이 일었다. 완전히 역사적인 문제인데, 프랑스에서는 나라 전체에서 화제가 될 정도로 큰 논쟁거리였다. 그만큼 국민 모두가 이런 주제에 관심이 많다는 증거이기도 하다.

이 책의 마지막인 이번 장에서는 한편으로는 호빗족과 같고, 다른 한편으로는 지적인 여행을 좋아하는 프랑스인들처럼 여행하는 법을 이야기하고자 한다. 누구나 자주 가는 곳보다는 한국 사람 입장에서 신선한 느낌을 줄 수 있는 곳 위주로 골라 봤다.

이 책을 읽는 독자들에게 특별히 한 가지 더 말하고 싶은 팁이 있다. 바로 렌터카를 빌려 직접 다녀 보라는 것이다. 여행객의 발길이 많이 닿지 않은 프랑스 그대로를 보기에 이보다 좋은 방법은 없다. 미리 여행할 지역의 역사나 전통적으로 이어지는 행사, 축제 등을 알아 보고 간다면 금상첨화나. 연말에 크리스마스 마켓이 유명한 것처럼, 잘 알아보고 간다면 계절에 따른 독특한 분위기와 행사를 즐길 수 있다.

프랑스 문화의 정수를
알고 싶다면

프랑스 여행을 간다면 대부분이 파리는 빼놓지 않고 방문할 것이다. 파리는 그야말로 프랑스 문화의 집대성이다. 파리에서는 남들 다 가는 곳, 유명한 곳들은 꼭 가 보는 게 좋다. 유명한 데에는 다 이유가 있다. 개선문이나 에펠탑, 샹젤리제 거리 등 어딜 가든 나름대로 깊은 인상을 받을 수 있다. 볼거리가 많은 것에 비해 도시 자체는 작아서 버스나

지하철을 이용하기보다는 걸어 다니는 게 좋다. 도보 여행은 도시 구석구석을 볼 수 있는 가장 좋은 방법이다. 나는 2018년 여름에 방문했을 때 발목 부상을 입고도 사흘 동안 느릿느릿 걸어 다녔다. 작은 골목을 누비고 다니거나, 사람들을 구경하는 것만으로도 충분히 즐겁다.

"파리를 골목골목 다니면 예쁜 것들을 파는 곳이 너무 많아서 파산해 버린다. 파리는 정말 위험한 도시다"라는 얘기를 들은 적이 있다. 영화 〈미드나잇 인 파리〉에도 센 강을 따라 들어선 작은 가게들이 나온다. 가게들 하나하나마다 주인의 개성이 살아 있고, 눈길을 끄는 물건들을 판다. 프랑스 사람들은 대체로 개인이 운영하는 작은 가게, '영혼이 있는 가게'를 선호한다. 주인의 취향이 가게 분위기에서 충분히 묻어난다면, 당장에 인기있는 가게가 될 것이다. 그래서 한국에 사는 프랑스 사람들이 오랫동안 홍대를 좋아했다. 지금은 젠트리피케이션이 일어나면서 그 분위기가 사라졌지만, 예전 홍대는 프랑스의 작은 가게 거리 같은 분위기가 있었다.

파리는 예로부터 세계 문화의 중심이었고, 유명한 작가나 화가, 음악가가 사랑한 곳이었다. 그래서 이 문화유산들이 파리에 집중되어 있다. 매년 '문화유산의 날 Les Journées du Patrimoine'이라는 행사를 하는데, 이때에 맞추어 파리를 방문하면 색다른 경험을 할 수 있다. 이 행사 때는 국가 소유의 역사적인 건물들을 개방해 일반인들이 관람할 수 있게 한다. 평소에는 공개하지 않는 건물들도 개방하는데, 엘리제궁이나 국회의사당 등이 대표적인 장소다. 간혹 개인이 소유한 역사적 건물들도 행사에 참여해서 개방하기도 한다.

파리의 유명 관광지들은 내가 굳이 설명하지 않아도 다른 곳에서 정보를 많이 얻을 수 있으리라 생각한다. 나만 한군데 추천하고 싶은 곳이 있는데, 바로 몽파르나스 타워Tour Montparnasse다. 1973년에 완성된 높이 209미터의 건물이다. 에펠탑에 올라가서 남쪽을 보면 갑자기 눈에 띄는 못생긴 건물이 있다. 바로 몽파르나스 타워다. 워낙 높은 건물이라 파리를 내려다볼 수 있는 어떤 곳에서도 이 건물이 보이는 걸 피할 수가 없다. 하지만 정작 몽파르나스 타워 59층의 전망대에서 파리를 바라보면 이 못생긴 건물이 보이지 않아서 오히려 절경을 감상할 수 있다.

파리 바깥에서도 문화 행사를 즐길 수 있는 기회는 많다. 브르타뉴 지역의 로리앙Lorient은 제2차 세계 대전 때 미국의 폭격으로 파괴된 도시다. 현재 볼 수 있는 대부분의 건물들이 전쟁이 끝나고 다시 지은 것들이라 옛 정취는 없다. 하지만 로리앙에서는 매년 8월 초중순에 '로리앙 켈트족 페스

몽파르나스 타워에서 본 파리 전경.

티벌 Festival Interceltique de Lorient'이 열린다. 이 축제는 단순히 프랑스 내에 거주하는 켈트인들만이 아니라 아일랜드나 스코틀랜드, 스페인 등지에 흩어져 있는 켈트인들이 모두 모인다. 이 축제에서는 켈틱 문화와 연관된 음악, 춤, 문학, 영화 등을 선보인다.

로리앙은 새로 재건한 도시이지만, 이 주변에는 옛 모습이 잘 보존된 다른 도시들도 있으니 힘께 둘러봐도 좋을 듯하다. 예를 들면 낭트Nantes가 바로 그런 곳이다. 거리가 대부분 흰 벽돌로 만들어져 있어 아름답고 독특한 분위기가 난다. 릴에서는 건물에 주로 붉은 벽돌을 쓰기 때문에, 낭트에 가면 같은 나라인데도 이국적인 느낌이 들 때가 있다.

이 지역에는 재미있는 얘기가 있다. 낭트는 예전에 브르타뉴의 여왕이 살았던 곳이다. 그래서 낭트는 자신들이 브르타뉴의 수도라고 주장한다. 하지만 브르타뉴의 다른 지역에 살고 있는 사람들은 낭트는 브르타뉴가 아니라고 여긴다. 실제로 행정구역상으로도 브르타뉴 지역과 좀 떨어져 있다. 오래된 역사 이야기를 근거 삼아 지금까지 티격태격한다는 점이 우습다.

낭트는 예쁘고, 크고, 건축물들이 아름답다. 특히 아르누보 양식의 건축물들이 많아서, 계속 건물만 보며 돌아다녀도 질리지 않는다. 프랑스의 국민 과자 뤼Lu가 낭트에서 처음 만들어졌는데 낭트에 가면 뤼 과자 공장도 볼 수 있다.

낭트는 '로얄 드 뤽스Royal de luxe'라는 예술 그룹이 낭트를 기반으로 활동하도록 지속적으로 후원을 하고 있다. 이들은 거대한 기계 인형을 만들어 낭트뿐 아니라 세계 각국에서 공연을 한다. 로얄 드 뤽스의 기계 인형들이 있는 테마 파크도 있는데, '섬의 기계들Les Machines de l'île'이라고 불린다. 이곳에

로얄 드 뤽스의 기계 인형.

〈하울의 움직이는 성〉의 배경이 됐던 콜마르.

가면 기계 인형에 타 볼 수도 있다. 이 기계 인형들의 콘셉트는 '거인을 조종하는 소인'이다. 브르타뉴에는 켈틱 문화가 강해서 켈틱 신화나 요정에 관한 민담이 아직까지도 전승되고 있다. 로얄 드 뤽스는 그 전승을 살려 작은 요정이 거인을 조종하고 있다는 콘셉트로 기계 인형들을 만들었다. 특이한 연극이나 기계 인형에 관심이 있다면 볼만하다.

알자스 지역의 콜마르Colmar에 가면 미야자키 하야오의 애니메이션 속을 돌아다니는 것 같은 느낌을 받을 수 있다. 〈하울의 움직이는 성〉의 배경이 되는 곳이 바로 콜마르이기 때문이다. 이곳에서는 프랑스 동부의 대표적인 주택 양식을 볼 수 있다. 알자스는 오랜 기간 프랑스와는 다른 독자적인 문화를 이어 왔기 때문에, 이를 비교해 보는 것도 재미있을 것이다.

모네의 화폭에
담긴 그곳

파리에서 가까운 대표적인 휴양지는 두 군데가 있다. 하나는 르 투케Le Touquet이고, 다른 하나는 도빌Deauville이다. 르 투케는 파리에서 차로만 갈 수 있는데, 고속도로를 타면 2시간 45분 정도 걸린다. 도빌은 차든 기차든 2시간 25분 정도 걸린다. 두 지역은 바다를 즐길 수 있기 때문에 많은 이들이 찾는다. 북부에서는 남부 휴양지처럼 청명한 바다색을 볼 수는 없지만, 르 투케의 아름다운 백사장은 꽤 볼만하다. 게다가 여기서는 영국이 아주 가까워서, 바다 건너편의 도버Dover를 눈으로 볼 수 있다. 프랑스에서는 이 해협을 수영으로 선너는 것이 불법이지만, 영국에서는 허가를 해 준다. 무리하게 수영해 건너다가 죽은 사람도 있기 때문에 프랑스 정부는 이를 금지하고 있다. 그래서 맨몸 수영으로 해협을 건너고 싶은 사람들은 영국에서 시작한다.

도빌에서는 9월에 열리는 미국 영화제가 있다. 이 시기에 맞춰서 방문한다면 할리우드 연예인을 볼 수 있다. 도빌의 바로 옆에 있는 옹플뢰르Honfleur라는 도시도 볼만하다. 여기는 원래 어업이 발달한 마을이었는데, 지금은 부자들의 휴양지가 되었다. 귀스타브 쿠르베라는 유명한 화가가 여기에 머물면서 아름다운 풍경을 그렸고, 클로드 모네 같은 인상파 화가들 역시 이곳을 화폭에 담았다.

우리 가족은 브르타뉴 지역에 친척이 있어서 매년 여름마다 브르타뉴로 휴가를 갔다. 브르타뉴 사람들은 자기 지역

모네가 화폭에 담은 옹플뢰르.

의 아름다움에 대한 자부심이 강하다. 제주도에 갔을 때 브르타뉴 해안 지역과 비슷하다는 느낌을 받았다. 물론 제주도는 현무암으로 이루어진 지형이라 브르타뉴와는 색감이 다르다. 하지만 주로 돌로 이뤄진 해안이 비슷했다.

해안을 따라가면 프랑스의 서쪽 끝 해변인 라즈곶La Pointe du raz이 나온다. 이곳은 거친 파도와 바람, 그리고 바위와 어우러진 해변 풍경으로 유명하디. 큰형은 이렸을 때 거의 땅끝까지 가서 기념품으로 돌을 주워 오기도 했다. 이제는 보러 오는 사람도 많고 위험하기 때문에 땅끝까지 접근할 수 없도록 울타리를 쳐 놓았다고 한다. 하지만 브르타뉴 지역은 대부분 이런 해안이기 때문에, 굳이 라즈곶에 가지 않더라도 해안가라면 어디서나 비슷한 풍경을 즐길 수 있다.

2018년 겨울에 프랑스에 다녀왔을 때 낭트 쪽에 있는 큰형 집에 방문했다. 게랑드Guérande라는 도시에 갔는데, 이곳은 소금 산지로 유명하다. 프랑스의 명품 소금이라고나 할까? 게랑드의 대표적인 이미지는 염전에서 일하는 사람들의 모습이다. 그런데 바다 옆에서 소금을 얻는 게 아니라, 바다와 다소 떨어진 육지에 염전이 있다. 늪지처럼 점도가 높은 지표 위에 물을 끌어 들여, 전통적인 방식으로 태양과 바람만을 이용해 소금을 생산한다.

거친 파도와 바람, 바위가 어우러진 풍경을 자랑하는 라즈곶.

큰형은 게랑드에서 차로 약 45분 정도 떨어진 지역에 살아서, 가볍게 훌쩍 여행을 다녀올 수 있었다. 큰형의 경우가 프랑스 사람들의 여행 스타일이다. 프랑스에서는 어디에 살든 볼만한 도시나 유적지가 가깝다. 원하기만 하면 언제든 가까운 곳으로 놀러 갈 수 있다. 외국인 여행객이라도 렌터카를 빌려 탐험을 하듯이 여기저기 돌아다닐 수 있고, 어딜 가도 볼만한 곳을 발견할 수 있을 것이다. 심지어 여행시와 여행지 사이를 이동하는 와중에도 새로운 곳을 발견할 수 있다. 이런 방식으로 여행을 하면 한국 사람들이 잘 가지 않으면서도 재미있는 '나만의 장소'를 많이 찾을 수 있으리라 생각한다.

프랑스 북부와 서부 지역의 바닷가에 가면 사구, 즉 모래 언덕이 있는 곳이 많다. 어렸을 때부터 이런 풍경을 자주 봤고, 해변에 사구가 있는 게 익숙하다. 보르도의 아르카숑 지역에 가면 필라 사구dune du pilat라는, 유럽에서 가장 큰 모래 언덕이 있다. 이곳에 다녀온 한국 친구는 그 풍경이 굉장히 인상적이었다고 한다. 한국에서 보기 드문 광경이기도 하고, 정말 규모가 크기 때문에 구경할 만하다. 숲을 지나면 갑자기 모래 언덕이 나오고, 그 너머에 해변이 있어서 이국적인 느낌을 준다.

유럽에서 가장 큰 모래 언덕인 필라 사구.

이쪽 지역에 간다면 보르도 시내도 방문할 수 있고, 해변도 멀지 않기 때문에 일석이조다. 보르도는 건축물을 잘 보존하고 정비해서 옛날 모습 그대로 아름답게 유지하고 있다. 좋은 와이너리들을 둘러볼 수도 있고, 풍광 자체도 아름답다. 북쪽은 거의 평지에 가까운데, 보르도 쪽은 완만한 경사가 있어 다양한 풍경을 볼 수 있어 좋다. 그리고 파도가 강해서 서핑하기에도 적당하다. 프랑스 남시쪽 해안은 서핑의 명소로 알려져 있다.

만약 레저를 즐긴다면 따흔 협곡Gorges du Tarn도 좋다. 여기서는 아름다운 자연을 바라보며 카누나 카약을 탈 수도 있다. 베르동 협곡Gorges du Verdon이라는 곳에서도 비슷한 레저를 즐길 수 있다. 이곳은 원래 그리 유명하지 않은 장소였는데, 한 영화 감독이 어렸을 때부터 자주 가는 곳이라고 하여 유명해졌다. 풍경이 아주 아름다운 데 비해, 사람이 그리 북적이지 않는다. 남쪽 지역은 날씨도 좋기 때문에 이런 아름다운 풍경을 찾아다니는 것도 추천한다.

큰형은 프랑스 국내 여행을 많이 하는데, '세 왕의 테이블Table des trois rois'이 가장 좋았다고 꼽았다. '세 왕의 테이블'은 피레네 산맥에 위치한 봉우리의 이름이다. 이 이름은 중세의 세 왕국이 만나는 회담 지점이었다는 것에서 유래하는데, 세 왕국은 각기 프랑스, 옛 나바라 왕국, 옛 아라곤 왕국을 가리킨다. 트레킹을 좋아하는 형이 이 부근의 계곡을 지나가다가 너무 아름다워서 스케줄을 무시하고 머무를 정도다.

동부에서는 스위스 국경과 가까운 곳에 위치한 안시Annecy, 그 옆의 몽블랑 산을 추천하고 싶다. 이 지역은 겨울마다 우리 가족이 스키를 타러 가던 곳이다. 이 근처의 도시는 하나를 고르는 게 어려울 정도로 정말 모두 아름답다. 굳이 스키를 타지 않더라도 호수를 보러 가거나, 등산을 하는 것만으로도 충분히 즐길 수 있다.

중세에 멈춘 시간을
기대하는 당신에게

로리앙 부근의 도시 카르나크Carnac에는 '카르나크 열석'이 있다. 선사 시대의 거석 기념물들로 좀 기묘한 느낌을 준다. '카르나크 열석'은 4킬로미터에 걸쳐 2,000개가 넘는 돌 기둥들이 열을 맞추어 서 있는 유적이다. 영국의 스톤헨지나 한국의 고인돌 같은 것과 비교해 봐도 재미있을 것 같다. 로리앙에

카르나크 열석.

도 규모는 좀 작지만 비슷한 돌 유적이 있는 걸로 봐서, 이 지역에서는 어딜 가도 볼 수 있는 유적인 것 같다.

영국과 가장 가까운 도시인 칼레Calais 근처에는 생토메르Saint-Omer라는 도시가 있는데, 이곳에는 특이한 볼거리가 있다. 제2차 세계 대전 당시, 독일은 V2라는 탄도 미사일을 개발했다. 직접 영국까지 도달할 수 있는 장거리 미사일로, 당연히 영국과 가까운 곳에 발사 시설이 설치됐다. 그 발사 시설이 바로 생토메르에 있는 '라 쿠폴la coupole, 둥근 지붕'로, 지금은 '라 쿠폴 역사 센터La Coupole Centre d'Histoire'가 됐다.

몽생미셸Mont Saint-Michel은 두말할 것 없이 추천할 만한 여행지다. 몽생미셸 섬은 사실 브르타뉴와 노르망디의 바다가 만나는 지점에 있다. 그래서 서로 몽생미셸이 자기 지역에 속한다면서 싸운다.

사람들이 잘 모르는 것이 하나 있는데, 몽생미셸에서 숙박을 할 수 있다는 사실이다. 어렸을 때 가족과 함께 묵은 적이 있는데, 지금은 관광객이 워낙 많아서 더 이상 숙박은 받지 않을 거라고 생각했다. 그런데 알아보니 아직도 가능하다고 한다. 언제나 숙박을 받는 것은 아니고, 시즌에 따라서 오픈하는 시기가 정해져 있는 모양이다. 인생에서 한번 경험해 볼 만한 꿈 같은 체험치고는 가격도 그리 비싸지 않다. 사람들이 모두 빠져나가고 난 밤이나 새벽에 수도원 안을 돌아다닐 수 있다는 건 참 특이한 경험일 것이다. 여름 성수기라면 미리 예약을 해야 하지만, 비수기에 간다면 그리 어렵지 않게 방을 구할 수 있으리라 생각한다.

몽생미셸에 도착하면 보통 좀 떨어진 주차장에 차를 대 놓고 거기서부터 걸어 들어간다. 이렇게 멀리서 보는 몽생미셸은 정말 멋지고, 깊은 인상을 준다. 그런데 정작 안으로 들어가면 사람이 너무 많아서 제대로 구경을 할 수가 없다. 개인적으로는 그 앞까지만 가서 구경을 하는 것도 좋은 방법이라고 본다. 하지만 기왕 그 앞까지 갔는데 꼭 안까지 들어가보고 싶다면, 큰 기대는 하지 않는 것이 좋다. 대신 숙박을 한다면, 관광객들이 없는 고즈넉한 몽생미셸을 제대로 즐길 수 있다.

파리에서 남쪽으로 조금 내려간 중부 지역에는 유명한 관광지인 루아르 고성 지대Chateaux de la Loire가 있다. 파리, 몽생미셸과 함께 프랑스의 대표적인 관광지다. 프랑스 사람들도 많이 들르는 곳이다. 루아르 강을 따라 여러 성들을 가 볼 수 있는데, 하루에 전부 보기 힘들기 때문에 며칠씩 이 근처를 여행하는 사람들도 있다. 프랑스에서 유명한 성들은 주로 이 부근에 몰려 있다고 보면 된다. 만약 모든 성을 돌아볼 여

몽생미셸에서는 숙박이 가능하다.

레오나르도 다빈치가 설계했다는 설이 있는 샹보르 성.

유가 되지 않는다면, 샹보르 성 Château de Chambord 과 슈농소 성 Château de Chenonceau 은 꼭 방문하길 바란다. 루아르 고성 지대에서 가장 대표적인 성은 샹보르 성이고, 슈농소 성은 물 위에 지어져 있는 모습이 정말 아름답다.

샹보르 성은 프랑수아1세 때 지어진 성으로, 레오나르도 다빈치가 설계했다는 설이 있다. 프랑수아1세가 다빈치를 프랑스로 초청한 적이 있기 때문에, 프랑스 사람들은 그렇게 믿고 있다. 프랑수아1세는 프랑스어에 대한 애착도 강해서, 프랑스어의 위상을 높이고, 공용어처럼 사용되게 하는 데 결정적인 역할을 한 인물이다. 이탈리아 양식으로 지어진 샹보르 성은 성벽이 없는 것이 특징이다. 이 시대 성의 특징이기도 하다. 성벽이 없는 건 '이제는 예전처럼 폭력적인 방식의 전쟁은 없다'는 의미다. 그래서 성을 전투용이 아니라 궁처럼 아름답게 만들었다. 성벽이 없는 성은 잘살기 위한, 그리고 그 모습을 보여 주기 위한 건물이다.

샹보르 성 안에는 독특한 계단이 있다. 내성 중앙에 있는 이중 나선 형태의 계단이다. 마치 DNA 같은 나선 구조로, 두 개의 계단을 오가는 사람들이 서로 볼 수 있지만 만나는 일 없이 오르내릴 수 있도록 설계되어 있다. 나는 어렸을 때 이 성에 방문해서 이 계단을 직접 본 적이 있다. 형과 둘이 갈라져서 서로 다른 계단으로 갔는데, 형이 계단을 오르는 모습은 계속 볼 수 있었지만 중간에 마주칠 수는 없어 신기해 했던 기억이 난다.

슈농소 성 근처에 있는 퐁트브호 수도원Abbaye de Fontevraud 은 유럽에서 가장 큰 수도원으로서 1101년에 만들어졌다. 보통 이 시대에는 남성인 수도승들과 여성인 수녀들을 각각 다른 수도원에서 생활하도록 했는데, 퐁트브호는 특이하게 도 수도승과 수녀를 모두 수용했나. 시설 자체는 분리해서 사용하지만, 한 수도원에서 남녀가 동등한 권리를 누리며 신 앙 생활을 한 것이다.

이 수도원의 설립자는 남자였지만, 운영자는 여자였다. 그 래서 지금은 거의 1000년 전에 성별에 따른 차별이 없는 환 경을 만들었다며 재평가받고 있다. 그야말로 '이상적인 장소' 라 불릴 만하다. 안에는 영국의 헨리2세와 그의 부인인 아키 텐 공국의 엘레노오르, 그리고 그 아들인 사자왕 리처드의 무 덤이 있다. 프랑스 대혁명 이후 1804년에 나폴레옹에 의해 감옥으로 바뀌었던 이 수도원은 1963년에 다시 복원됐다.

예전에 큰형은 형수와 함께 여기에서 묵었다고 한다. 몽생 미셸처럼 이 수도원 내부에도 숙박 시설이 있다. 이 호텔에 묵는 사람들은 일반 관람객들의 입장 시간이 지난 다음에도 수도원 안을 자유롭게 둘러볼 수 있다. 거의 1000년 전에 지

1000년 가까운 역사를 가진 퐁트브호 수도원.

었던 건물 안에 있는 무덤이나 유물을 둘러보는 것은 꽤 특별한 경험이었다고 한다. 루아르 고성 지대에서 성들을 둘러보고 이 수도원에서 숙박한다면 꽤 괜찮은 계획이 될 것이다.

게들롱 성 Château de Guédelon도 좋다. 나도 가 본 적은 없지만, 20년 전 뉴스에서 봤다. 그 뉴스는 옛날 그대로의 방식, 기술로 성을 짓는 사람들에 대한 것이었다. 아무것도 없는 땅에 오로지 중세 시대 방식만으로 지금까지도 짓고 있다고 한다. 건축학뿐만 아니라 고고학, 역사학적으로도 의미가 있는 프로젝트다. 당시 방송에서는 건축을 주도하는 사람이 나와서 "일단 완공까지 20~30년 잡고 있다"고 얘기를 해서 굉장히 특이한 비전이라고 생각했다. 아직 완공되지는 않았지만 일부 지어진 부분을 프랑스 사람들이 보러 간다. 성 자체도 볼만하고, 옛날 방식으로 일하고 있는 사람들도 구경할 수 있으니 색다른 경험이 될 것이다.

한국 사람들이 잘 가지 않는 여행지로 또 추천할 만한 장소가 있다. 남부 지역의 퓌셀시 Puycelsi라는 곳이다. 이곳은 중세 풍경을 거의 그대로 보존하고 있는 마을로, 마치 시간 여행을 하는 것 같은 느낌을 경험할 수 있다. 멀리서 전경을 보면 정말 언덕 위에 있는 중세의 작은 마을 같다. 이곳은 민속촌처럼 인공적으로 조성한 곳이 아니다. 옛 풍경을 그대로 보존하면서

프랑스에서 가장 아름다운 마을 중 하나로 손꼽히는 퓌셀시.

지금도 사람이 살고 있다. 프랑스에서 가장 아름다운 마을 130 곳을 꼽아 순위를 매기는 방송 프로그램이 있었는데, 여기에 소개된 마을 중 한 곳이다. 프랑스 사람들이 공인하는 아름다운 마을이니 좀 멀더라도 믿고 가 보기를 권한다.

남부의 유명한 요새 도시 카흐카손Carcassonne도 좋다. 이곳은 성채의 규모가 아주 크다. 도시 안의 유적지로는 샤또 콩탈Château Comtal과 생 나제흐 대성당Basilique Saint Nazaire이 있다. 샤또 콩탈은 폐허가 됐지만, 유적지로 남아 둘러볼 수 있다. 11~12세기 무렵, 세속화되고 부패한 로마 교황청을 비판하며 비폭력과 채식, 금욕을 추구하는 종파 '카타흐Cathare'가 급속도로 교세를 넓혔다. 결국 교황청은 카타흐파를 이단으로 규정하고 대대적으로 공격했다. 카흐카손은 바로 그런 종교 대립의 중심지가 된 곳이다. 결국 카타흐파는 말살되고, 이후 그들의 거점이었던 이 지역에 성곽이 건설되며 요새 도시가 형성됐다. 프랑스 사람들은 카타흐 성이라고 부르는데, 사실 따져 보면 정식 명칭도 아니고 카타흐파가 지은 성도 아니니 잘못된 명칭인 셈이다.

생미셸 데귈 예배당Rocher Saint-Michel d'Aiguilhe도 특이한 곳이다. 약 85미터 높이의 지형에 지어진 예배당인데, 주변에 높은 건물이 없어서 굉장히 위엄이 있다. 예배당 위에서 내

로마 시대에 지어진 가흐교.

려다보는 풍경 역시 각별하다.

호카마두흐Rocamadour 중세 마을도 유명하다. 이곳은 아마 한국 사람들도 종종 방문하리라 생각한다. 성자 아마두흐의 이름을 딴 지명인데, 병을 낫게 하는 기적이 많이 일어나서 귀족이나 왕들이 많이 들르던 순례지다. 절벽 위에 있는 마을로 종교적으로 의미 있는 장소이기도 하지만 지리적으로도 특이한 점이 있는 곳이다.

남부의 소도시 님Nîmes 근처에 가면 가흐교Pont du Gard라는 다리가 있다. 가흐교는 고대 로마 때부터 있었던 다리다. 1세기 전반에 석회로 지어졌다고 한다. 당시 다른 도시에 물을 공급하기 위해 지은 다리로 6세기까지는 물 공급로로만 쓰이다가, 중세에는 일반 다리로도 사용됐다. 이렇게 계속 사용됐기 때문에 지금까지도 보존이 아주 잘 돼 있다. 주변 풍광도 굉장히 아름다워서 가서 직접 보면 좋을 것 같다. 카약을 타고 다리 근처를 지날 수도 있다.

릴,
나의 고향

프랑스는 관광객이 엄청나게 많은 곳이고, 요즘은 인터넷상에 정보가 많이 있기 때문에 관광객에게 알려지지 않은 장소는 별로 없는 것 같다. 다만 그나마 관광객이 드문 지역에 가고 싶다면, 내 고향 릴이 있는 북쪽 지역을 추천한다.

사실 북쪽에 관광객이 적은 이유는 볼 게 별로 없어서다. 날씨도 우중충하고, 산이나 호수, 계곡 같이 다양한 지형도 없다. 그나마 볼 만한 게 망루Beffroi다. 예전에는 도시마다 중앙에 망루를 만들어 정찰을 할 수 있도록 했다. 북쪽은 국경 지대여서 항상 크고 작은 전쟁이 일어나다 보니 적의 침입을 감시할 수 있는 망루는 필수적이었다. 릴에는 망루가 두 개 있는데, 하나는 옛날부터 있던 것으로 부르주아 상인들이 건설한 것이다. 두 번째 망루는 시청에서 지은 것인데, 일부러 첫 번째 것보다 더 높게 지었다. 북쪽 지역은 오랜 기간 좌파인 사회당이나 공산당이 집권한 지역인데, 부르주아들의 망루보다 더 높은 건물을 짓겠다는 의지를 가지고 건축했다고 한다. 이제는 서민들이 부르주아 상인들보다 더 권력을 가지고 있다는 것을 나타내기 위한 상징적인 건물이라고 할 수 있다. 덕분에 보통 도시마다 하나씩 있는 망루가 두 개가 됐다.

릴의 망루는 둘 다 그리 오래된 건물은 아니다. 하지만 북부의 다른 도시에 간다면 유서 깊은 망루들을 볼 수 있다. 적들의 접근을 탐지하기도 하고, 내부에 종이 있어서 경고를 하거나 모임을 소집하기도 한다. 북부 도시들은 자치권을 가지고 있어서 자치회를 소집하는 용도로 사용되기도 했다.

릴에는 원래 성벽이 있었는데, 파리가 그랬듯이 19세기에 없앴다. 당시에는 성벽이 있는 게 그다지 유리하지 않았다. 사람이나 물자가 쉽게 드나들기 힘들었기 때문이다. 1850~60년대 무렵, 파리의 도시 계획으로 유명한 조르주외

릴 요새.

젠 오스만Georges-Eugène Haussmann 남작은 파리의 성벽을 철거하고 넓고 직선으로 뻗은 도로를 건설했다. 이것이 유명한 '대로 문화'의 시작이었다. 거의 4차선 정도의 큰 도로들이 방사형으로 뻗어 나가도록 도시를 완전히 갈아엎고 재편성했다. 이렇게 성벽은 사라졌지만, 남대문 같이 성문 역할을 하던 건축물은 아직 남아 있다. 릴이나 파리 같이 원래 성벽이 있던 도시 대부분이 그렇다.

국경 도시란 상황에 따라 이쪽 나라 땅이 되었다가, 저쪽 나라 땅이 되기도 한다. 릴 역시 마찬가지다. 지금처럼 프랑스 영토로 정착된 시기는 루이14세 때다. 루이14세는 릴을 차지한 이후, 유명한 건축가 보방Sébastien Le Prestre de Vauban을 불러 요새를 만들도록 했다. 이렇게 만들어진 곳이 바로 릴 요새 Citadelle de Lille인데, 릴의 도심지 바로 옆에 붙어 있다. 국경을 지키기 위해 군대 주둔지로 이 요새를 만든 것이다. 지금은 시민들이 언제든 들러서 구경하거나 쉴 수 있는 커다란 공원처럼 운영되고 있다.

릴은 원래 이탈리아 베네치아처럼 물이 많은 도시였다. 그런데 약 100년 전 쯤에 물을 모두 막고 육지로 만들었다. 실은 나도 이 사실을 몇 년 전에야 알았다. 릴에서 오랫동안 살았지만, 익숙했던 곳들이 모두 물을 메우고 지은 곳이라니 상상도 못했다.

릴은 그리 크지 않지만, 그래도 볼 만한 건축물들이 있다. 릴 오페라 극장Opéra de Lille은 19세기 양식의 아름다운 건축물이다. 오랜 역사가 있는 도시여서 한 도시 안에도 건축 스타일이 다양하게 섞여 있다. 그중에서 가장 재미있는 것은 노트르담드라트헤이 대성당Cathédrale Notre-Dame-de-la-Treille이다. 이 건물은 1854년에 짓기 시작했는데, 공사가 100년이 훨씬 넘게 진행이 됐다. 덕분에 건축 양식이 공사 기간 동안 많이 바뀌었고, 오래된 건축 양식과 새로운 건축 양식의 조화가 두드러지는 건물이 되었다. 바깥에서 보면 모던한 현대 건물 같은데, 뒤쪽이나 안에서 보면 예전의 건축 양식이 보인다. 낮에 방문해서 안에 들어가 보면 햇빛이 건물 안으로 들어오는 모습이 아주 환상적이다.

릴의 옛 증권거래소La Vieille Bourse de Lille도 볼만하다. 건물이 사각형 모양으로 부지를 둘러싸고 있고, 안에 큰 광장이 있다. 예전에는 여기에서 증권 거래가 이루어졌다. 이제 더 이상 본래의 용도로 쓰이지는 않고 지금은 여기에서 중고책 시장이 열린다. 가운데 광장에는 항상 체스를 두는 사람들이 모여 있어서, 오래된 책 내음과 함께 느긋한 분위기를 느낄 수 있다.

릴은 원래 프랑스 5공화국 초대 대통령인 드골의 출생지다. 하지만 실제로 드골이 릴에서 산 기간은 별로 길지 않았다. 그의 어머니가 프랑스 북부 지방 출신이라 릴에 와서 드골을 낳았다고 한다. 그래도 릴 사람들은 릴이 드골의 출생지라는 데 자부심을 갖고 있다. 드골이 태어난 그 집은 지금 '샤를 드골 생가 박물관'이 됐다.

크리스마스 무렵 릴 리우흐 광장Place Rihour에서는 크리스마스 마켓이 열린다. 이 시즌이 되면 광장에 관람차가 오고,

릴의 옛 증권거래소에서는 중고책 시장이 열린다.

커다란 크리스마스 트리도 한 달간 세워 둔다. 관람차에 올라가면 릴의 야경이 한눈에 들어온다. 이 관람차는 유리창이 없어서, 익숙하지 않은 사람은 고소공포증을 견디기 힘들 수도 있다. 나는 매년 크리스마스에 릴을 방문할 때마다 이 관람차를 탄다.

12월에 프랑스에 간다면 릴에 며칠 들러 보는 것도 좋다고 생각한다. 도시 지체가 크지 않으니까 이틀 정도 놀아다니면 대부분 구경할 수 있고, 거의 대부분의 관광지가 걸어서 다닐 수 있는 거리에 있다. 11세기 무렵부터 자리 잡은 도시라 역사가 깊고, 산책하듯이 돌아다니면 유서 깊은 장소들을 만날 수 있다.

빈민구제소 박물관Musée de l'Hospice Comtesse이 바로 그런 오래된 건물을 잘 보존하고 있는 곳이다. 이곳은 1237년 잔 드 플랑드흐Jeanne de Flandre 백작 부인이 설립한 병원으로, 1939년까지 운영되다가 지금은 박물관으로 사용하고 있다. 프랑스어를 할 줄 안다면 릴에 관한 역사를 잘 설명해 둔 곳이라 아주 흥미로울 것이다. 그리고 항상 다양한 주제로 전시가 진행되고 있다. 그때그때 주제가 다른데, 큐레이터가 주제 선정을 잘하는 것 같다. 규모가 그리 크지 않아서 금방 볼 수 있고 지루하지 않다. 2018년에는 인형극에 사용하는 인형들을 전시했는데, 나도 이 전시를 보면서 몰랐던 릴의 역사를 알게 됐다. 영화가 생기기 전, 릴에는 작은 동네 극장이 굉장히 많았다고 한다. 석탄 광산 때문에 외국인 내국인 할 것 없이 사람이 많이 모여들었고, 이 사람들이 즐기기 위한 문화 공연이 바로 인형극이었던 것이다.

이런 공공 건축물 말고 주거 지역에도 역사가 깊은 건물들이 있다. 내가 살던 집이 바로 그런 건물이었는데, 원래는 수도원이었다고 한다. 17세기 초에 지어진 건물로, 1795년까지 수도원으로 사용됐다. 이후에 주거용 건물로 사용되고 있다. 덕분에 관광객들도 길 앞까지 와서 건물을 구경하곤 한다. 이 건물에는 마치 영화 〈엑소시스트〉에 나올 것 같은 음산한 에피소드가 있다. 건물이 수도원으로 사용될 당시, 여기에는 수녀들이 살고 있었다. 그런데 그 수녀 중 3명이 악마에 홀렸다는 소문이 불거졌다. 교단에서 조사관을 보냈고, 결국 이들이 악마와 계약을 했다며 감옥에 보냈다. 그런데 조사 과정에 미심쩍은 부분이 있었는지, 교단에서 다른 조사관을 보냈는데, 이 조사관은 이들이 악마와 접촉한 게 확실하지 않다고 결론을 내린 모양이다. 결국 수녀들은 처형되지는 않고 감금되기만 했다. 개인적으론 실제로 악마와 계약을 했다기보다는 그냥 수녀원 생활이 안 맞는 사람들이었다고 생각한다.

거듭 말하지만, 프랑스 북부는 여행지로 그리 인기 있는 곳은 아니다. 여행지로서뿐만 아니라, 전반적인 인식 자체가 그리 좋지 않다. 날씨도 별로이고 경관도 예쁘지 않은 데다가, 실업률까지 높다. 그래서 교양 없는 사람이 많이 살 것 같다는 고정 관념도 있다. 하지만 북부에 관해서 이런 속담이 있다. '외지인이 북쪽으로 이주해 오면 두 번 운다. 처음엔 이주해 올 때, 두 번째는 떠날 때.' 처음에는 좋을 것 없는 북쪽 지방에 살아야 한다는 생각에 가기 싫어서 울지만, 정작 떠나야 할 때는 사람들이 좋고 정이 들어, 떠나기 싫어서 운다는 뜻이다. 어쩌면 여행자로 방문하는 당신도 북부에 마음을 빼앗길지 모른다.

북부 지역을 배경으로 한 〈알로, 슈티〉라는 영화가 있는데, 앞서 말한 속담을 그대로 보여 주는 영화다. 주인공은 원래 프랑스 남부로 가려고 전근 신청을 하는데, 북부 '슈티Ch'tis'로 발령이 난다. 슈티는 프랑스 북부 지역과 그곳에 사는 사람들, 사투리 등을 통칭하는 단어다. 처음에는 완전히 좌절하고 울며 겨자 먹기로 갔는데, 정작 가 보니 사람들이 아주 따뜻하고 살기 좋은 곳이었다는 내용이다. 개인적으로는 그 영화가 너무 북부 홍보 영화 같아서 그렇게 좋아하지는 않는다. 북부 사람으로서는 자화자찬 같아서 좀 민망하기도 하다. 그래도 재미있는 장면들이 몇 개 있다. 주인공이 북부로 넘어가는 경계를 지나자마자 비가 엄청나게 쏟아지는 장면에서는 웃지 않을 수 없었다. 이 영화가 대박이 나면서 북부에 대한 이미지가 많이 바뀌었다. 당시 프랑스 역대 영화 흥행 1위가 〈타이타닉〉이었는데, 거의 그에 근접한 성공을 거뒀다. 그리고 지금까지도 역대 흥행 영화 순위 안에 들어 있다.

이렇게 릴을 소개하면서도, 실제 볼거리가 얼마 없는 곳을 너무 추천한 것은 아닌지 조금 걱정이 되기도 한다. 일반적으로는 그리 인기 있는 여행지가 아니니 말이다. 하지만 내가 소개한 내용을 보고 조금이라도 마음이 끌린다면 한번 방문해 보는 것도 나쁘지 않다. 프랑스 다른 지역에서는 느낄 수 없는 북부 지역만의 독특한 문화가 당신의 마음을 끌지도 모르는 일이니까.

평범한 하루하루를 살아가는 사람들이라면, 종종 '이곳이 아닌 어딘가'를 꿈꾸기 마련이다. 고단한 현실에 지쳤을 때, 잠시 그 '어딘가'를 그려 보는 것만으로도 조금 위로가 된다. 하지만 상상만으로는 더 이상 마음이 충족되지 않을 때면, 어떻게 해야 할까? 답은 간단하다. 실제로 떠나는 수밖에. 그래서 많은 이들이 끊임없이 여행 계획을 세우고, 그 여행을 기다리며 일상을 버텨 낸다.

그런 면에서 프랑스, 특히 파리는 전 세계의 많은 이들이 꿈꾸는 그 '어딘가'의 대표 역할을 톡톡히 하고 있다. 실제로 외국인 여행자들이 가장 많이 찾는 나라가 프랑스라고 한다. 주변에도 프랑스에 꼭 가보고 싶다는 친구들이 많다. 외국인의 귀에는 우아하게만 들리는 프랑스어의 억양, 세련되고 매력적인 파리지앵, 아름답고 유서 깊은 건축물들. 프랑스란 나라에 환상을 가질 요소는 차고 넘친다.

그런데 정작 나는 프랑스에 대한 책을 함께 쓰기 전까지는 프랑스에 별 매력을 느끼지 못했다. 대학 때 전공이 영문학이어서 그런지 다소 어둡고 칙칙한 풍경으로 대표되는 영국에 오히려 더 강하게 매력을 느꼈다. 동생이 유럽 여행을 다녀와서 기념품이라며 작은 에펠탑 모양 열쇠고리를 주었을 때도, '까짓, 에펠탑, TV에서 늘 보던 파리에 있는 높은 탑이지' 하는 정도로 넘겼다. 그나마 끌렸던 건 누구나 극찬하는 프랑스 음식과 디저트 정도?

별다른 환상을 가지지 않았던 이유는 아마도 프랑스란 나라를 어느 정도 '알고 있다'고 생각했던 탓일 것이다. 어렸을 때 접한 《먼 나라 이웃 나라》에서 특히 '프랑스 편'은 책이 닳도록 봤다. 게다가 한국에서는 가만히 있어도 프랑스 얘기를 들을 기회가 끊임없이 생겼다. 프랑스에서는 교육을 어떻게 한다더라, 복지가 어떻다더라, 파업은 어떻고, 정치는 어떻고…. 그래서 나는 자연스럽게 프랑스를 잘 안다고 생각했다.

아예 모르는 것보다 조금 아는 게 더 무섭다더니, 내가 딱 그 꼴이었다. 오헬리엉과 함께 이 책을 집필하면서 접한 프랑스는, 내가 안다고 생각했던 '그 프랑스'와는 꽤 거리가 있었다. 조금 더 생생하고, 조금 더 다양하고, 또 어떤 면에선 우리와 비슷한, 말하자면 '생기가 도는' 프랑스를 발견했다. 그동안 얼마나 많은 오해와 편견을 깃고 프랑스란 나라를 봤는지도 알게 됐다.

어찌 보면 당연한 일이었다. 내가 프랑스에 관한 정보를 접하는 통로는 주로 '프랑스에 다녀온 한국인'이었다. 외부인의 시선으로 바라본 프랑스와, 프랑스인이 살아온 프랑스는 다를 수밖에 없었다. 그리고 '프랑스는 이렇다고 하더라' 하는 책들의 많은 부분은 1990년대나 2000년대 초반 프랑스 상황을 반영하고 있었다. 경험이 지식이 되고, 다시 지식이 활자에 얹혀 전달될 때는 시간차가 있을 수밖에 없기 때문이다. 그런데 살아있는 나라는 살아있는 만큼 변한다. 20년 전의 한국과 지금의 한국이 다르듯, 어릴 때 보고 들었던 프랑스도 지금은 상당히 달라져 있게 마련이다. 달라진 것과 유지되는 것을 보는 시각은 당연히 그 나라에 살며 생활하는 '내국인'의 시선이 가장 정확할 것이다.

프랑스를 다룬 다른 책들은 틀렸고, 우리가 함께 쓴 이 책만 옳다는 뜻은 아니다. 《지극히 사적인 프랑스》라는 제목처럼, 이 책에는 프랑스인 오헬리엉의 시각으로 바라본 프랑스가 담겨 있을 뿐이다. 독자 여러분도 책을 읽으며 느꼈을지 모르겠지만, 함께 책을 만들어 가며 그는 '프랑스는 이렇다'라고 단정 짓는 것을 굉장히 조심했다. 세상에는 다양한 시각이 있고, 누군가의 경험으로는 또 다른 면이 보일 수 있기 때문이다. 되도록 정확한 정보를 전달하기 위해, 프랑스에 있는 가족들이나 다른 프랑스인 친구들에게 확인을 하는 일도 잦았다. 특히 책처럼 오래 남는 기록을 만들 때, 이런 엄밀함은 미덕이다. '지극히 프랑스적인' 태도로 책을 만들어 온 오헬리엉 덕분에, 나는 신뢰를 갖고 그가 말하는 프랑스에 빠져들 수 있었다.

이상한 일은 책의 집필이 끝나가는 시점에 생겼다. 잘 안다고 생각만 했을 때는 크게 매력을 느끼지 못했던 프랑스가, 이렇게 조금이라도 더 알고 나니 엄청나게 매력적인 나라로 느껴지기 시작했다. 특히 프랑스 여행지를 정리할 무렵에는 하루에도 몇 번씩 프랑스행 항공편을 알아보며 한숨을 쉴 정도였다. (망할 구글 검색은 그럴 때마다 조금씩 비행기 티켓 가격을 올렸다!) 그렇게 프랑스는 내 마음속에 '여기 아닌 어딘가'가 되어 버렸다. 언젠가 한번은 찾게 될, 일상의 나를 벗어나게 해 줄 특별한 나라 말이다.

부디 독자 여러분도 이 책을 읽을 동안엔 잠시 '여기'를 잊고 '어딘가'로 떠날 수 있길. 책을 다 읽고 난 후 나처럼 프랑스에 끌리고 말았다면, 언젠가 프랑스로 향하는 여정에 몸을 맡길 수 있길 바란다. 당신만의 '지극히 사적인 프랑스'를 찾아서.

윤여진

틈새책방의 책들

인문 및 역사

★ 국기에 그려진 세계사
김유석 지음 | 김혜련 그림 | 2017 | 22,000원
방대한 역사적 사실 앞에 늘 주눅이 들 수밖에 없는 세계사. 한 국가의 정체성을 압축해 놓은 국기라는 상징을 통해 각 나라의 역사를 살펴본다. 세계사를 본격적으로 알아가기에 앞서 뼈대를 세우는 입문서로 제격이다.

★ 국가로 듣는 세계사
알렉스 마셜 지음 | 박미준 옮김 | 2021 | 22,000원
영국인 저널리스트가 쓴 국가(國歌) 여행기다. 전쟁의 상흔이 가시지 않은 코소보부터, 국가의 대명사 '라 마르세예즈'의 나라 프랑스, 위기의 순간 만들어진 미국의 '성조기', 우리가 몰랐던 국가 논쟁을 겪은 일본, 독재자가 만든 노래를 부르는 카자흐스탄 등 국가와 관련된 흥미로운 이야기가 숨 쉴 틈이 없이 펼쳐진다. 저자의 영국식 유머는 다소 무거운 주제인 국가 이야기를 유쾌한 여행기로 엮어 독자들이 책을 끝까지 잡게 만든다.

★ 지혜가 열리는 한국사
옥재원 지음 | 박태연 그림 | 2018 | 18,000원
국립중앙박물관, 국립고궁박물관에서 초등학생들에게 한국사를 가르친 저자의 노하우를 담았다. 어린이용과 어른용, 두 권의 책으로 구성되어 있는 이 책은 어린이와 어른이 따로 읽고, 함께 대화를 나누는 콘셉트를 갖고 있다. 한국사를 잘 모르는 어른들도 충분히 아이들과 역사를 소재로 대화할 수 있도록 만들었다.

★ 루시의 발자국
후안 호세 미야스·후안 루이스 아르수아가 지음 | 남진희 옮김 | 2021 | 16,000원
인간과 진화를 주제로 이야기한 책이다. 2020년 스페인에서 논픽션 분야 베스트셀러에 오른 이 책은 고생물학자가 이야기하는 인류의 생물학적 토대, 인류 전체의 사회사를 소설처럼 풀어낸 세련된 교양서다.

★ 소더비가 사랑한 책들
김유석 지음 | 2023 | 21,000원
세계 최고의 책과 고문서를 경매하는 회사 소더비를 흥분시킨 11편의 책과 고문서 이야기를 담았다. 황제 나폴레옹의 사라진 서재, 《신곡》을 둘러싼 영국과 독일의 문화 전쟁, 《이상한 나라의 앨리스》에 숨겨진 비밀, 마지막 연금술사 뉴턴의 비밀 노트, 세계에서 가장 비싼 종이가 된 미국의 《헌법》, 영국의 문화유산 《마그나카르타》가 미국의 보물이 된 사연, 마오쩌둥이 영국 노동당 당수에게 보낸 편지의 수수께끼 등이 그것이다. 인류가 만들어 낸 기록 문화가 어떻게 세상과 연결되는지, 그리고 그 과정에서 놀라운 가치가 어찌 부여되는지 보여 준다.

★ 당신은 지루함이 필요하다
마크 A. 호킨스 지음 | 서지민 옮김 | 박찬국 해제 | 2018 | 12,800원
눈코 뜰 새 없이 바쁜 삶을 살아가는 당신에게 '지루함'이 왜 필요한지 설파하는 실용 철학서. 지루함이 삶을 돌이켜 보고 그 전과는 다른 창조적인 삶을 살 수 있는 기회를 제공한다고 주장한다.

★ 만년필 탐심
박종진 지음 | 2018 | 15,000원
펜을 사랑하는 이들에게 만년필은 욕망의 대상이자 연구의 대상이다. 이 책은 어느 만년필 연구가의 '貪心'과 '探心'을 솔직하게 드러낸 글이다. 40년의 세월 동안 틈만 나면 만년필을 찾아 벼룩시장을 헤매거나, 취향에 맞는 잉크를 위해 직접 제조하는 수고를 마다하지 않으며, 골방에서 하루 종일 만년필을 써 보고 분해한 경험을 담담히 써 내려간 만년필 여행기다.

★ 라디오 탐심
김형호 지음 | 2021 | 16,500원
라디오라는 물건을 통해, 지난 100년간 인류가 거쳐 온 세월의 흔적을 읽는 책이다. 라디오라는 물건이 탄생과 성

장, 전성기와 쇠퇴기를 거치는 동안 인간, 그리고 사회와 어떤 상호 작용을 하고 무슨 유산을 남겼는지에 대해 이야기한다. 그렇게 해서 모은 게 27가지의 에피소드.

★ 지극히 사적인 이탈리아 (《이탈리아의 사생활》개정증보판)
알베르토 몬디·이윤주 지음 | 2023 | 18,000원
한국인이 가장 사랑하는 이탈리아인 중 한 명인 방송인 알베르토 몬디가 전하는 이탈리아 안내서. 커피, 음식, 연애, 종교, 언어와 문학, 마피아, 휴가, 밤 문화, 교육, 축구와 F1, 문화유산 등의 키워드로 이탈리아의 문화와 사회를 소개한다.

★ 지극히 사적인 프랑스 (개정증보판)
오헬리엉 루베르·윤여진 지음 | 2023 | 18,000원
부모가 가난해도 괜찮은 교육을 받을 수 있고, 어디에 가든 생산적인 정치적인 논쟁이 있으며, 이민자를 열린 마음으로 받아들이는 나라는 없다. 여전히 당신이 프랑스를 이렇게 떠올린다면, 그건 수십 년 전 이야기다. 현재 한국방송통신대학교 교수로 재직 중인 오헬리엉 루베르는 우리가 알고 있던 프랑스와 요즘 프랑스를 비교할 수 있도록 쉽고도 자세하게 설명한다.

★ 지극히 사적인 네팔
수잔 샤키야·홍성광 지음 | 2022 | 16,300원
JTBC '비정상회담'에 출연했던 수잔 샤키야가 전하는 네팔 이야기다. 우리에게는 기껏해야 '히말라야', '카스트 제도', '쿠마리' 등으로 알려진 작은 나라 네팔이지만, 실상 알고 보면 더불어 사는 비결을 알려 주는 나라다. '섞이지 않지만 밀어내지도 않는 사람들'이라는 부제를 단 이 책은 126개 민족이 갈등 없이 평화롭게 사는 비결을 담담하게 서술한다.

★ 지극히 사적인 러시아
벨랴코프 일리야 지음 | 2022 | 16,800원
냉전 시대를 경험한 세대에게는 '빨갱이의 나라', 인터넷 밈을 통해 이 나라를 알게 된 요즘 세대들에게는 '웃기고 괴이한 나라', 푸틴의 우크라이나 침공을 목도한 후에는 '악마의 나라'. 우리에게 러시아는 부정적 이미지로 점철된 나라다. 하지만 러시아는 19세기 말부터 한반도와 연을 맺기 시작했고, 이후 역사의 변곡점마다 이 땅에 존재감을 보인 나라다. 눈을 감는다고 해서 외면될 수 있는 나라가 아니다. 일리야가 들려주는 '지극히 사적인 러시아'에 귀를 기울여야 하는 이유다.

경영 및 경제

★ 본질의 발견
최장순 지음 | 2017 | 15,000원
업(業)의 방향성을 고민하는 이들을 위한 안내서. 삼성전자, 현대자동차, 이마트, 인천공항, GUCCI 등 국내외 유수 기업의 브랜드 전략, 네이밍, 디자인, 스토리, 인테리어, 마케팅 업무를 진행해 온 '브랜드 철학자' 최장순이 차별화된 컨셉션 방법론을 제시한다.

★ 의미의 발견
최장순 지음 | 2020 | 15,000원
위기의 시대에도 승승장구하는 브랜드들이 있다. 이들은 공통적으로 물건이 아니라 '의미'를 판다. 크리에이티브 디렉터 최장순이 제품과 서비스에서 어떻게 남다른 의미를 발견하고 소비자들에게 신앙과도 같은 브랜드가 되어갈 수 있을지 그 비밀을 파헤쳤다.

★ 밥벌이의 미래
이진오 지음 | 2018 | 15,000원
'4차 산업혁명'으로 우리 삶과 일자리가 어떻게 변화할지를 예측한 미래서. 망상에 가까운 낙관주의도, 쓸데없는 '기술 포비아'도 이 책에는 없다. 딱 반걸음만 앞서 나가 치밀하게 미래를 그린다.

★ 토마토 밭에서 꿈을 짓다
원승현 지음 | 2019 | 14,000원

이 시대의 농부는 투명인간이다. 멀쩡히 존재하지만 모두가 보이지 않는 것처럼 대한다. 우리 시대가 농업을 대하는 태도를 방증하는 일면이다. 《토마토 밭에서 꿈을 짓다》는 이에 반기를 든다. 새로운 산업의 상징인 디자이너에서 1차 산업의 파수꾼으로 변모한 저자는 자신의 토마토 농장의 사례를 통해 우리 농업의 놀라운 가능성과 존재감을 보여 준다.

★ 레드의 법칙
윤형준 지음 | 2021 | 14,000원

경영에 있어서 인문학이 왜 중요한지, 구체적으로 어떻게 활용할 수 있는지를 취재한 책이다. 그 바탕은 세계적인 경영 컨설턴트 회사인 레드 어소시에이츠(ReD Associates)의 CEO 미켈 라스무센과의 인터뷰다. 책은 레드 어소시에이츠가 철학의 한 분과인 현상학을 기본으로 고객을 분석하여 창의적인 솔루션을 제공하는 과정을 밝혀낸다. 레고를 비롯하여 삼성전자, 아디다스 같은 글로벌 대기업들, 산타마리아노벨라, 조셉조셉, 펭귄 출판사, 프라이탁, 볼보, 이솝, 시스코 등 세계적인 기업 CEO의 인터뷰가 등장한다.

예술

★ 이럴 때, 연극
최여정 지음 | 2019 | 25,000원

연극 앞에 한없이 작아지는 당신을 위한 단 한 권의 책. 수천 년을 이어 온 연극의 매력을 알아가는 여정의 길잡이이다. 12가지의 상황과 감정 상태에 따라 볼 만한 연극을 소개한다. '2019 우수출판콘텐츠 제작지원사업 선정작'이다.

★ 당신이 세계는 안녕한가요
류과·로사·소피·왈라비·또아 지음 | 2023 | 16,000원

가위로 싹둑 자르고만 싶은 헝클어진 인생, 영화가 유일한 빛이었다고 고백하는 인기 팟캐스트 〈퇴근길 씨네마〉. 다섯 명 멤버들의 삶에 스며들어 버팀목이 되어 준 '인생 영화'를 말하며, 그 누구에게도 말하지 못한 속 깊은 이야기를 건넨다. 어쩌면 마지막 책장을 넘기면 이들보다 독자 자신이 영화보다 더 영화 같은 삶을 살고 있다고 느낄지도 모르겠다.

에세이

★ 널 보러 왔어
알베르토 몬디·이세아 지음 | 2019 | 15,000원

방송인 알베르토 몬디의 인생 여행 에세이. 이탈리아 베네치아를 떠나 중국 다롄에서 1년을 공부한 다음, 인생의 짝을 만나 한국에 정착하기까지의 이야기를 담았다. 백전백패 취업 준비생, 계약직 사원, 주류 및 자동차 영업 사원을 거쳐 방송인이 되기까지의 여정이 그려져 있다. 자신의 정체성을 잃지 않으려 노력하며, 남들이 뒤로 물러설 때 끊임없이 도전적인 선택을 하는 모습이 인상적이다. 책의 인세는 사회복지법인 '안나의집'에 전액 기부된다.

★ 사랑이라고 쓰고 나니 다음엔 아무것도 못 쓰겠다
최여정 지음 | 2023 | 15,000원

연극 관람 초보자를 위한 안내서 《이럴 때, 연극》으로 우리 삶의 대표적인 상황에 맞는 연극 처방전을 제시했던 최여정 작가가 이번에는 자신의 경험을 담은 사랑 에세이로 독자를 만난다. 연극에 진심인 저자는 사랑에 대해 쓰면서도 연극을 놓치지 않는다. 이별로 고통스러웠던 시간 동안 연극에서 찾고 깨달은 사랑에 관한 이야기를 모았다. 사랑으로 길을 잃고 방황하던 저자를 치유한 아홉 편의 연극이 독자들에게도 다정한 위로를 건넨다.

지극히 사적인 프랑스

오헬리엉 눈으로 '요즘 프랑스' 읽기

1판 1쇄 발행 2019년 10월 4일
2판 1쇄 발행 2023년 6월 19일
2판 2쇄 발행 2024년 3월 4일

지은이 오헬리엉 루베르 · 윤여진

펴낸이 이민선
편집 홍성광
디자인 박은정
사진 Gettyimages, 오헬리엉 루베르
제작 호호히히주니 아빠
인쇄 신성토탈시스템

펴낸곳 틈새책방
등록 2016년 9월 29일 (제25100-2016-000085)
주소 08355 서울특별시 구로구 개봉로1길 170, 101-1305
전화 02-6397-9452
팩스 02-6000-9452
홈페이지 www.teumsaebooks.com
페이스북 www.facebook.com/teumsaebook
인스타그램 @teumsaebooks
블로그 www.naver.com/teumsaebooks

ⓒ 2019

ISBN 979-11-88949-47-2 03920

※ 이 책 내용의 전부 또는 일부를 재사용하려면 반드시 저작권자와 틈새책방 양측의
동의를 받아야 합니다.
※ 책값은 뒤표지에 표시돼 있습니다.